Dieter Kremp • Kunterbunter Wonnemonat Mai

Dieter Kremp

Kunterbunter Wonnemonat Mai

Geschichten, Mythen und Wissenswertes rund um den Monat Mai

Wichtiger Hinweis

Die Anwendung der Rezepte, Methoden und Behandlungen, die in diesem Buch beschrieben sind, erfolgt nur nach eigenem Ermessen des Lesers und sollte immer nach Rücksprache und unter Aufsicht eines ausgebildeten und amtlich zugelassenen Arztes erfolgen.

Weder der Autor, noch Lektor oder Verlag haften für Sach- und Personenschäden, die direkt oder indirekt aus der Verwendung und/oder Umsetzung der in diesem Buch enthaltenen Informationen entstehen könnten.

Dieter Kremp
Kunterbunter Wonnemonat Mai
© 2006 MEDU Verlag
Dreieich bei Frankfurt/M.
Umschlagmotiv und Umschlaggestaltung:
Mike Schuffert
Printed in EU

ISBN 3-938926-25-2
ISBN 978-3-938926-25-3

Inhaltsverzeichnis

Vorwort 10
1. Hymne an den Mai 11
2. Der Mai ist gekommen 12
3. Mai – der Wonnemonat 15
4. Eine Kur für die Seele 16
5. Gedicht: Wonnemonat Mai 17
6. Sternbild: Tierkreiszeichen Stier (21. April bis 20. Mai) 18
7. Marienmond, der Jungfrau Maria geweiht 20
8. Der Marienmond, der Muttergottes geweiht 23
9. Mariendisteln und Marienkäfer 24
10. Gedicht: Der Mutter Herz 27
11. Ein Sträußchen Mutterkraut zum Muttertag 28
12. Gänseblümchen – Symbol der Mutterliebe 31
13. Gedicht: Träume im Bauerngarten 35
14. Die Bäuerin war auch eine gute Hausmutter 36
15. Die Lilie, Sinnbild der Muttergottes 38
16. Die Königskerze, der „Himmelsbrand" der Jungfrau Maria 40
17. Blühende Natur kann heilen 44
18. Lasst Blumen sprechen 46
19. Blumengeschichte: Rosen 48
20. Dichterworte über Blumen 50
21. Du bist wie eine Blume 52
22. Blumengedicht: Rose 54
23. Von den Liebesdüften der Blumen 55
24. Unsere Urahnen aßen bereits Blumen 58
25. Blumenschmuck im Bauernhaus 61
26. Blumen als Symbole des Lebens 63
27. Duftende Mädchenschönheiten im Mai 64
28. „Blumenuhr" und „Vogeluhr" 67
29. Blumengeschichte: Zitronenmelisse-Melisse 69
30. Walpurgisnacht 71
31. Vom Zauber der Pflanzen in der Walpurgisnacht 73
32. Die Maikönigin tanzt um den Dorfbrunnen 74
33. Maibäume für die Verliebten 75
34. Das Brauchtum des Maisingens 76
35. Birkensaft zur Frühjahrskur 77
36. Vom Mailehen 80

37. Das „Laubmännchen" und die Taufe 81
38. Auch die „Richtmaie" beim Hausbau ist ein Maibaum 82
39. Vom Tanz unter dem Maibaum 84
40. Maibrunnenfeste mit Frau Holle 86
41. Kräuter, die Hexen an ihrem verderblichen Treiben hindern 87
42. Gedicht: Hochzeit im Mai 89
43. Mairegen bringt Segen 90
44. Wettervorhersage in der Bibel 92
45. Waldsauerklee, das „Kuckucksbrot" unserer Kindheit 93
46. Wer hat auf die Wiese gespuckt? „Kuckucksspeichel" im Gras 95
47. Tiergeschichte: Kuckuck 97
48. Kurioses vom Kuckuck 99
49. Frühlingsblumen als Wetterpropheten 101
50. Warum nicht mal 'ne Blumenwiese? 103
51. Gedicht: Seifenblasen auf der Wiese 105
52. Mai-Impressionen 106
53. Blühende Pflanzen weisen auf den Frühling hin 107
54. Eine Frühjahrskur mit Wildkräutern 110
55. Blumengeschichte: Löwenzahn 113
56. Eine Schwalbe macht noch keinen Sommer 115
57. Tiermärchen: Schwalbe 117
58. Wenn Unken unken 119
59. Wenn der Hahn kräht 120
60. Tiergeschichte: Hahn und Henne 122
61. Der heilige Florian, Schutzpatron der Floriansjünger 125
62. Bauernregeln am Florianstag 126
63. Namenstage am 4. Mai 127
64. Der Märtyrer Florian 128
65. Sitten, Feste und Bräuche am Florianstag 129
66. Florian – Patron gegen Feuersbrünste: Sprichwörtliche Redensarten 131
67. Wenn es donnert und blitzt 133
68. Donner und Doria 135
69. Bauernregeln um Gewitter und Donnerstag 137
70. Die Donnerwurz bannt Gewitter 138
71. Der „Tag des Baumes": Bauernregeln rund um den Baum 141
72. Sprichwörtliche Redensarten um den Baum 142
73. „Maikäfer, flieg" 143
74. Tiergeschichten: Maikäfer 146
75. Fliederduft und Flötenspiel 148
76. Wenn der Ginster flammt 150

77. Gedicht: Das Blühen will nicht enden 152
78. Himmelfahrtskränzchen und Bauernpelz 153
79. Der Aronstab, die „Himmelfahrtswurzel" 155
80. Unter dem blühenden Kirschbaum laden schöne Elfen zum Tanz 157
81. Als die „Kersche" noch „bockich" waren 159
82. Blumengeschichte: Kirschbaum 160
83. Die drei „Lumpazi" 162
84. Die Eisheiligen, die „gestrengen" Herrn 164
85. Bauernregeln rund um die Eisheiligen 165
86. Namenstage der Eisheiligen 167
87. Der Bischof Mamertus (11. Mai) 171
88. Der Märtyrer Pankratius 172
89. Der Bischof Servatius 173
90. Der Märtyrer Bonifatius 174
91. Die Märtyrerin Sophia 175
92. Sitten, Feste und Bräuche am Mamertustag 176
93. Pankratius: Patron der jungen Pflanzen und Blüten 177
94. Servatius: Patron gegen Ungeziefer-, Ratten- und Mäuseplagen 179
95. Servatius: Patron gegen Rheumatismus 180
96. Keine Chance für die kalte Sophie 181
97. Gedicht: Wenn Blütenträume schwinden 182
98. Maiglöckchen: Glückskinder des Waldes 183
99. Gedicht: Hehrer Maienduft 186
100. Eine Maibowle aus Waldmeister 187
101. Gedicht: Waldmeisterlein 189
102. Säen nach dem Blühkalender (Was Großvater noch wusste) 190
103. Gebratene „Feigen" aus Scharbockskraut 192
104. Der Polterabend vor dem Hochzeitsfest 194
105. Glöckchen vertreiben die Hochzeitsgeister 195
106. Brot – glücksbringendes Hochzeitsessen 196
107. Tänze bei der Hochzeit 197
108. „Auf zwei Hochzeiten tanzen" – Sprichworte 198
109. Der Schritt ins Glück 200
110. Pflanzen als Hochzeits- und Liebessymbole 201
111. Jung gefreit, selten bereut – die „Jahres-Hochzeiten" 203
112. Warum der Storch die kleinen Kinder bringt 206
113. Geschichte: Der Storch Adebar und seine Freundin Adelinde 208
114. Zur Hochzeit einen Apfelbaum 210
115. Rosmarin bringt der Braut Liebesglück 211
116. Gedicht: Rosmarin – Rose des Meeres 215

117. Ein Brautkranz aus Myrten 216
118. Wie der Phönix aus der Asche – Der Hochzeitsbaum Ginkgo 218
119. Gedicht: Die liebestolle Blume 221
120. Weißdorn, der „Baldrian des Herzens" 222
121. Was Urgroßvater noch wusste: Historische Gartentipps 225
122. Gärtnern macht Kindern Spaß 227
123. Pfingstregen kommt ungelegen – Bauernregeln 231
124. Grenzumgänge und Brunnenfeste 233
125. Der „Pfingstquak" im Ostertal 234
126. Der „Pfingstbutz" holt den Sommer rein 237
127. Von Pfingstochsen und Hütejungen 239
128. Die Pfingstrose, ambrosischer Duftspender im Bauerngarten 240
129. Tiermärchen: Pirol (Singvogel) 241
130. Borretsch – „Kein Kind von Traurigkeit" 243
131. Schöllkraut und Schwalben kündigen den Frühling an 245
132. Spinat aus den Blättern der Schlangenwurz 247
133. Auf dem Bauernhof ständig auf der Pirsch – die Katze 249
134. Wenn der Maulwurf nervt 251
135. Vom lästigen Fluch der fliegenden Pollen 253
136. Weideauftrieb an Pfingsten 255
137. „Herrgott" mit Regen bringt keinen Segen 257
138. Der Marienkäfer, das „Herrgottstierchen" der Kinder 258
139. Prozessionen an Fronleichnam 260
140. Der heilige Urban bringt guten Wein 262
141. Papst Urban I. 264
142. Sitten, Feste und Bräuche am Urbanstag 265
143. Bauernregeln an Sankt Urban 266
144. St. Urban, Schutzpatron der Winzer – Bauernregeln 267
145. Bauernregeln rund um den Wein 268
146. Sympathetische Heilungen rund um den Wein 270
147. Sympathetische Nützlichkeiten rund um den Wein 271
148. Sprichwörtliche Redewendungen rund um den Wein 272
149. Pflanzen der Bibel: Die Weinrebe 274
150. Namenstage an St. Urban (25. Mai) 276
151. Maria durch den Dornwald ging 277
152. Riechkräuter im Bauerngarten 279
153. Sommerkonzert in der Wiese – Wenn Heuschrecken musizieren 281
154. Schnecken lieben einen Dämmerschoppen 283
155. Kaffeesatz wirkt manchmal Wunder 285
156. Thymian – der Liebesgöttin Aphrodite geweiht 288

157. Blumengedicht: Thymian 290
158. Vom Liebeszauber der Pflanzen 291
159. Blumengedicht: Minze 293
160. Verbena, ein Amulett für die Liebe 294
161. Wenn Bienenmännchen lieben 296
162. Von Pflanzen, die Liebeslust hemmen 298
163. Alte Liebe rostet nicht 300
164. Blumengedicht: Melisse 303
165. Honigbier – der Nektar unter den Liebestränken 304
166. Die Panflöte und der Flieder 305
167. Die „Perle" Margarite, das Liebesorakel unserer Vorfahren 307
168. Namenstage – Patronatstage im Mai 309
Glossar 311
Literaturverzeichnis 313

Vorwort

Warum ist gerade der Mai so interessant? Der Wonnemonat Mai ist der Monat der Liebe und der Liebenden, der Monat der Blumen und der Blüten. Es ist aber auch der Monat der Sitten, Feste und Bräuche. Wurde irgendein Monat öfters in Liedern besungen und in Gedichten lyrisch gestaltet als der Mai, der als Wonnemonat, Blumen- und Liebesmonat in der Dichtkunst unserer Romantiker verewigt wurde? Ein poetischer Streifzug durch diesen Monat der Liebe und der Blumen, um den sich allerlei Mythen und Legenden ranken, soll dieses Buch sein, das auch mit zahlreichen lyrischen Werken des Autors bunt untermalt ist.

Das Buch ist gleichermaßen ein Schatzkästlein nützlicher Weisheiten, Rezepte und Geschichten, die von unseren Vorfahren von Generation zu Generation zusammengetragen wurden. Natur kann heilen, gerade im Blütenmonat Mai. In gewisser Weise waren unsere Vorfahren sehr reich: Sie besaßen einen Schatz an Poesie und gesammelten Erfahrungen, hochwirksamen Hausmitteln und Rezepten, die aus alter Zeit von Hand zu Hand gingen.

Unerschöpflich in diesem Buch ist das Reservoir an vergessenen Winken, praktischen Tipps für Menschen, die mit der Natur leben wollen. Wer weiß noch, wie Großmutter aus Wiesen- und Waldblumen gesunde Wildsalate machte? Wie unsere Vorfahren Heilkräuter gegen allerlei Krankheiten in der Volksmedizin anwandten? Wie Großvater noch nach dem Blühkalender der Natur Gärten säte? Wie im Mittelalter noch Hexen- und Zauberkräuter als Liebespflanzen verwendet wurden? Wie bereitete Großmutter eine Maibowle aus Waldmeister?

Mein Anliegen ist, Ihnen, liebe Leser, diesen reichen Schatz an Überlieferungen, altem Wissensgut und eben auch Aberglauben zugänglich zu machen und es so auch für unsere Nachfahren zu erhalten.

Da es sich um Überlieferungen handelt, bitte ich Sie, Heilmittel und Rezepte vor Anwendung gegebenenfalls mit Ihrem Arzt, Heilpraktiker oder Apotheker abzusprechen, um eventuelle, auch teilweise umweltbedingte, Nebenwirkungen auszuschließen.

Ich wünsche Ihnen mit diesem Buch viel Freude!

Ihr Dieter Kremp

1. Hymne an den Mai

„Wie herrlich leuchtet mir die Natur!
Wie glänzt die Sonne! Wie lacht die Flur!"

So spricht Johann Wolfgang von Goethe in seinem Mailied.
Ist es nicht eine Aufforderung zum Wandern? Unser Herz wird weit vor lauter Lust und Freude, hinauszupilgern in den farbenfrohen Marienmond, ins Paradies der kleinen, bunten Sänger. Möchten wir mit ihnen nicht um die Wette singen?

Wir riechen den Wonnemond, den Blumenmond, die würzige Frühlingsluft, und nichts kann uns mehr an die dumpfe Stube fesseln. Da draußen grünt, sprießt und blüht es. Aus tausend Zweigen dringen Knospen und Blüten, tausend Stimmen lachen und frohlocken aus dem Gesträuch am Waldesrain.

Unsere Seele taut auf. Am Wegrand stehen weiße Birken, in der Sonne leuchtend wie schlanke Mädchen, die sich beim leichten Spiel im Maienwind sachte neigen. Und die Hasel verstreut noch immer aus ihren Pollenkätzchen gelben Blütenstaub.
Die zartweißen, weithin duftenden Blüten der Schwarzdornhecke am Wiesenhang quillt über voller Nektar und lädt die ersten Gäste zum Labsal ein: Bienen, Hummeln, Wespen und bunte Schmetterlinge.

Wonnemonat Mai!

Nicht zuletzt hat er auf die romantischen Dichter unseres Volkes eine magische, wundersame Kraft ausgeübt. Singen wir eine Strophe aus einem Loblied auf den König Mai von Matthias Claudius:

„Er kommt mit seiner Freuden Schar
Heute aus der Morgenröte Hallen,
Einen Blumenkranz um Brust und Haar
und auf seiner Schulter Nachtigallen.
Und sein Antlitz ist ihm rot und weiß,
und er träuft von Tau und Duft und Segen.
Ha - mein Thyrsus sei ein Knospenreis,
Und so taumle ich meinem Freund entgegen."

2. Der Mai ist gekommen

„Der Mai ist gekommen, die Bäume schlagen aus ..."

Dieses alte Volkslied beschreibt auf einfache Weise ein gewaltiges Naturereignis, das sich seit Jahrmillionen in jedem Frühling wiederholt: die Entfaltung und das Wachsen der Blätter.

Innerhalb kurzer Zeit bilden die Bäume Hunderttausende von Quadratkilometern Blattfläche neu. Dieser Blattaustrieb erscheint uns so selbstverständlich, dass wir überhaupt nicht damit rechnen, er könnte einmal ausbleiben. Das hätte für die gesamte Natur und auch für uns Menschen katastrophale Folgen, und vielleicht wollen deswegen die meisten Menschen nicht wahrhaben, was bei genauer Betrachtung schon unübersehbar ist: Viele Bäume schlagen nicht mehr aus, sie bleiben blattlos oder verlieren ihr Laub viel zu früh und sterben.

Der Wald in Europa, aber auch in Nordasien und in Nordamerika, ist krank. Er stirbt nicht an natürlichen Schädigungen wie Trockenheit, Insektenfraß oder Wind- und Schneebruch, sondern an von uns Menschen verursachter Luftverschmutzung. Und wir tun immer noch so, als könnten wir uns Zeit lassen mit der Entgiftung der Abgase unserer Fabriken, unserer Autos und unserer Heizungen. Aber wir haben keine Zeit mehr. Wenn wir das nicht schnell begreifen und wirklich danach handeln, werden die Bäume in wenigen Jahrzehnten nicht mehr im Mai ausschlagen! Dann ist der Wonnemonat auch kein Blumenmonat mehr.

Wir beklagen uns bitter über das Absterben kälteempfindlicher Nutzpflanzen in unserem Garten, wenn die späten Maifröste kommen. Die Katastrophe des Waldsterbens - nicht von der Natur, sondern vom Menschen selbst verursacht - übersehen wir.

Was Ludwig Uhland in seinem Gedicht „Frühlingspause" einst sagte, stimmt im nächsten Jahrhundert schon nicht mehr:

„Die Welt wird schöner mit jedem Tag, man weiß nicht, was noch werden mag, das Blühen will nicht enden."

Man weiß nicht, was noch werden mag!

Von der Blüte zur Frucht ist es ein langer Weg, und beileibe nicht jede Blüte wird reifen, meint der norwegische Dichter Björnstjerne Björnson:

Mit Blatt und Knospen stand fertig der Baum.
„Soll ich?" blies der Frühfrost aus dem eisigen Raum.
„Nein, Liebster, sei lind,
Bis wir Blüten geworden sind."
So baten die Knospen tief in ihrem Traum.
Der Baum trug Blüten, die Nachtigall sang.
„Soll ich?" rief der Wind und schüttelte sie lang.
„Nein, lass lieber Wind,
Bis wir Früchte geworden sind!"
So baten all die Blüten und zittern bang.
Und der Baum reifte Früchte in der Sommersonnenglut.
„Soll ich?" fragte lächelnd das junge schöne Blut.
„Ja, du darfst, lieb Kind!
Nimm so viele, wie da sind!"
Sprach der Baum und beugte sein schwellendes Gut.

Viele sehen „Maia" (Mütterchen), eine Gestalt aus der griechischen Mythologie, als eigentliche Namensgeberin des Monats an. Maia war die älteste Tochter des Atlas und als solche zugleich Erdgöttin und Mutter des Wachstums. Später wurde die griechische Maia mit der gleichnamigen römischen Erd- und Maigöttin verschmolzen. Als Tochter des Faunus und Kultgenossin des Vulkans symbolisiert auch diese eine Wachstumsgöttin.

Die deutschen Lyriker haben den Blütenmonat zum Wonnemonat, zum Monat der Liebe und zum Hochzeitsmonat erkoren. Wonne ist nach Auskünften der Sprachforscher alles, was Lust, Freude oder Genuss bereitet. So wird der Wonnemonat Mai zum Symbol für Freuden und Vergnügen aller Art, die er in reicher Fülle bereithält.

Der eine wandert hinaus in den erwachenden Frühlingswald und genießt die Stille und Einsamkeit. Der andere mag es lieber laut und zünftig und wenn möglichst viele Gleichgesinnte um ihn versammelt sind.
Im Kreis der Familie bietet sich an milden Maiabenden eine erfrischende Maibowle an, zubereitet mit dem echten Waldmeister, dessen Gehalt an Cumarin ihm den angenehmen, würzigen Duft verleiht. Wieder andere finden in der Gartenarbeit, die im Mai in reichem Maß ansteht, ihre Erfüllung.

Untrennbar ist der Wonnemonat mit der Liebe verbunden. Der Mai lässt aber weniger stürmische Leidenschaft auflodern, sondern eher die zarte, wachsende, junge Liebe. Sie scheint so sehr dem Monat zu gleichen, der leise und unaufdringlich erwachenden Natur, die doch zugleich unaufhaltsam und mächtig alle verändert und wandelt.

In diesem Sinne hoffe ich, dass sich auch die Menschheit wandelt und die Gefahr eines „stummen und toten Frühlings" doch noch rechtzeitig erkennen wird, dass Knospen, Blätter, Blüten und Düfte im Mai noch unsere Ur-Urenkel auf diesem Planeten erfreuen werden.

3. Mai – der Wonnemonat

Es gibt verschiedene Deutungen, worauf der Name des „Wonnemonats" Mai zurückzuführen sei. Wahrscheinlich beruht sein Name auf dem lateinischen „mensis Maius" (Monat Mai). Vermutlich heißt er so nach dem altitalienischen Gott Maius, dem Beschützer des Wachstums.

Viele sehen jedoch Maia oder Maja (Mütterchen), eine Gestalt des griechischen Mythos, als eigentliche Namensgeberin des Monats an. Maia war die älteste Tochter des Atlas und als solche in einer Person Erdgöttin, Fruchtbarkeitsgöttin und Mutter des Wachstums. Als Geliebte des Göttervaters Zeus gebar sie Hermes, den flinken Gott des Handels (und der Diebe). Später wurde die griechische Maia mit der gleichnamigen römischen Erd- und Maigöttin verschmolzen. Als Tochter des Faunus und Kultgenossin des Vulkans symbolisiert auch diese eine Wachstumsgöttin.

Es sei dahingestellt, ob nun ein männliches oder weibliches Wesen Vater oder Mutter des schönsten Frühlingsmonats ist. Auf jeden Fall gilt der Mai als typischer Monat des Wachstums, worauf alle Bräuche und Bauernregeln anspielen. Die Landwirte erwarten für den Mai am liebsten öfter einen milden Frühlingsregen – bei Dürre und Trockenheit kann kaum etwas sprießen.

Der altdeutsche Name „Weidemonat" für den Mai zeigt, dass hier früher das Vieh aus dem Stall auf Wiesen und Almen getrieben wurde. Die Ungenauigkeiten der Umgangssprache haben dann später aus diesem „winni-" oder „wunni-manod" großzügig den bekannten „Wonnemonat" entstehen lassen.

Unter diesem Namen wurde der Mai der Monat der Liebe und der Liebenden. So ist auch der volkstümliche Namen „Hochzeitsmond" zu verstehen. Fromme Christen verehren den Mai als „Marienmonat" und Gärtner als „Blumenmonat".

4. Eine Kur für die Seele

Wurde irgendein Monat öfter besungen als der Blütenmonat Mai?
Die Wende ist vollzogen. Daran können auch wenige Kältetage nichts ändern. Dort, wo die Natur noch natürlich ist, stehen Blumen über Blumen. Noch ist das Gras nicht erwachsen, noch deckt es nicht die Blumenhäupter zu. Kinder und kindliche Große pflücken Sträuße, holen die Farbenpracht in allen unterschiedlichen Ausprägungen ins Zimmer.
Immer wieder werden Kinderhände Blumen halten – hoffentlich – man holt Natur ins Haus und sucht sogleich das Leben in der Natur zu verströmen: so als suche der moderne Mensch Versöhnung mit der durch ihn so sehr gebeutelten Natürlichkeit.

Wiesen, Gärten und Wälder riechen, den frühen Vogelschlag hört man längst vor dem Aufstehen; die Himmelsfarben sind morgens und abends besonders kühn ... und der beginnenden Wärme wachsen wir noch entgegen: so als ob „natürliche Bräune" vor allen Sorgen schützte ...

Die ersten lauen Abende, vielleicht die ersten Frührunden durch Feld und Flur noch vor dem Frühstück ... bieten sich an, das Innen und Außen miteinander in Einklang zu bringen.

Maienstunden sind auch im Regen schön, dicht aneinander unter einem Schirm oder allein unter tropfenden Bäumen. Alles ist flüsternd fernab der Hektik. Maienzeit ist Zeit für Einsamkeit auf der Suche nach sich selbst; dazu benötigen wir oft einen anderen Menschen. Der kürzeste Weg, sich selbst zu begreifen, ist der Weg über den liebenden anderen. Wenn dieser andere Mensch nicht da ist, führt der Weg zu sich selbst am sichersten durch die Einsamkeit in der Natur.

Der Monat Mai macht andere Wirklichkeiten möglich: Nehmen wir uns bei jedem Wetter eine halbe oder eine Stunde Zeit am Tag, um jenseits von Lärm und Hast über das Gemüt wieder Freundschaft mit der Natur zu knüpfen: Das ist eine Kur für die Seele.

5. Gedicht: Wonnemonat Mai

Blumen zieren Wald und Flur
Im bunten Festtagskleid.
Düfte träumen in der Seele
In der wonniglichen Zeit.

All der Kummer geht zur Neige
Und der Schmerz tanzt jetzt im Reigen,
Schwärmt in Blütenfülle aus.
Rot und Weiß und Lilablau
Atmen Blumen ihr Aroma aus.

Göttin Flora preist den Blütenkranz,
Lädt Jung und Alt zum Maientanz.
Kinder spielen wieder,
Singen frohe Frühlingslieder.

Mutter Maya und Maria
Schlendern Hand in Hand
Durch das blütenreiche Land.
Sie becircen Mensch und Tier
Mit verklärter Sinneszier.

Alles Leben strebt zum Himmel
Voller Harmonie.
Tausend bunte Tupfer auf der Erde schwingen
sanft voll Symphonie.

Dieter Kremp

6. Sternbild: Tierkreiszeichen Stier (21. April bis 20. Mai)

Neues Leben entfaltet sich

In der Stier-Phase wächst die Pflanze weiter. Sie zieht ihre Kraft aus den Naturelementen Erde, Wasser, Licht und Wärme. Auf alchimistischem Weg werden diese in organische Bausteine umgewandelt und dem Wesen einverleibt. Auf die Geburt folgt das Wachsen. Was das Kind in der Zeit seines körperlichen und geistigen Wachstums aufnimmt, baut sich unverlierbar in seinen Geist und Körper ein.

Bei allen Kulturvölkern beginnt deshalb in dieser Phase auch die geistige und körperliche Schulung. Werden ausschließlich materielle Stoffe aufgenommen, und keine geistige Substanz, so sieht das Kind lediglich die irdische, materielle Welt und hält diese für das einzig Wahre. Ohne geistige und sinngebende Werte baut es sich ein nur materielles Weltbild auf und bleibt, oft zeitlebens, dieser Einstellung verhaftet.

Astrologisch entspricht dem Tierkreis-Zeichen Stier das Prinzip Venus, und zwar in seiner, auf die materielle Wirklichkeit bezogenen Tendenz zu harmonischem Wachstum, zu formgebender Schönheit und körperhafter Sinnenfreudigkeit.

Bei den Griechen wurde die Schönheit der blühenden Erde durch Aphrodite, bei den Römern durch Venus und Flora verkörpert. Flora war eine altitalische Vegetationsgöttin. Zu ihren Ehren fanden, seit etwa 238 v. Chr. regelmäßig anfangs Mai die Floralien statt: Ein Kollegium von zwölf römischen Priestern – Flurbrüder genannt – führte einen Flurumgang durch, um Fruchtbarkeit und Schonung für die Felder zu erbitten. Es wurden mehrtägige Spiele veranstaltet, bei denen Flora in Gestalt einer jungen Frau mit einem Blütenfüllhorn dargestellt wurde.

Ein Frühlingsfest scheint es auch bei den Germanen gegeben zu haben, denn als die Kirche 1484 die Inquisition in Deutschland auch auf das Hexenwesen ausdehnte, wurde dieses Fest zum Hexensabbat erklärt.
Der Ausdruck „Hexe" leitet sich übrigens vom althochdeutschen Wort „Hagazussa" (die auf dem Hag sitzt, Zaunreiterin) ab, was eine Bezeichnung für germanische Hainpriesterinnen gewesen sein kann.

Die Nacht auf den 1. Mai heißt Walpurgisnacht. In ihr versammeln sich nach dem Volksglauben alle Hexen und Dämonen, also die Trabanten des Winterdrachen, ein letztes mal, bevor sie von der Sonne vertrieben und bis zum Herbst in die Unterwelt zurückkehren müssen. Sie verfolgen die keusche, weißgekleidete heilige Walpurga während der ganzen Nacht durch Wiesen und Täler.

Im Mittelalter wurde sie am nächsten Morgen als Maifrau in einem blumengeschmückten Wagen durch die Straßen geführt. Hier sind zwei Bräuche miteinander verschmolzen: die Vertreibung aller bösen Wesen und Winterdämonen, die den Menschen, dem Vieh oder den Fluren schaden könnten, und das Hineingeleiten der Wachstums- oder Vegetationsgöttin Walpurga/Flora ins Dorf.

Der Wanderer begegnet Anfang Mai in den Dörfern oft herausgeputzten Brunnen, die samt den Quellen meist in der Nacht auf den 1. Mai (Walpurgisnacht) gereinigt und geschmückt werden. Am 1. Mai erläuft man sich vor Tagesanbruch im taunassen Gras Gesundheit für das ganze Jahr. Vielerorts bringen die Burschen ihrem Mädchen jetzt den ersten Maien-Strauß, ein Symbol des sich wieder zeigenden Lebens der Natur.

Das neue Leben, das sich in der Stierzeit behauptet und ausdehnt, das wächst und sich entfaltet, kann dies nur auf Kosten des abgestorbenen Lebens tun. Der Drache zeugt den Stier, die neue Materie ergreift den Raum und behauptet sich.

7. Marienmond, der Jungfrau Maria geweiht

Madonnenlilien zum Muttertag

Wurde irgendein Monat öfter in Liedern besungen und in Gedichten gestaltet als der Mai, der als Wonne-, Blumen- und Liebesmonat in der Dichtkunst unserer Romantiker verewigt und als Marienmonat der Jungfrau Maria geweiht wurde?

Nicht zuletzt hat man auch das „Fest der Mutter" in den Marienmonat gelegt: Der Mutter galt zu allen Zeiten in allen Kulturen Verehrung: „Diese mein fromme Mutter hat 18 Kind getragen und erzogen, hat große Armut gelitten, Schrecken und große Widerwärtigkeit."

Schonungslos, wie ihr Leben war, zeichnet Albrecht Dürer das Gesicht der Mutter. Dieses „Bildnis der Mutter" von 1514 wurde zum Symbol der „durch Krankheit, Kriege, Not und Entbehrung" leidenden Mutter bis zum Beginn des letzten Jahrhunderts.

Ganz anders sah Vincent van Gogh das „Bild der Mutter". Er malte eine gütige Bürgersfrau als ein Denkmal der zeitlosen Mütterlichkeit. In seiner Figur, der bretonischen Wiegenfrau, stellt er die Mutter dar, die nach dem Volksglauben der Bretonen den Schiffern auf hoher See als milden Trost das Schlummerlied ihrer Kindheit sang; und wenn sein letzter Vers ihnen Untergang und Tod ansagt, dann nimmt sie die Allmacht der Liebe auf.
Wir erfahren aus Briefen des Malers, dass er das Bild in der Hafenschenke von Marseille zwischen zwei kreisenden Sonnen aufgehängt wissen wollte, um damit die menschlich Gestrandeten zur Ahnung einer höheren, reinen und ewigen Liebe zu bekehren: Die Gestalt der geheimnisvollen mütterlichen Frau im Verein mit dem glühenden Wirbel von mächtigem Licht, den die Sonne bei van Gogh immer bedeutet, soll als Tröstung und Kraft die Verlorenen in der ewigen Versöhnung bergen.

Fast in allen frühen Kulturen findet man unter wechselnden Formen die Figur der Mutter mit dem Kind, die ebenso gut eine Gruppe aus dem alltäglichen Leben darstellen kann wie eine machtvolle Göttin, die den Menschen Segen bringt. Das Bild der fruchtbaren Frau erscheint in der Geschichte der Menschheit als älteste Weihegabe an die großen Kräfte, denen alles Gedeihen anheim gegeben ist.

Ein mütterliches Wesen ist nach altägyptischen Göttermythen das Weltall selbst – eine große Kuh, die jeden Morgen die Sonne und damit alles Leben gebiert. Ihr Leib ist der sternenbesetzte Himmel und auf dem gütigen Haupt trägt sie zwischen den Hörnern, die den Mond bedeuten, die golden strahlende Sonnenscheibe. Unter ihrem Haupt aber steht die Gestalt des Pharaos, den sie mütterlich beschützt und der von ihr seine Kraft empfängt.

Gewaltig und drohend wie eine Urmacht ist die große Diana von Ephesus, eine Muttergottheit aus dem ältesten Kleinasien, die noch die späte Antike in berauschenden Orgien und sinnüberladenden Bildern feierte. Ihr Leib ist schwarz wie die Tiefe der Erde, aber ihr Haupt ist umgeben vom Lichtkreis des Himmels und Sternbilder sind ihr Halsgeschmeide. Löwen und Stiere auf ihrem Gewand sind ihre heiligen Tiere. Die Vielzahl der Brüste bezeugt die nährende Allmacht der großen Mutter Natur. Unendlich spendet die Allgebärende.

Mutter aller Gläubigen ist die heilige Kirche, ihr Leben ist die Liebe des Heiligen Geistes. In ihren Visionen schaut sie die heilige Hildegard von Bingen, Mystikerin Pflanzenheilkundige und Äbtissin des Mittelalters, als Frau in königlicher Gestalt, überragt vom festen und lichten Turm der göttlichen Kraft, aus dem die goldenen Feuerzungen des Pfingstfestes hervorbrechen. Die ganze Christenheit birgt sie im jungfräulichen Schoß, und unablässig fleht ihre liebende Sorge um die Gnade Gottes für die Menschen.

„Und Adam gab seiner Frau den Namen Eva, das ist: Mutter aller Lebendigen." (1. Buch Mose. Genesis, Kap. 3.2.) Aus dem Ursprung dieses Geschlechtes empfängt die ganze Menschheit das Leben, aber auch die schwere Last der Schuld und des Schicksals, die Erde und Himmel trennen. Als Königin ist die Jungfrau Maria geschmückt, selig gepriesen von allen Geschlechtern der Zukunft. Die gebenedeite Frucht der neuen Eva ist der Sohn Gottes, der Erlöser aller Menschen. Maria wurde vom göttlichen Ratgeber zur Mutter einer erneuerten Welt bestimmt, weil sie mit der Geburt Jesu allen das wahre unsterbliche Leben schenkt.

Die Lilie ist die Blume der Bibel. Die Weiße Lilie zierte auch die Säulenkapitelle im Tempel Salomos in Jerusalem. Sie war ein Symbol der Schönheit, oft auch von Fruchtbarkeit und Reichtum. Unter christlichem Einfluss wurde sie zum Sinnbild für geistige Reinheit, Heiligkeit und Auferstehung und deshalb häufig in der Nähe und Umgebung von Kirchen angepflanzt. Die geistlichen Eigenschaften, die in früheren Zeiten der weißen Lilie zugeschrieben wurden, fanden durch einen päpstlichen Erlass im 17. Jahrhundert ihre offizielle religiöse Anerkennung. Der Erlass verweist auf diese Blume im Zusammenhang mit der künstlerischen Darstellung der Verkündigung Maria. In der Tat zeigen viele Madonnenbilder der Renaissance das auffallende Weiß und die anmutige Form der weißen Lilie so u. a, die Werke von Tizian und Botticelli. Unter dem Namen „Marienlilie" oder „Madonnenlilie" taucht die Lilie immer wieder auf alten Kirchengemälden auf, die Maria mit der Lilie in der Hand zeigen.

„Ich bin die Narzisse in Saron, die Lilie in den Tälern. Wie die Lilie unter den Dornen, so ist meine Freundin unter den Mädchen." (Hohelied, 2, 1-2) So spricht die Bibel im Hohen Lied Salomos von der Lilie, die die Christenheit der Jungfrau Maria weihten.

Die deutsche Romantik spricht von der „Madonnenlilie" und Friedrich von Hardenberg (Novalis) singt das "Marienlied" dazu: „Ich sehe dich in tausend Bildern, Maria, lieblich ausgedrückt, doch keins von allen kann dich schildern, wie meine Seele dich erblickt. Ich weiß nur, dass der Welt Getümmel seitdem mir wie ein Traum verweht, und ein unendlich süßer Himmel mir ewig im Gemüte steht."

Vornehmlich Tulpen, Nelken und Lilien schenkt man Frauen seither zu besonderen Anlässen, wobei Marienlilien gerne als Blumengeschenke zum Muttertag verschenkt werden. Aber es müssen keine Lilien sein. Blumen sollte man mit Bedacht verschenken. Niemals kommt es darauf an, ob es wenige oder viele sind, ob sie selbst gepflückt, billig oder teuer waren. Blumen sollten immer ein „teures" Geschenk sein, um damit zu zeigen, wie teuer einem ein geliebter Mensch ist.

Herz und Blumen sind die Symbole des Muttertages. Das Fest ist verhältnismäßig jung: Miss Anna Jarvis aus Philadelphia war die erste, die 1907 „Muttertagsblumen" verschenkte. Und Philadelphia war auch die erste Stadt der Welt, in der der erste Muttertag gefeiert wurde: 1908. US-Präsident Wilson verkündete am 9. Mai 1914 in einem Kongressbeschluss, den zweiten Sonntag im Mai „als öffentlichen Ausdruck für die Liebe und die Dankbarkeit zu feiern, die wir den Müttern unseres Landes entgegenbringen." In Deutschland wurde der „Tag der besonderen Ehrung der Mutter" zum ersten Mal 1922 gefeiert.

8. Der Marienmond, der Muttergottes geweiht

Die Vorliebe mancher Zeiten, christliche Gebetsübungen von leicht erkennbaren Zahlsymbolen her zu strukturieren, hat im Mittelalter unter anderem zum sogenannten „Dreißiger", einem dreißigtägigen Gebet, geführt.

Beliebt war vor allem der „Frauendreißiger" zwischen dem 15. August und dem 14. September. Möglicherweise hat dieser „Dreißiger" für einen Brauch in der Barockzeit Pate gestanden: einen solchen Monat der Gottesmutter zu weihen. Zum bevorzugten Monat wurde hierfür Anfang des 19. Jahrhunderts der Mai (Maiandacht).

Historisch gesehen lassen sich erste Anhaltspunkte, besonders im Mai Maria zu verehren, schon bei König Alfons X. von Kastilien (1221-1284) nachweisen. Überhaupt den Mai als Frühlingsmonat hervorzuheben und zu feiern, reicht bis in die antike Welt zurück.

Im Mittelalter wurde der Mai durch geistliche Interpretation zum Ausgang einer am Kreuz Christi orientierten Passionsfrömmigkeit; in sie einbezogen war das römische Fest „Kreuzauffindung" am 3. Mai.

9. Mariendisteln und Marienkäfer

Viele Pflanzen und Tiere, die einen Frauennamen tragen, verherrlichen damit die Jungfrau Maria.

Die Mariendistel, eine Heilpflanze gegen Leberkrankheiten, hat Blätter mit weißen Flecken. Sie sind der Legende nach dadurch entstanden, dass Marias Milch auf die Blätter tropfte. Der Steinsame der Mariendistel bringt als Frucht vier knochenharte, eiförmige, bräunliche Nüsschen hervor. Es sind, so heißt es, die zu Stein gewordenen Tränen der Maria, um den Herrn vergossen. Sie bleiben auch oft im Winter noch an den längst verdorrten Stängeln hangen wie eine stille Mahnung: Marientränen.

Andere „Marienpflanzen" sind besonders schöne Vertreter ihrer Verwandtschaft und tragen daher diesen Ehrennamen.

Die Marienglocke zum Beispiel ist eine großblütige Glockenblume, die als Gartenpflanze geschätzt wird.
Ein Süßgras ist, wenn man seinen griechischen Namen Hierochloa übersetzt, ein „Heiliges Gras" und wird auch Mariengras und Mariensüß genannt. Dabei spielt es als Futterpflanze kaum eine Rolle. Aber ihm entströmt ein süßer Duft, ähnlich dem Waldmeister, so dass man früher trockene Mariensträuße in den Kleiderschrank legte, so wie andere Duftspender, etwa Lavendel, auch. Sie brachten im Schlaf wundersame Marienträume.

Die Königskerze wächst meterhoch in den Himmel, deswegen heißt sie auch Marienkrone und Himmelskerze.
Der Frauenmantel vergießt Marientränen. Es sind am frühen Morgen kleine Tautropfen auf den Blättern.
Das Gottesgnadenkraut macht alle Kranken wieder gesund.
Das Johanniskraut, auch „Herz-Jesu-Blut" genannt, speichert in den Blüten einen blutroten Saft, der an die Leiden des Herrn erinnert. Es ist ein Wirkstoff, der wunde Seelen heilt. Deshalb wird die Heilpflanze gegen Depressionen eingesetzt.

Ein jeder kennt den Marienkäfer, den freudig begrüßten halbkugeligen Käfer mit den schwarzen Punkten auf dem roten Flügelkleid. Farben und Punktzahl wandelt er indes vielfältig ab. Die meisten aber haben sieben Punkte auf den Deckflügeln. Deshalb heißen sie auch Glückskäfer.

Der Liebling des Volkes und besonders der kleinen Kinder trägt dann so poetische Namen wie „Herrgottstierchen", „Herrgottspferdchen", „Herrgottsschäfchen", „Gotteskälbchen", „Sonnenkälbchen", „Seelenkraut", „Marienpunkt", „Marienkleid" oder „Marienblatt".

Ebenso ist der Name des Herrn selbst in die Namen der Pflanzenwelt aufgenommen worden. Im tiefen Winter blüht eine schneeweiße Blume, eine Nieswurz, in den Gärten um die Zeit des Weihnachtsfestes. Sie heißt „Rose des Christfestes" oder eben „Christrose".

Verschiedene Pflanzen gaben nach den Legenden ihre Zweige und Äste her, damit daraus die Dornenkrone Christi entstand. Das Volk nennt sie „Christusdorn".
Manche Zierpflanzen schauen uns mit großen Blumenaugen an: als „Christusaugen" bezeichnet man sie. Am bekanntesten unter ihnen ist der gelb blühende Alant.
Es gibt auch eine „Christusträne", ein tropisches Gras mit tränenähnlichen Scheinfrüchten, den Hüllkapseln der weiblichen Ähren. Dieses Gras heißt auch „Moses-", „Marien-" oder „Frauenträne" und dient zur Herstellung von Rosenkranzperlen.
Es gibt ausserdem wertvolle Arzneipflanzen, deren Wurzeln verwendet werden. Sie werden „Christwurz" genannt, wie zum Beispiel Arnika, Schöllkraut und Nieswurz.

Es gibt sogar einen „Christusfisch". Er ist mit den Schollen verwandt und liefert ein wohlschmeckendes Fleisch. Sein gewöhnlicher Name „Heringskönig" gibt die Lieblingsnahrung an. Er führt auch die Namen von Heiligen, er heißt „Petrifisch", „Petersfisch", „Martinsfisch" oder „Jakobsfisch".

Der Name Gottes findet sich häufiger in unserem Namensgut. Mit einem Kraut, das wahre Wunder wirkt und deshalb in der Volksheilkunde verwendet wird, lässt Gott uns seine Gnade widerfahren. Es ist das Gottesgnadenkraut, ein Ehrenname, den mehrere Pflanzen tragen.
Johannes dem Täufer wurde das Johanniskraut geweiht. Es heißt im Volksmund auch Herz-Jesu-Blut und Marienblut, speichert es doch in seinen Blütenknospen einen blutroten Saft, das heilwirksame Hypericin.

Eine sonderbare Fangheuschrecke heißt „Gottesanbeterin", auch „Betjungfrau" genannt. Aber diesen Namen trägt sie zu Unrecht. Es sieht zwar tatsächlich so aus, als erhöbe das Insekt seine Vorderbeine zum Gebet.

Während es aber auf den vier langen anderen Beinen langsam dahin schreitet, wird mit den ersten Fangbeinen das überraschte Opfer rasch gegriffen, indem Schenkel und Schiene wie eine geöffnete Schere zusammenklappen.

Besondere Ehre widerfährt dem gelben Labkraut. Es war bei den Germanen der Fruchtbarkeitsgöttin Freia zugeeignet, später aber war die reich mit Aberglauben verknüpfte Pflanze der Mutter Gottes geweiht. Sie diente als „Unserer lieben Frau Bettstroh". Vielleicht ist ihr wegen ihres Duftes diese Aufgabe in der Legende zuteil geworden.
Unser Fingerhut mit seinem purpurroten Blütenschmuck heißt „Unserer lieben Frau Handschuh". Er ist zwar giftig, aber trotzdem als Heilpflanze ein Wohltäter für die Menschheit, da seine Giftstoffe auf die Herztätigkeit günstig einwirken.

Die Blätter des Frauenmantels haben eine besondere Gestalt: Sie sind rundlich, fast nierenförmig. Ihr Rand ist von neun abgerundeten Lappen umgeben, die bis zum Grunde gesägt sind. In den Kerben zwischen den Lappen und den Randzähnen stehen am frühen Morgen glitzernde Tautropfen, die sich mitunter im Blattgrund wie in einem Becher sammeln. Die Blattform ist das Abbild eines ausgebreiteten Mantels, wie ihn Maria tragen könnte. Also heißt der Frauenmantel im Volksmund auch Marienmantel. Auf Heiligenbildern kann man die Mutter Gottes mit einem ähnlichen, weiten, Falten schlagenden Überwurf dargestellt finden.

10. Gedicht: Der Mutter Herz

Ein Bild ist mir ins Herz gegraben,
ein Bild, so schön und wundermild,
ein Sinnbild aller guten Gaben:
es ist das Muttergottesbild.
In guten und in bösen Tagen
will ich dies Bild im Herzen tragen.

Ich sah' s am Rande meiner Wiege
auf meiner ersten Pilgerfahrt,
und dort schon hatten seine Züge
mir Gottes Schönheit offenbart.
Dort lernt' ich meine Mutter lieben,
hab mich als Kind ihr unterschrieben.

Dieter Kremp

11. Ein Sträußchen Mutterkraut zum Muttertag

In Bauerngärten steckt die Gartenweisheit von Generationen. Jahrzehnte vergessen, wird sie heute von romantischen Liebhabern wieder entdeckt. Dabei geht es aber nicht nur um nostalgisch angehauchte Schwärmerei, sondern vor allem um die Bedürfnisse und den Geschmack der Gartenbauern.

Als neugierige Gäste nähern wir uns den Bauerngärten, schauen hinein in seine bunte Vielfalt an Arten, Farben und Mustern: Färbepflanzen und Gewürze, heilende Zierpflanzen, Obst und Beeren, Rabattenblumen, Heilkräuter, Duftblumen aus aller Welt, der heilige Holunder an der Hauswand, „Kraut", wie alles Gemüse damals noch hieß und natürlich „Unkräuter" wie den „Guten Heinrich", der damals noch unser „Spinat" war.

Margeriten und Schafgarben gehörten zu den ersten Blumen, die bereits in germanischen Gärten blühten. Karl der Große gab dann in seiner „Landgüterverordnung" feste Richtlinien heraus, was in den Gärten anzubauen war. Im „Capitulare de Villis" wurden die Pflanzen schriftlich niedergelegt. Es enthält 73 Kräuter und Stauden sowie 16 Obstbäume. Traditionsbewusste Bauersfrauen sagten früher über ihren Garten: „So muss es sein, so hat es Karl der Große angeordnet."

Lilien und Rosen durften im Garten nicht fehlen. Aus Rosenblüten, vor allem von der Centifolie, wurden Duftstoffe gewonnen. Die weißen Madonnenlilien waren Blumen von hohem Symbolwert.
Und noch eine Pflanze war im „Capitulare" enthalten. Sie trug die Nummer 46 und hieß „febrefugium", ein Korbblütler aus der reich duftenden Gattung der Chrysanthemen. Es ist das „Mutterkraut" mit dem botanischen Namen „Chrysanthemum parthenium", nahe verwandt mit unseren Margeriten. Sein ätherischer Duft spielte im Volksglauben unserer Vorfahren eine große Rolle. Wenn die Bäuerinnen zur Kirche gingen, reichlich abgeschafft, wurde ein frisch gepflücktes Sträußchen Mutterkraut ins Gebetbuch gelegt. Das Aroma des „Marienkrautes" sollte die Bäuerin während der Sonntagspredigt wach halten.

Auch zur Ungezieferbekämpfung wurden die Düfte des Mutterkrautes verwendet: Ein Sträußchen in der Küche hielt Mücken und Fliegen ab. Die aromatischen Blättchen im Hühnerstall ausgestreut, vertrieben Läuse und Flöhe. Daher wohl auch der volkstümliche Name „Mottenkraut".

Bis in die 50er Jahre des letzten Jahrhunderts gehörte das Mutterkraut zum Blüten- und Duftflor des ländlichen Gartens, meist als Rabattenblume angebaut. Hier pflückten es die Kinder und schenkten der Mutter ein Sträußchen Mutterkraut zum Muttertag, hat die Pflanze doch auch Symbolcharakter. „Mutter" im Grundwort eines zusammengesetzten Pflanzennamens erinnerte an die Fruchtbarkeit. Solche Pflanzen waren Volksheilmittel gegen Frauenleiden und wurden bei der Geburtshilfe gebraucht.

Der Trend zum Bauerngarten unserer Urgroßeltern hat auch das Mutterkraut wieder entdeckt. Und mancher wird staunen, wenn er jetzt hört, dass die duftende Gartenblume Migränekranke von ihren Kopfschmerzen befreien kann. Das ist das sensationelle Ergebnis wissenschaftlicher Tests: Die Natur hat die synthetische Chemie wieder einmal übertroffen.

In den heutigen Gartenbüchern ist das Mutterkraut noch so gut wie unbekannt, sogar in den Kräuterbüchern fehlt die Pflanze. Sie stammt aus dem östlichen Mittelmeerraum. Als Gartenflüchtling fand sie auf Schuttplätzen, auf Ödland und an Wegrändern hin und wieder ein Standquartier.
Die 30 bis 60 cm hohe Zier- und Arzneipflanze entwickelt von Mitte Mai bis August gelbe Blütenkörbchen, die von auffallenden weißen Strahlenblüten umgeben sind. Die gefiederten Blätter riechen streng aromatisch.
Einmal im Garten ausgesät, kommt die Staude Jahr für Jahr wieder. Den Samen besorgt man sich im Fachhandel. Die Aussaat in Schalen hält man gleichmäßig feucht und warm, pikiert dann die Pflänzchen und pflanzt sie später aus. Mutterkraut liebt sonnige Lagen. Die Blume gibt es auch als Zimmerpflanze, die aber viel weniger ätherische Öle ausbildet.

Eine allgemein krampflösende Wirkung spricht die Volksmedizin den Blättern und Blüten zu. Ein Mutterkraut-Teeaufguss lindert Kopfschmerzen, Verdauungsstörungen und hilft bei Menstruationsbeschwerden. Man nimmt zwei Teelöffel pro Tasse, übergießt mit kochendem Wasser und lässt 10 bis 15 Minuten ziehen. Davon trinkt man täglich drei Tassen möglichst heiß. Ein solcher Aufguss hilft auch als Mundspülmittel bei entzündetem Zahnfleisch. Als Heilmittel bei Quetschungen und Schürfwunden findet Mutterkraut auch äußerliche Anwendung.

Die Ärzte der „Migräne-Klinik" in London lächelten nachsichtig, als ihnen Patienten erzählten, dass sie ihre rasenden Schmerzen mit den grünen Blättern einer hübschen Gartenblume bekämpften, die sie „Fewerfew" nannten.

Die Blätter seien zwar ein bisschen bitter, aber das merke man nicht, wenn sie zusammen mit anderen Speisen verzehrt würden. Auch bei Arthritis werde die gelbweiße Blume oft angewandt. Die Ärzte beschlossen, die Heilkraft der Pflanze zu untersuchen – und waren über das Ergebnis verblüfft.

300 Migräne-Kranke stellten sich freiwillig einem Test. Sie verzehrten täglich ein bis vier frische Blätter des Mutterkrauts. 88 Prozent von ihnen hatten nie auf eines der herkömmlichen Migränemittel reagiert. Aber mit den Blättern konnten sie die schweren Attacken lindern oder im letzten Augenblick stoppen. Alle waren im Schnitt monatlich von acht Anfällen bedroht gewesen. Weitere Patienten wurden von den Ärzten besonders gewissenhaft überprüft. Sie füllten gefriergetrocknete Blättermasse in geschmacksneutrale Gelatinekapseln, von denen die Hälfte der Patienten beim Frühstück je zwei Kapseln mit 25 mg Blattmasse bekamen. Die anderen Patienten erhielten – ohne es zu wissen – ein Scheinpräparat.

Während sich die Scheinpräparat-Patienten weiterhin mit schwersten Schmerzattacken quälten, hatten die anderen Patientinnen mit den echten Blätterkapseln keine Probleme.

Den Wirkungsmechanismus konnten die Wissenschaftler bisher noch nicht enträtseln. Wichtig sind wahrscheinlich die Laktone, krampflösende Inhaltsstoffe des Mutterkrauts. Die Blätter müssen frisch gegessen werden. Mutterkrautblätter werden von Mai bis August gesammelt. Tiefgefroren halten sie sich das ganze Jahr.

12. Gänseblümchen – Symbol der Mutterliebe

„Bellis" sind die „Schönen" – ein treffender Name! Unscheinbar klein und kaum beachtet, schmiegen sich die Gänseblümchen (Bellis perennis) mit ihrer runden Rosette aus kleinen, eiförmigen Blättchen dem Boden an und klecksen doch auch in den sterilsten Rasen leuchtend weiße Tupfer. Klein, aber oho, in vielfacher Hinsicht.

„Bescheidenheit ist seine Zier...", könnte man beim Gänseblümchen sagen, und doch nimmt das zarte Pflänzchen in der Evolutionsskala einen hohen Rang ein. Trotz seiner großen Zahl von Floretten (Einzelblümchen) wirkt das „Mondscheinblümchen" oder „Marienblümchen", wie es im Volksmund auch genannt wird, bei oberflächlicher Betrachtung so, als sei es eine einfache, offene Blüte der allerprimitivsten Prägung. Das ist es aber mitnichten!

Werbung um Insekten betreibt es durch ein Körbchen aus weißen Strahlenblüten, die unterseits zumeist rötlich angehaucht sind, und die gelben, röhrenartigen Scheinblüten wahrhaft schamlos ausnutzt.
Bei Sonnenschein sind die Köpfchen weit geöffnet, nachts und bei Regen schließen sie sich und nicken traurig nach unten. Die Sonne lieben sie über alles, nach ihr drehen sie sogar das Körbchen.
Das Gänseblümchen versteht die Kunst des Werbens um Liebe, duckt sich flach auf den Boden unter dem Tritt des Vorübergehenden, doch es steht wieder auf. Maßliebchen und Tausendschönchen sind seine vornehmen Schwestern. Ohne Schaden an seinem Blumenschmuck zu nehmen, verträgt das Marienblümchen bei trockenem Wetter Temperaturen bis minus 16 Grad Celsius. Kein Wunder, dass das Gänseblümchen fast das ganze Jahr über blühen kann. Von den ersten Vorfrühlingstagen bis weit in den Spätherbst hinein erfreuen uns die „Blümchen aus unseren Kindheitstagen" auf Grasfluren aller Art.

Wie bei der Margerite, einer ihrer zahlreichen größeren Verwandten aus der Familie der Korbblütler, werden nostalgische Erinnerungen wach. Das Gänseblümchen, auch „Orakelblume" genannt, galt schon in alter Zeit als „Blume der Unentschiedenheit". Man zupfte die äußeren Strahlenblüten nacheinander ab: „Er (sie) liebt mich, er (sie) liebt mich nicht..." war der früher am häufigsten beim Abrupfen gesprochene Spruch. Und die letzte Zungenblüte entschied den Orakelspruch über die erste Jugendliebe.
Aber der Spruch wurde auch abgewandelt und erweitert: „Er liebt mich – von Herzen – mit Schmerzen – ein wenig – oder gar nicht."

Aber auch andere Fragen musste das Gänseblümchen beantworten. Es entscheidet über den künftigen Beruf mit den Sprüchen: „Edelmann, Bettelmann – oder Bauer." Schließlich orakelte das Blümchen auch über die ewige Seligkeit: „Himmel – Fegefeuer – Hölle ..."

Zahlreiche Volksnamen künden von der Beliebtheit des Gänseblümchens: „Augenblümchen", „Mümmeli", „Tegenblume", „Himmelsblümchen", „Marienblümchen", „Mutterblümchen", „Sonnenblümchen", „Gänselieschen".

Tausendschönchen oder Maßliebchen, die vornehmen Schwestern unserer heimischen Gänseblümchen, sind dichtgefüllt und kugelrund; so wirken sie wie Sonntagsschönheiten auf dem Lande. Die weißen, rosa und manchmal roten Blütenköpfchen lassen sich zu hübschen Biedermeiersträußchen binden. Die winterharten Maßliebchen eignen sich am besten für Einfassungen im Garten, als Grabschmuck und als Frühlingsbalkonzierde. Vorsicht bei ihrer Vermehrung ist geboten! Maßliebchen samen leicht aus, fallen aber meist in ihre „ungefüllte" Vergangenheit im Gänseblümchenkleid zurück. Besser ist eine Vermehrung durch Teilung besonders kräftiger Pflanzen.

Woher kommt nun die Bezeichnung Gänseblümchen? Das Gänseblümchen ist seit Jahrhunderten eine äußerst beliebte Futterpflanze für Federvieh, insbesondere für Gänse. Die botanische Bezeichnung „bellis" (schön) und „perennis" (ausdauernd) hängt mit ihrer langen Blütezeit zusammen.
Dieses Kraut soll dem, der die Wurzel der Pflanze bei sich trägt, Zuneigung, Klugheit und Verstand verleihen. Das zierliche Blümchen galt auch als Symbol der Mutterliebe und damit Marias, weil die Blätter sich bei Regen so über die Blüte zusammenlegen, dass sie ein schützendes Dach bilden. Es symbolisiert das ewige Leben und Erlösung, aber auch wie die Margarite, Tränen und Blutstropfen. In der nordischen Mythologie war es die Göttin des Frühlings und der Auferstehung, der Ostara, geweiht. Ludwig IV. nahm sie mit den Lilien in sein Wappen auf.

Die Blütenköpfchen des Gänseblümchens schließen sich nachts bei Regen, tagsüber folgen sie dem Lauf der Sonne. So war es auch allerorten ein Wetterprophet. Ein Sträußlein Gänseblümchen in der guten Stube symbolisierte die soziale Eintracht der Familie. Ein Sträußlein am Hut, in der Johannisnacht gepflückt, sollte dem Jüngling offenbaren, wer seine Zukünftige war. Mädchen warfen ein Sträußlein Gänseblümchen in den Bach. Dort, wo das Sträußlein am Ufer hängen blieb, sollte der Auserwählte wohnen.

Im 18. Jahrhundert geriet jedoch das Gänseblümchen in Acht und Bann und wurde systematisch vernichtet, weil man es, übrigens zu Unrecht, als abtreibendes Mittel ansah.

Als Heilpflanze wurde das Gänseblümchen relativ spät entdeckt. Die medizinischen Eigenschaften sind erst seit der Renaissance bekannt. Umschläge mit frischen Blümchen wirken schmerzlindernd und blutstillend bei Wunden, Blutergüssen und Geschwüren.
Gänseblümchentee wirkt bei Bronchitis schleimlösend und hustenreizmildernd, als Galle-, Magen- und Lebermittel, aber auch als blutreinigendes Schönheitsmittel.

Die frischen Blüten sind außerdem eine dekorative und leckere Zutat zu grünem Salat und sollen gleichzeitig hartnäckige Verstopfung kurieren. Für einen Teeaufguss nimmt man einen Teelöffel der getrockneten Blüten auf eine Tasse kochendes Wasser und lässt zehn Minuten ziehen. Täglich trinkt man zweimal eine Tasse Tee.

Die Inhaltsstoffe der „stillen Schönen" verschönern auch die Gesichtshaut schöner Frauen. Aus den Blüten der Gänseblümchen stellt man ein Gesichtswasser her, das die Talgproduktion einer stark fettenden Haut wieder normalisiert. Schließlich tragen auch die Blätter zur Verjüngung des Organismus bei: Sie ergeben einen wahrhaft delikaten Wildsalat, der in seinem milden Geschmack dem etwas bitteren Löwenzahnsalat Konkurrenz macht.

In der homöopathischen Anwendung nimmt man die Dilution bis D 30 bei Schleimhautentzündungen des Nasen- und Rachenraumes und der Atemorgane, bei Ekzemen, Akne und Furunkeln, bei Verstauchungen und Prellungen. In der spagyrischen Anwendung nimmt man täglich 15 bis 30 Tropfen der Urtinktur als Kompresse bei Hautwunden.

„Falsche Kapern" stellt man aus den noch geschlossenen Blütenknospen der Gänseblümchen her:
Gut getrocknete Knospen in eine kalte Essig-Salzmischung (1/2 Liter Obstessig, 1 Teelöffel Salz, 1 Lorbeerblatt) geben, in Gläser einfüllen und gut verschließen. An einem dunklen Ort aufbewahren.

Gänseblümchen-Suppe:
Dazu benötigt man 5 Esslöffel Gänseblümchen, 2,5 dl Wasser, 7,5 dl Bouillon, 1 Esslöffel Mehl, 2 Esslöffel saurer Halbrahm, Salz, 1 Prise Muskat, Pfeffer aus der Mühle, 2 Scheiben Toastbrot und wenig Butter. Blümchen waschen, einige ganz beiseitelegen, den Rest fein hacken. Mit dem Wasser einige Minuten kochen lassen, mit der Bouillon auffüllen. Mehl und sauren Halbrahm mischen und zur Suppe geben. Abschmecken. Toastbrot in Würfelchen schneiden und in der Butter leicht rösten. Suppe anrichten und mit den restlichen Blümchen und Brotwürfelchen garnieren.

Gänseblümchengemüse:
Dazu benötigt man 150 Gramm Gänseblümchenblätter, 15 Gramm Butter, 1 kleine Zwiebel, 0,05 l Milch, Glutal, Salz, Kurkuma, Liebstöckel, Basilikum. Die Gänseblümchenblätter in kochendem Wasser gar ziehen, abgießen und klein schneiden. In Butter die gewürfelte Zwiebel anschwitzen und im Anschluss eine Mehlschwitze fertigen, mit der Gemüsebrühe auffüllen und sämig rühren. Die fertigen Gänseblümchenblätter dazugeben und mit Kräutern und Gewürzen abschmecken.

13. Gedicht: Träume im Bauerngarten

Schlanke Edelrosen
Klettern hoch am alten Zaun.
Schmetterlinge zart liebkosen
rote Rosen wie im Traum.

Am Beetrand stehen Georginen,
bunt geschmückt im zarten Kleid,
umsummt von holden, fleiß'gen Bienen
in fröhlicher Glückseligkeit.

Hinter dem alten Gartenzaun
Rankt eine Winde im gelben Saum,
erhebt ihr schmuckes Kleid im Winde
unter der blühenden Linde.

Käfer schwirren in den Lilien,
schaukeln um das Rosmarin,
goldne Hanniswürmchen glühen
mit den Lämpchen in dem Grün.

In der Minze träumt ein Bienlein,
schwelgt in hehrem Glück,
nascht im hellen Sonnenschein
süßen, holden Honigwein.

Glocken und Zyanen,
Thymian und Mohn.
Ach, ein fernes Ahnen
hat mein Herz davon!

Zwischen Traum und Wachen
frag ich, wo ich bin.
Himmlisch wehn die blauen Fahnen
und mein Schmerz entflieht.

Dieter Kremp

14. Die Bäuerin war auch eine gute Hausmutter

Auch die Bäuerin von heute hat meist eine Landwirtschaftsschule besucht und nebenbei oft bei ihrer Schwiegermutter oder einer anderen Bäuerin eine gute Hauswirtschaftslehre durchgemacht. Das kommt dem Hof zugute, denn schon eine alte Bauernregel besagt. „Wer eine gute Hausfrau hat, der bringt das Sein in Rat." Von jeher war die Arbeit auf dem Bauernhof so eingeteilt: „Wenn die Hausfrau in Küche, Stall und Keller, und der Herr in Scheune und Feld, so ist die Wirtschaft wohl bestellt."

Eine rechte Bäuerin hat noch mehr Berufe als eine städtische Hausfrau: „Hauskehren und Windelwaschen und sudeln und prudeln in der Aschen und Hausarbeit durch die Wochen und Schüsseln spülen und zu Essen kochen und viel am Webstuhl wirken und nichts gewinnen und Kühe melken und Garne spinnen und des nachts am Rücken liegen – die Arbeit ist all auf die Maid gediegen." Mit anderen Worten: Schon vor vielen hundert Jahren werkelte die Bauersfrau vom ersten Hahnenschrei bis tief in die Nacht, und trotz häufigem Kindersegen ging die Arbeit weiter auf Hochtouren: „Ist die Frau mal nicht munter, geht's bald drüber und drunter."

Mutterschutz war früher auf dem Lande kein Thema. Die Bauersfrau arbeitete hart bis zum Beginn der ersten Wehen und oft schon nach ein oder zwei Tagen stand sie wieder am Herd, kochte für die Familie und versorgte ganz nebenbei ihr Jüngstes: „Je länger im Bette, desto ärmer die Küche." Wie sich im Mittelalter ein Bauer seine Bäuerin vorstellte, besagt dieser Spruch: „Was soll ein Mägdlein hübsch und zart einem groben, dicken Bauern hart? Einem Bauern gehört eine Bäuerin stark, die ihm macht Butter, Käse und Quark."

Man hat wohl alle Zeit zuviel von einer Bauersfrau verlangt. Sie durfte ihre Hände nie in den Schoß legen: „Eine gute Hausmutter darf nie ledig gehen."

Und sie musste einfach alles können, wie zum Beispiel auch dieses: „Eine jede Hausmutter sollt' eine halbe Doctorin sein." Sie kannte viele Hausmittel, mit denen sie ihre Kinder, ihren Mann und auch das Gesinde gesund pflegen konnte. Die Kräuter im Weihbuschen waren Hausmittel gegen viele Krankheiten. Darüber hinaus wurde aus Kräutern mancher Trank hergestellt, der bei passender Gelegenheit den Kranken gesund machen sollte.

Vor dem Schlafengehen kochte sie zum Beispiel einen Tee aus Johanniskraut, um Schlafstörungen zu beseitigen. Der sollte auch bei Nachtwandeln und Bettnässen helfen. Heute wissen wir, dass Johanniskraut-Tee bei nervösen Störungen helfen kann. Die Schafgarbe galt auf dem Bauernhof als Bauchwehkraut. Der bittere Wermut trieb Blähungen ab und steigerte gleichzeitig den Appetit. Und schließlich bereitete die Hausmutter Pfefferminztee nicht nur zur Behandlung von Krämpfen im Unterleib, sondern auch zur Potenzsteigerung für den Bauern.

Wir kennen wunderschöne Bauerntrachten, die auf dem Lande auch heute noch als Sonntagsstaat getragen werden. Früher hat sie Hausmutter von Hand zusammengefädelt: „Die schönste Bauerntracht ist selbstgesponnen, selbstgemacht." Und damit haben wir einen weiteren Beruf der Bäuerin: Sie war auch Näherin und Schneiderin. In der Spinnstube sorgte sie mit den Dorfmädchen für Garn und Wolle, die dann auf dem Webstuhl zu Tuch verarbeitet wurden. Der schönste Stoff war immer für die Tracht bestimmt. Wer sich beim Nähen ungeschickt anstellte, dem hielt man die alte Bauernweisheit vor, die zum Sprichwort wurde: „Kleine Fädchen – fleißige Mädchen. Große Fäden – faule Maden." Natürlich wurde auch die Bettwäsche selbst hergestellt, wobei man sich nicht im Material vergreifen durfte: „Wolle liegt sich zu Mist, Flachs liegt sich zu Seide." In manchen Gegenden war blütenweißes Bettzeug ein Zeichen für die Reinlichkeit der Hausfrau, die sich aus Bauernkalendern Rat holen konnte: „Im Märzenschnee die Wäsche bleichen, da müssen alle Flecken weichen."

Obwohl die Tätigkeit in Feld und Garten eine rechte Drecksarbeit ist, war für die Hausfrau, die etwas auf sich hielt, Reinlichkeit in den Wohnstuben oberstes Gebot. Deshalb hielt sie ihren Mägden manchmal vor: „Auch in der Eck' muss es rein sein." Und wenn sich die Magd entschuldigte, sie habe auf des Pfarrers Geheiß erst den Rosenkranz beten müssen und darüber fast die Arbeit vergessen, musste sie den alten Spruch hören: „Ein Mädchen, das jätet, ist besser als ein Mädchen, das betet."

Auf jedem Gebiet musste die Bauersfrau Höchstleistungen erbringen und durfte doch nicht gegen ihren Mann, den Patriarchen auf dem Hof, aufmucken, der ihr möglicherweise immer wieder vorhielt: „Eine gute Hausfrau mehrt das Haus, die schlechte trägt's zur Türe hinaus." Ihr gab man auch die Schuld, wenn die Wintervorräte zur Neige gingen und vielleicht „Schmalhans" Küchenmeister wurde. Deshalb heißt es in einem Bauernspruch: „Eine gute Hausfrau kennt man an der Vorratskammer."

15. Die Lilie, Sinnbild der Muttergottes

„Ich bin eine Blume auf den Wiesen des Scharon, eine Lilie der Täler. Eine Lilie unter den Disteln ist meine Freundin unter den Mädchen."
(Hohelied 2, 1-2)

So spricht die Bibel im Hohen Lied Salomos von der Lilie (Lilium candidum), die die Christenheit der Jungfrau Maria weihte. Die weiße Lilie zierte die Säulenkapitelle im Tempel Salomos. Sie war ein Symbol der Schönheit, oft auch von Fruchtbarkeit und Reichtum. Unter christlichem Einfluss wurde sie zum Sinnbild für geistige Reinheit, Heiligkeit und Auferstehung.

Die Lilien sind die Lieblingsblumen der Orientalen, der Deutschen und der Romanen. Bei den Römern galt die Lilie als Zeichen der Hoffnung, im Morgenland war sie Sinnbild der Einheit, der Jungfräulichkeit und der Unschuld. Nicht nur die „holde Jungfrau" erhielt bei feierlichen Anlässen Lilien geschenkt, sondern Lilien wurden auch zum Zeichen der Trauer und der Treue als letzte Liebesgabe der Toten auf den Sarg gelegt. Bei den feierlichen Prozessionen an Fronleichnam tragen noch heute weißgekleidete Mädchen weiße Lilien in der Hand. In der deutschen Mythologie trägt Donar in der rechten Hand den Blitz und in der linken das Zepter, das mit einer Lilie gekrönt ist.

Die weiße Lilie ist ein uraltes und weitverbreitetes Lichtsymbol. Auf Darstellungen Christi ist die Lilie auch ein Symbol der Gnade. Die Lilie ist zudem ein uraltes Königszeichen und war besonders in der Heraldik (Wappenkunde) von Bedeutung. Mit den Rosen zusammen wurden die Lilien schon in altdeutscher Zeit oft erwähnt und sie spielten in der Poesie unserer Dichter, besonders in der Romantik, eine wesentliche Rolle. Auch im Volkslied wurden sie verewigt: „Drei Lilien, drei Lilien, die pflanzt ich auf sein Grab ...".

Nach einer alten Sage spross die Lilie aus den Gräbern von Liebenden und unschuldig Hingerichteten hervor. Wenn sie auf der Friedstätte unschuldig Ermordeter erscheint, so ist sie ein Zeichen der kommenden Rache; entsprießt sie auf dem Grabhügel eines armen Sünders, so kündigt sich Vergebung, die Sühne der Todesgottheiten an. Die Lilie galt auch als Gruß des Todes an den zurückbleibenden Lebenden; daher die Sage, dass der Geist des Verstorbenen selbst die Blume auf sein Grab gepflanzt habe.

In enger Beziehung zu den weißen Lilien stand auch das ehemalige Wappen Frankreichs, hieß doch Frankreich „das Reich der Lilien". Als die Jungfrau von Orleans von König Karl V. in den Adelsstand erhoben wurde, bekam sie den Namen „Lys" (= von der Lilie) und zum Geschenk einen Degen, der mit der Darstellung eines Lilienkranzes geschmückt war.

Die geistlichen Eigenschaften, die in früheren Zeiten der weißen Lilie zugeschrieben wurden, fanden durch einen päpstlichen Erlass im 17. Jahrhundert ihre offizielle religiöse Anerkennung. Der Erlass weist auf die Lilie im Zusammenhang mit der künstlerischen Darstellung der Verkündigung Maria. In der Tat zeigen viele Madonnenbilder der Renaissance das auffallende Weiß und die anmutige Form der weißen Lilie. Unter den Namen „Marienlilie" oder „Madonnenlilie" taucht die Blume immer wieder auf alten Kirchengemälden auf, die Maria mit ihr in der Hand zeigen.

16. Die Königskerze, der „Himmelsbrand" der Jungfrau Maria

Der schwedische Naturforscher Karl von Linné, auf den die Nomenklatur der botanischen Pflanzennamen zurückgeht, erklärte die Königskerze einst zur „schönsten Wildpflanze Mitteleuropas". Kein Wunder bei ihrer majestätischen Größe, wächst sie doch kerzengerade in den blauen Sommerhimmel. In zwei großblütigen Riesenarten kommt sie bei uns wildwachsend vor, wobei sie sonnige, trockene Plätze besonders liebt. Im Volksmund heißt die Königskerze auch „Himmelsbrand", „Himmelskerze" und „Marienkerze".

Die Königskerze (Verbascum thapsus) war früher ein Symbol der Königswürde. Zugleich wurde das Heilkraut der Jungfrau Maria zugeordnet. Maria trägt auf vielen Darstellungen eine Königskerze in der Hand, den „Himmelsbrand". So war es denn auch Brauch, bei der Kräuterweihe in der Kirche in der Mitte des Kräuterbüschels eine lange Königskerze einzuflechten. Weil sie mit ihrem langen Stängel kerzengerade in den Himmel wächst, war sie auch Symbol der Aufnahme ins Paradies.

Andere Namen für sie sind „Feldkerze", „Himmelskerze", „Himmelsschlüssel", „Fackelblume", „Marienkraut" und „Paradiesschlüssel". Hippokrates lobte die Pflanze schon als „Wollblume", die bei hartnäckigem Husten half. Bereits in der Antike wurde die Königskerze zu Heilzwecken verwendet. Angeblich soll sie auch vor Angst und Unheil schützen. Nach der Sage führen nachts im Mondschein die Elfen um die hohe Kerze ihren Ringeltanz auf. Die Mutter Gottes trägt diese Blume gleich einem Zepter in den Händen, wovon der alte Segensspruch herrührt: „Unsere Liebe Frau geht über Land und hat den ‚Himmelsbrand' in ihrer Hand."

Wenn jemand eine schlimme Wunde hat, soll man sie mit den Blüten des Himmelsbrandes berühren und dreimal den vorerwähnten Spruch dazu sagen. Gegen Gicht nimmt man eine gute Handvoll Königskerzenkraut und Kreide, so groß wie ein Ei. Die Kreide stoße man zu Pulver und koche diese beiden Stücke miteinander eine halbe Stunde lang in jenem Wasser, worin der Schmied das Eisen ablöscht. Wenn das Wasser nicht mehr so heiß ist, setze die Füße hinein wie in ein Fußbad und bade sie darin. Hernach mache ein großes Loch in die Erde, gieße das Wasser samt Kraut und der Kreide hinein und scharre es wieder zu. Wenn das Kraut verfault ist, so ist auch die Krankheit verschwunden.

Die Königskerze verliert nach altem Glauben ihren Duft, wenn an dem Ort, an dem sie blüht, ein Leichenzug vorbeikommt. Wenn ein schweres Gewitter die Hausbewohner erschreckt, wirft man einige getrocknete Blüten ins Feuer. Auch bei allerlei Krankheiten des Viehes werden sie unter das Futter gemengt. Wer einen reichen Fischfang erzielen möchte, streut nachts heimlich den Samen der Wollblume in jenes Gewässer, in dem er am nächsten Tag fischen will. Dann scheint es, als ob der heilige Petrus persönlich den Fischfang leite, so viele Fische werden gefangen.

Dieser heute zum Teil noch geübte Brauch geht weit in die vorchristliche Zeit zurück und lässt sich durch den hohen Saponingehalt der Heilpflanze, der nervenlähmend und betäubend auf die Fische wirkt, leicht erklären.

Die ersten Königskerzenblüten soll man mit den Lippen abstreifen und verschlucken, so bekommt man das ganze Jahr hindurch kein Fieber. Die Unterseite der Blätter ist mit wolligem Flaum bedeckt. Daher heißt die Königskerze auch Wollblume. Mütter nahmen die Blätter und legten sie in der Wiege unter das Kissen, damit es das Neugeborene im Winter warm hatte.

In trocken-heißen Sommern wachsen Riesenexemplare heran, wie die großblütige Königskerze (Verbascum thapsiflora) und ihre nächste Verwandte, die Filz- oder Wollkönigskerze (Verbascum phlomoides), die beide über 2,50 Meter hoch werden können. Kein Wunder, dass die sonnengelben Riesen bei unseren bäuerlichen Vorfahren ein „Symbol des Himmels" waren.

Der botanische Name „Verbascum" (lateinisch „verbenae" = heiliges Kraut) weist auch auf die religiöse Verwendung hin. Wuchsen rund um die menschlichen Behausungen Königskerzen, dann war man vor Dämonen sicher. Man sieht sie auch auf Schuttplätzen. Doch kein Mensch hat sie dort angesiedelt, sondern Vögel, die im Herbst ihre Samen verbreiten.

In den Alpentälern soll die Königskerze auch über das zu erwartende Wetter genau Auskunft geben. Der Allgäuer schaut, nach welcher Seite die Königskerze ihre Spitze neigt. Tut sie das nach Westen, so kommt Regen, neigt sie sich aber nach Osten, so ist gutes Wetter im Anzug („Windblume").

Die Wärme liebende Pflanze, die sich gut auf steinigen Böden gedeiht, scheint geradezu prädestiniert als schmucke Zierpflanze in nach Süden und Osten neigenden Vorgärten.

Viele reißen die Blume im ersten Jahr mitsamt ihrer spindelförmigen Pfahlwurzel aus dem Boden, nicht wissend, welch majestätische „Marienkerze" erst im zweiten Jahr „pfeilschnell" aus der großen Blattrosette herauswächst. Das zweijährige Kraut stirbt nach der Frucht- und Samenbildung im Herbst ab.

Wer Blüten von Wildbeständen an Bahndämmen und an trockenen Wegrändern gewinnt, sollte jeweils nur wenige von einer Pflanze pflücken, damit Versamung möglich ist. Die Wollhaare an der Blattunterseite sehen unter dem Mikroskop wie kleine Tannenbäumchen aus. Sie dienen zum Schutz gegen Verdunstung. Die großen zitronengelben und nach Honig duftenden Blüten bilden einen langen, ährenförmigen Blütenstand. Die goldgelben Blüten werden in der Mittagssonne eingesammelt und rasch getrocknet. Sie dürfen beim Pflücken nicht gedrückt werden, sonst verfärben sie sich sofort.

Die frischen Blüten kann man zerrieben als Breiumschlag gegen Insektenstiche verwenden. Königskerzenblütenöl dient zur Linderung von Hämorrhoiden-Entzündungen und Frostbeulen. Früher knetete man die Blüten mit Butter zusammen und bewahrte sie als gutes Hustenmittel für den Winter auf. Und dass man sich mit Königskerzenblüten auch die Haare färben kann, das wusste man bereits in vorchristlicher Zeit.

Die Inhaltsstoffe der Königskerze sind auswurffördernd, schleimlösend, fiebersenkend und beruhigend. Der Tee als Aufguss der Blüten (ein bis zwei Teelöffel auf ein viertel Liter Wasser) hilft bei Husten, Heiserkeit und Bronchialkatarrh. Pfarrer Sebastian Kneipp schrieb: „Wer eine gute Fleischbrühe kochen will, die kräftigend sein soll, nehme zu den üblichen Suppengewürzen die goldgelben Blüten der Königskerze."

Eine <u>Königskerzen-Kraftbrühe</u> ist dazu noch eine Delikatesse:
Man braucht eine Tasse Königskerzenblüten, 1 Liter hausgemachte Fleischbouillon, 50 g gehacktes, mageres Rindfleisch, 2 Eiweiß, 1 Tomate, ½ Karotte, etwas Lauch und Sellerie, Pfefferkörner, Kerbel und Salz. Die Tomaten häuten, entkernen und würfeln. Das Gemüse fein schneiden, das Eiweiß leicht steif schlagen und mit Königskerzenblüten und allen anderen Zutaten zur kalten Bouillon geben. Unter ständigem Rühren aufkochen und 45 Minuten ziehen lassen. Danach die Suppe durch ein Tuch passieren, aufkochen und mit Salz abgeschmecken. Zuletzt den Kerbel dazugeben und servieren.

Königskerzen-Sorbet:
Dazu benötigt man eine Handvoll Königskerzenblüten, 150 g Zucker, 2½ dl Wasser, Zitronenschale und etwas Zitronensaft, 1 ½ dl Orangensaft, 2 dl Weißwein, 1 Eiweiß und 1 kleine Frucht zum Garnieren. Königskerzen, Zucker, Wasser und Zitronenschale aufkochen, zudecken und abkühlen lassen. Absieben, mit Zitronensaft, Orangensaft und Weißwein mischen und das Ganze gefrieren lassen. In ein Glas spritzen und mit einer Frucht garnieren.

17. Blühende Natur kann heilen

„Das Blühen will nicht enden. Es blüht das fernste, tiefste Tal: Nun, armes Herz, vergiss der Qual! Nun muss sich alles, alles wenden." So wie Ludwig Uhland in seinem Gedicht „Frühlingsglaube" haben Dichter aller Zeiten das Erwachen der Natur enthusiastisch begrüßt. Wie wahr sind heute noch Dantes Worte, dass nur drei Dinge aus dem Paradies geblieben sind: Sterne, Kinder und Blumen.

Volkslieder und Sprichwörter erzählen uns vom wundersamen Trost der Bäume: „Wo das Glück zu Hause ist, da dürfen Blumen lachen, Bäume tanzen, Bäche klatschen. Wiesen weinen. Berge hüpfen und Sterne winken." Das sind Erfahrungen, die gerade jetzt — angesichts der gefährdeten Schöpfung — in uns immer lebendig werden: „Die Natur ist die größte Zauberin, die Malerin der schönsten Bilder. Sie ist auch unsere Ernährerin. Gib auf sie acht! So lange noch Zeit ist." (Dante Alighieri)

So wird es Zeit, dass wir die Wunden, die wir unserer Natur jeden Tag zufügen, sei es aus Dummheit oder Bequemlichkeit, auch endlich anfangen, zu heilen. Natur kann heilen, gerade jetzt im Frühling. Psychiater berichten, dass durch den Anblick von Blumen und blühender Bäume Depressionen wirksam gelindert werden. Farben und Aromen der Blüten wirken hier therapeutisch zusammen. Der Frühling ist eine Zeit des „Auftauens" des menschlichen Herzens und der Gesundung der Seele. Die Natur gibt uns die Kraft, an das Gute und Schöne – auch in den Menschen – zu glauben.

„Es gibt Augenblicke im Leben, wo wir aufgelegt sind, jede Blume und jedes entlegene Gestirn, jeden höheren Geist an den Busen zu drücken – ein Umarmen der ganzen Natur, gleich unserer Geliebten. Der Mensch, der es soweit gebracht hat, alle Schönheit, alle Größe, Vortrefflichkeit im Kleinen und Großen der Natur aufzulesen und in dieser Mannigfaltigkeit die große Einheit zu finden, ist der Gottheit schon viel näher gerückt. Die ganze Schöpfung zerfließt in seiner Persönlichkeit." (Marie von Ebner-Eschenbach)

In diesem Monat der noch feuchten Erde sind die Wiesen- und Gartenblumen von ganz besonderer Pracht. Es sieht beinahe aus, als gäbe es ganz neue Modelle unter ihnen, neue Formen, neue Farben. Die Kollektion des Himmels ist von unerschöpflicher Fantasie. Wieder fällt es einem auf, wie besonders fein und vollendet die allerkleinsten Blüten sind. Die Liebe des Schöpfers scheint sich mit dem Grad der Kleinheit zu vergrößern.

Der Mai fügt die Blütenträume unserer Kindheit und Jugendzeit zu einem bunten Blütenstrauß zusammen. Dieser Strauß soll jedem Freude bringen, der sich den Sinn für die unverbrauchte Schönheit der Natur bewahrt hat. Der Frühlingsmonat ruft wieder neu in unser Gedächtnis zurück, dass es wirklich Zeit ist, behutsamer mit der Natur umzugehen. Denn nicht die Natur braucht uns, sondern wir brauchen die Natur: „Die Blumen und die Natur, genauso wie die vor Glück strahlenden Kinderaugen, geben uns jeden Tag die Gewissheit, dass Gott sein Vertrauen in die Menschen noch nicht verloren hat." (Dante Alighieri)

Blumen sind die schönen Worte und Hieroglyphen der Natur, mit denen sie uns andeutet, wie lieb sie uns hat. Halten wir es im Wonnemonat Mai mit den Worten von Hermann Löns: „Lass Deine Augen offen sein, geschlossen Deinen Mund und wandle still, so werden Dir geheime Dinge kund." Es ist eine Aufforderung zu einem Maienspaziergang.

„Denn die Frühlingstage kommen wieder zu ihrer Zeit;
der Vollmond nimmt Abschied
und kommt wieder zu neuem Besuch.
Die Blüten kommen wieder
und erröten auf ihren Zweigen
Jahr für Jahr; und vielleicht
nahm auch ich nur Abschied von Euch
um wiederzukommen."

Rabindranath Tagore

18. Lasst Blumen sprechen

Die Sprache der Blumen richtig zu verstehen und einzusetzen galt bei den jungen Männern und Frauen früherer Jahrhunderte als hohe Kunst. Jede Blume hatte eine bestimmte Bedeutung. Zwar werden heute noch einige Blumen bestimmten Ereignissen zugeordnet (Maiglöckchen gehören zur Konfirmation, Madonnenlilien zum Muttertag, eine junge Braut schmückt sich mit Rosmarin oder Myrrhe).

Um Freude, Dankbarkeit, Anerkennung, selbst heimliche Liebe und Verehrung auszudrücken, bedarf es aber heute keiner Wissenschaft mehr. Überreicht wird ein mehr oder weniger üppiges Bukett mit Blumen der Saison. Und man hält sich auch bei uns gerne an die japanische Kunst des Ikebana, worin man Freude und Trauer, Verehrung und Liebe ausdrücken kann.

In den vergangenen Jahrhunderten, in denen Männer und Frauen nicht offen miteinander reden konnten, kam dem Blumencode jedoch besondere Bedeutung zu. Im Harem des ottomanischen Reichs zum Beispiel bedeutete das Tragen einer Iris eine glatte Absage, eine Traubenhyazinthe jedoch das „Ja" der geliebten Dame.

Im 19. Jahrhundert mit seinem Gouvernantensystem verständigten sich junge Leute häufig durch Blumen. Wurde ein mitgebrachter Strauß von der Auserwählten geküsst, durfte der Verehrer hoffen, riss sie dagegen die Blütenblätter wirr ab, würde das Rendezvous nicht zustande kommen. Eine eindeutige Abfuhr war die Überreichung von Löwenmäulchen.

Die einzelnen Arten hatten eine ganz bestimmte Bedeutung, wenn sie auch nicht immer eindeutig waren, was beträchtliche Verwirrung stiften konnte, denn auch die hierzu veröffentlichten Lexika stimmten nicht immer überein.

So bedeutete Lavendel zum Beispiel sowohl Misstrauen als auch angenehme Erinnerungen an schöne gemeinsame Stunden. Die Pfingstrose stand für Zurückhaltung, aber auch für Schande. Rosen meinten grundsätzlich Liebe, doch auch die Rosensorte war wichtig: Die Edelrose meinte Verwundbarkeit, die Heckenrose grenzenlose Bewunderung. Der grüne Birkenzweig in der Walpurgisnacht sollte der Liebsten sagen, dass noch im gleichen Jahr Hochzeit sei. Das Gänseblümchen, auf der Wiese im Vorübergehen gepflückt, bedeutete Sittsamkeit und Bescheidenheit.

Erst in den zwanziger Jahren des letzten Jahrhunderts, als die Menschen offen miteinander umgehen lernten, verlor die verschlüsselte Sprache der Blumen an Bedeutung. Obwohl man gerade in der Vergangenheit seiner Angebeteten, die einen Blumennamen als Mädchennamen führte, die entsprechenden Blumen überreicht hat.

Nostalgische Erinnerungen werden wach, wenn man am Valentinstag seiner Liebsten eine codierte Blumenbotschaft zuschickt:

Anemone - Du bist wertvoll und schön
Angelika - Ich liebe dich
Clivia - Ich bete dich an
Erika - Ich bin einsam
Flora (Strauß mit verschiedenen Blumen) - Du bist wie eine Blume
Glockenblume - Ich halte immer zu dir
Gladiole - Ich kämpfe um dich
Hortensie - Du verführst mich
Hyazinthe - Lass uns spielen
Lilie - Du bist meine erste Liebe
Malve - Für mich bist du immer schön
Margerite - Liebst du mich?
Melissa - Du duftest nach einer lauen Sommernacht
Mohn - Wir wollen uns wieder vertragen
Löwenzahn - Du bist undankbar
Iris - Du bist meine holde Schöne
Rosmarin - Wir wollen heiraten
Tagetes - Ich bin so traurig
Rote Rose - Ich liebe dich
Rote Tulpe - Ich liebe dich
Viola - Du bist bescheiden, ich mag dich
Vergissmeinnicht - Ich werde dir ewig treu sein

19. Blumengeschichte: Rosen

Liebesfreude im Rosenbeet

In blut- und rosaroten Farben prangten die Rosen im Blumenbeet von Gärtnerin Rosalinde. Unter ihnen leuchteten auch die pfirsichrote Kleopatra, die orangerote Anabel und die samtig feuerrote Rosalia. Alle drei waren ganz stolz über ihr wahrhaft königliches Aussehen.

„Rosalia, hast du gesehen, wie Gärtnerin Rosalinde wieder hoch erfreut war, als sie soeben unseren köstlichen Duft einatmete?" plapperte Kleopatra und reckte sich noch ein wenig weiter nach oben.
„Aber hast du ihre Augen gesehen, als sie mich sanft berührte?" antwortete Rosalia in ihrem samtenen Blumenkleid, das zart nach feiner Apfelsäure duftete. „Ihre Augen tränten vor Liebesleid."
„Da gibt es nur eine einzige Hilfe für Rosalinde. Wir rufen nach Gärtnermeister Robert, der gerade seinen durstigen Rosenkindern ein kühles Nass beschert", sagte Anabel.

Rufen konnten ja die Rosen in Rosalindes Garten nicht. Wie sollten sie Robert anlocken? Aber Prinzessinnen wissen sich immer zu helfen. Sie öffneten ihre Blütenkelche ganz weit und atmeten ihren berauschenden Duft aus. Der strömte in Nachbars Garten zu Gärtnermeister Robert. Er pflückte einen Strauß blutroter Tatjanas, die Rosen der Liebe und der Anbetung. Mit einem Kompliment überreichte Robert den Blumencode seiner Angebeteten Rosalinde. „Ach, lieber Robert, du erfreust mein Herz und meine Seele! Hab vielen Dank für dein Geschenk!" säuselte Rosalinde etwas schamhaft.

„Was macht eigentlich Schneewittchen in ihrem schneeweißen Rosenstrauch in Roberts Garten? Sie ist unsere beste Freundin, doch lange haben wir von ihr nichts gehört", sagte Anabel. Doch es dauerte nicht lange, da schwärmte Bienenkönig Billy zu den Rosen in Rosalindes Blumenbeet.
„Guten Morgen, ihr stolzen Rosen! Euer bester Freund ist da. Erhebet eure müden Blütenköpfe! Ich bringe euch eine Blumenbotschaft von eurer besten Freundin Schneewittchen", leierte Billy.
Da waren die hübschen Rosendamen Anabel, Rosalia und Kleopatra hoch erfreut: „Danke, lieber Billy! Willst du auch mit uns ein wenig schmusen?"
„Aber natürlich, ihr Blumenköniginnen, das ist doch mein schönster Liebesspaß. Das wisst ihr doch", summte das liebestolle Bienenmännchen.

Unweit am Gartenzaun von Rosalindes Blumenmeer reckten die langen Sonnenblumen ihre goldgelben Häupter in den blauen Himmel. Auch sie warteten eifersüchtig auf Billy. Sie drehten ihre Blütenscheiben der Sonne entgegen, um ihre benachbarten Freundinnen besser sehen zu können.

Da schwirrte ein Rotkehlchen in seinem ziegelroten Brustlatz über den Garten, ließ sich bei den drei Rosenschwestern nieder und flötete seine lustigen Strophen. In seinem Schnäbelchen hielt er eine rotbackige Frucht.

„He, Rosalia, schau doch mal. Diese Beere kommt mir so bekannt vor!" rief Kleopatra. Kein Wunder, war es doch eine reife Hagebutte, die Lieblingsspeise des Rotkehlchens. Eine Heckenrose hatte ihren entfernten Blutsverwandten einen schönen Gruß geschickt.

Und als Dank für den Rosenstrauß bereitete Rosalinde ihrem Freund Robert eine Rosen-Bowle zu, die sie am Abend beim gemeinsamen Plausch in der Gartenlaube tranken.

20. Dichterworte über Blumen

„Blumen sind wie Menschen. Beide brauchen Wasser, viel Sonne und viel Liebe."
(Liv Linde)

„Blumen sind die schönen Worte und Hieroglyphen der Natur,
mit denen sie uns andeutet, wie lieb sie uns hat."
(Johann Wolfgang von Goethe)

„Die Blumen und die Natur,
genauso wie die vor Glück strahlenden Kinderaugen
geben uns jeden Tag die Gewissheit,
dass Gott sein Vertrauen in den Menschen noch nicht verloren hat."
(Jochen Kaspar)

„Blumen sind die Augen, mit denen uns die Natur anschaut."
(Gerhard Uhlenbruck)

„Kennst du den Garten? – Wenn sich der Lenz erneut,
geht dort ein Mädchen auf den kühlen Gängen still durch die Einsamkeit,
und weckt den leisen Strom von Zauberklängen,
als ob die Blumen und die Bäume sängen rings von der alten schönen Zeit."
(Joseph von Eichendorff)

„Heute bin ich durch den Garten gewandelt,
wo die Blumen in voller Blüte standen.
Da war ein Beet mit verschiedenen Blumen,
und jede Blume hatte ihre volle Pracht,
ihre Blütenreife erlangt."
(Jiddu Krishnamurti)

„Immer wieder blühen Blumen und werden Frucht.
Immer wieder steigen Träume in uns auf.
Vielleicht wird einer dieser Träume blühende Wirklichkeit!"
(Rainer Dura)

„Nur die guten Erinnerungen
gibt uns Gott auf den Weg,
damit wir im Winter Blumen haben."
(Alexandra von Pipal)

„Die Blumen brauchen nur einen sonnigen Morgen,
um ihre Nase in den Wind zu heben."
(George Sand)

„Auch die Blumen welken rasch ohne eine echte Liebe."
(Johanna Fürst-Rieder)

„Blumen sind an jedem Weg zu finden,
doch nicht jeder weiß den Kranz zu binden."
(Anastasius Grün)

„Jede Blume welkt einmal, sollten wir sie deswegen weniger bewundern?"
(Zenta Maurina)

„Höflichkeit verlangt man vom Menschen, Duft von der Blume."
(Aus Indien)

„Auch der Baum, auch die Blume
warten nicht bloß auf unsere Erkenntnis.
Sie werben mit ihrer Schönheit und Weisheit
aller enden um unser Verständnis."
(Christian Morgenstern)

„Drei Dinge sind uns aus dem Paradies geblieben:
Sterne, Blumen und Kinder."
(Dante Alighieri)

„Schenkt Blumen der Liebe bei Lebenszeit
und bewahret einander vor Herzeleid."
(Sprichwort)

„Wenn wir etwas durch die Blume sagen wollen,
nehmen wir ein Blatt vor den Mund."
(Gerhard Uhlenbruck)

„Demut vor den Blumen der Baumgrenze öffnet den Weg zum Gipfel."
(Dag Hammerskjöld)

„Blumen sind die Sterne des Tages."
(Alexandra von Piral)

21. Du bist wie eine Blume ...

„Du bist wie eine Blume, so schön, so hold, so rein. Ich schau dich an und Sehnsucht steigt mir ins Herze ein." Das ist ein poetisches Kompliment von Heinrich Heine an die Schönheit duftender Blumen, die er mit bezaubernden Frauen vergleicht. In seiner Bewunderung schließt er vor allem die Rose ein: „Wenn du eine Rose schaust, sag ich lass dich grüßen!"

Blumen sind wie Menschen. Beide brauchen Wasser, Sonne und viel Liebe. Es sind die Augen eines Mädchens, mit denen uns die Natur anschaut. Wir betrachten eine Lilie, eine Rose oder eine Magnolie und schauen in ein lachendes Mädchengesicht. Und kein geringerer als Johann Wolfgang von Goethe weiß: „Doch was im Garten am reichsten blüht, das ist des Liebchens lieblich Gemüt. Da glühen Blicke immerfort, erregend Liebchen, erheiternd Wort: Ein immer offen Blütenherz, im Ernste freundlich und rein im Schmerz. Wenn Ros' und Lilie der Sommer bringt, er doch vergebens mit Liebchen ringt."

Franz Klein preist den Jasmin: „Blühender Jasmin! Dir zur Freude pflanzte ich einen Strauch. Heute schmücke ich dein Bild mit seinen hellen Zweigen. Blühender Jasmin!"
Ein unbekannter Dichter sucht Maiglöckchen für seine Allerliebste: „Ich such die Maiglöckchen aus, die lieblichen, die süßen, und sende sie zu dir hinaus mit tausend Grüßen."
Juliane Bocker kleidet das Bild der Rose in eine Hymne ein: „Eine rosarote Rose hebe ich, Weib, an dein Gesicht. Diese rosarote Rose ist Symbol und hat ihr Licht ausgebreitet über dich. Kein Verzicht wird dich mehr beschatten, keine Sicht verdunkelt sein. Begreifst du diesen Segen nicht?"
Joseph von Eichendorff singt von Blumen der Liebe im Frühling: „Kennst du den Garten? Wenn sich der Lenz erneut, geht dort ein Mädchen auf den kühlen Gängen still durch die Einsamkeit, weckt den leisen Strom von Zauberklängen, als ob die Blumen sängen rings von der alten schönen Zeit."

Da sind Blumen im Garten und an jedem Weg zu finden, doch nicht jeder weiß einen Kranz für seine Liebste zu binden. Rosen wurden am meisten in Gedichten verewigt und in Liedern besungen: „Rose, du Thronende, denen im Altertum warst du ein Kelch mit buntem Band. Und bist die volle Blume, der unerschöpfliche Gegenstand." (Rainer Maria Rilke).
„Wie willst du weiße Lilien zu roten Rosen machen? Küss eine weiße Galathee, sie wird errötend lachen." (Friedrich Logau).

Bei Ludwig Tieck bilden die Rosen und die Liebe eine Einheit: „Liebend kommt die Morgenröte, Rosen sind verschämte Röte, brennt in Purpurs voller Pracht."
Ein altes Sprichwort sagt: „Schenk Blumen der Liebe bei Lebenszeit und bewahret einander vor Herzeleid!" Für Dante sind uns drei Dinge aus dem Paradies geblieben: „Blumen, Sterne und lachende Kinderaugen."

Wenn wir Blumen sprechen lassen, dann ist das eine bunte Schar von duftenden Mädchenschönheiten in Feld, Garten und Wald, die wunderschöne Madchennamen tragen. Das beginnt schon bei der Flora, der römischen Frühlingsgöttin, die die Blumen mit dem Lenz vergleicht. An Wildblumenschönheiten finden wir die sagenumwobene Alraune, die antike Andromeda, die giftige Anemone, Angelika, den Engel auf Erden, die betörende Belladonna, die berauschende Nymphe Daphne, das Heideblümlein Erika, die männerbecircende Kirke, die altmodische Kunigunde, die Linde mit den Brautkratzen unserer Ahnen, die Orakelblume Margerite, den romantischen Rosmarin, das zärtlich duftende Viola, die blaublütige Veronika und die biblische Zilla. Und schließlich tragen viele Blumen den Namen Jungfer, Mädchen oder Frau.

Noch wohlklingender sind die Gartenschönheiten Clivia, Dahlia, Eugenia und die griechische Helena, die regenbogenfarbene Iris, der duftende Jasmin, Liane und Lilia, Maria und die schamhafte Mimose, die Rose als Königin der Blumen und Viktoria, die Königin der Seerosen.

Hinter den vielen Mädchenschönheiten bleiben die Männer weit auf der Strecke. Da fängt ein Aron Fliegen im Wald und Jakob trägt weiße Haare. Christoph beschwört die Geister. Den heiligen Johannes hat man gleich zweimal in Blumennamen verewigt, zudem den biblischen Verräter Judas.

Das ABC der Biedermeiersprache war ein Rückfall in die Zeit der Romantik, die von einer innigen Verbindung von Blumen und Frauen und ihrer Verehrung: Du bist wie eine Blume...

Christrose: Du hast ein liebliches Madonnenbild
Flieder: Eilen wir zum Altare, ehe die Jugendzeit vergeht
Lavendel: Du sprichst aus Liebe.
Rose: An deinem Busen lass mich schmusen!
Vergissmeinnicht: Höre zu, wie ich dich liebe!"

22. Blumengedicht: Rose

Die Königin der Blumen

Majestät Rose!
Du wiegst dein rosiges Haupt sanft im Wind. Himmlisches Kind!
Alle Blumen im Garten
warten
auf deine liebliche Stimme.

Sie atmen den berauschenden Duft deiner Sinne.
Einer göttlichen Nymphe gleich
betörst du mein Herz.
Dein Circen macht meine Seele weich
in Liebesschmerz.

Ich labe mich an deinem Honigsaft,
er schenkt mir neue Lebenskraft.
Dein Eros zieht mich magisch an,
wiegt mich in deinem Zauberbann.

Du, Königin der Blumen,
lässt Immen summen
und Hummeln brummen
und Menschen lieben
in innigen Trieben.

Hab Dank,
du Mutter Rose,
für deine wunderschöne Pose!

Dieter Kremp

23. Von den Liebesdüften der Blumen

Wenn man Venus, die Göttin der Liebe, ins Brautgemach laden wollte, dann musste der Fußboden zunächst mit Binsen ausgelegt werden, über die man dann süß duftende Kräuter verstreute: Thymian und Majoran, Waldmeister und Melisse, Minze und Rose, Myrrhe und Nelke – und im Frühling natürlich Veilchen. Beim Duft der Heckenrosen konnte man sicher sein, dass frisch gepflückte Blütenblätter, die unter dem Bett verteilt wurden, eine Frau betörten. Das Bett selbst musste mit Waldmeister bestreut werden, dessen trockene Blätter den köstlichen Duft frisch gemähten Heus verbreiten.

Heute wissen wir, dass dieser Geruch von einer chemischen Substanz namens Kumarin herrührt, die, bedenkt man, zu welcher Lust Liebende bekanntlich durch das Heu animiert werden, offenbar eine echt aphrodisierende Wirkung ausübt. Schließlich wurde empfohlen, eine große Schüssel mit einem Gemisch zart duftender Kräuter und Gewürze auf dem Nachttisch zu platzieren. Wenn man von Zeit zu Zeit mit dem Ringfinger den Inhalt der Schüssel umrühre, sollen die Kräuter ihre Düfte verströmen und so die rechte „Liebesstimmung herbeiführen".

Lange bevor man entdeckte, dass Pflanzen ein Geschlechtsleben besitzen, setzten Menschen sie bereits für ihre eigenen sexuellen Bedürfnisse ein und sie tun dies noch heute. Die Düfte und Farben der Blumen sind von der menschlichen Spezies für die Stimulierung ihrer Sexualität als so wesentlich empfunden worden, dass sie noch heute ihre Bedeutung bei Fruchtbarkeitsriten, Hochzeitszeremonien und im Liebesleben der primitivsten wie der höchstentwickelten Gesellschaften besitzen.

Enorme Mengen von Blüten werden jährlich gezüchtet, aus denen die Parfümhersteller die wohlriechenden Öle und Essenzen entnehmen, destillieren und anschließend mit anderen Ingredienzien ihrer Produkte vermischen. Die Reklame versucht dann ein Bild von sexueller Unwiderstehlichkeit zu vermitteln, das alleine durch das Duftwässerchen ausgelöst wird.

Obwohl die Düfte der Blüten ursprünglich entwickelt wurden, um Insekten anzulocken, schienen sie nicht nur bei Tieren, sondern auch bei Menschen auf jenen für die sexuelle Erregung äußerst wichtigen Sinn, den Geruchssinn, einzuwirken. So haben wahrscheinlich schon bei den frühesten Menschen Blütendüfte in die geschlechtlichen Erfahrungen mit hineingespielt.

Die „Sprache der Blumen", die Liebende früher häufig für Botschaften verwendet haben – Botschaften, der Zärtlichkeit, der Dankbarkeit, der Ablehnung, des Kummers und der Hoffnung – hat eine lange Geschichte und beruht auf einem hochkomplizierten System von Regeln und Konventionen. In den altorientalischen Sprachen gab es umfangreiche „Wörterbücher" der Blumensprache, Selam genannt.

Bei uns ist das Gefühl der romantischen Epoche, als von Verliebten und Sentimentalen noch ganz geläufig gesprochen wurde, immer mehr in Vergessenheit geraten. Wir wissen gerade noch von der Bedeutung der Rose und der roten Nelke, der Myrte, der Lilie, des Maßliebchens und Vergissmeinnicht, während der große Bedeutungskatalog der Blumen, den Jakob Grimm im 19. Jahrhundert in der Sammlung „Altdeutsche Wälder" zusammengetragen hat, längst klassische Literatur ist – und entsprechend vergessen.

Das ist nicht zuletzt schade, weil es eine Sprache der Liebe war, die halb versteckt und dabei absolut ehrlich viel über das innere Verhältnis der Menschen zueinander und das der Menschen zu den Pflanzen verriet.

Das sprichwörtliche „Lager aus Rosen" ist nicht nur poetische Fantasie. Verres, ein römischer Politiker, hatte die Angewohnheit, in einer rosengepolsterten Sänfte zu reisen, und die Sybariten schliefen auf Matratzen, die mit Rosen gefüllt waren. Im sagenhaften Reich der Pharaonen wurden Kapseln mit exotischem Weihrauch und mit Myrrhe zusammen mit anderen Kostbarkeiten in den Gräbern beerdigt. Myrrhe war ein wichtiger Bestandteil des berühmten ägyptischen Kuphi, des ältesten Parfüms, das in der Geschichte der Menschheit bekannt ist. Kuphi war das exquisite Parfüm, mit dem Kleopatra ihre Bewunderer, Mark Anton und Cäsar, bezauberte. Man berichtet, dass die Segel von Kleopatras Schiff so stark parfümiert waren, dass der Duft das Fahrzeug ankündigte, lange bevor man es sah.

Unter Potpourrivasen versteht man Krüge, in die Blüten getan werden, die das Heim mit den lieblichen Düften eines Sommergartens parfümieren. Um einen gut gemischten und reifen Duft zu bekommen, sollen die Potpourrimischungen drei Wochen oder länger in einem geschlossenen Gefäß aufbewahrt werden, ehe sie in die Potpourrivase getan werden. Die Blumenmischungen werden mit der Zeit immer besser und man kann sie mit den feinsten Parfüms vergleichen.

Rosen-Potpourri:
Folgende Zutaten werden gründlich in einer großen Schüssel gemischt: 6 Tassen getrocknete Rosenblüten, 1 Teelöffel Pfefferminzblätter, ½ Teelöffel gemahlene Veilchenwurzel, ½ Teelöffel gemahlenes Zimt und ½ Teelöffel gemahlenes Piment. Die Mischung wird in ein Gefäß gegeben, das fest verschlossen wird. Sie bleibt mindestens drei Wochen darin, doch muss das Gefäß alle paar Tage geöffnet werden und der Inhalt gründlich umgerührt werden. Dann kommt der Inhalt in eine Potpourrivase. Um die Räume zu parfümieren, muss man den Deckel von der Vase abnehmen. Wenn dann die Luft im Haus wohl duftend ist, wird die Vase wieder zugedeckt, damit sich das Aroma regenerieren kann. Potpourrimischungen behalten ihren Duft jahrelang.

24. Unsere Urahnen aßen bereits Blumen

Kochen mit Blumen im Mai

Es ist keine Erfindung unserer Tage, Speisen mit farbigen Blüten zu dekorieren, um diese schließlich ebenfalls zu verspeisen. Man tat so etwas schon früher – und noch vieles mehr! Man denke nur an die alten Römer, die buchstäblich „rosenverrückt" waren und jedes Fest unter Bergen von Rosen begruben. Den Helden steckten sie keine Orden an die Brust, sondern sie setzten ihnen Kränze aufs Haupt; neben den allseits bekannten Lorbeerkränzen, war es auch üblich die Helden mit Rosenkränzen zu ehren. Ähnliche Kränze legte man um Trinkschalen und pflückte während des Gelages immer wieder eine Menge Rosenblütenblätter aus den Gebinden, um sie in den Wein zu legen, wenn man auf das Wohl und die Gesundheit eines Gastes anstoßen wollte. Die Römer ließen bei solchen Festen große Massen duftender Rosenblüten auf die Gästeschar niederrieseln, denen sie mit Vorliebe noch köstlichen Rosenpudding und lieblichen Rosenwein vorsetzten.

Viele Jahre später traten unsere Großmütter in die Fußstapfen der Römer, zumindest was das Zubereiten von Rosenspeisen betrifft. Rosen-Bonbons, Rosen-Konfekt, zart-süßen Rosenhonig und Rosen-Gelee verstanden sie herzustellen, aber es sind uns auch verlockende Rezepte für Rosen-Brötchen, Rosen-Sirup und Rosen-Bowle aus dieser Zeit erhalten geblieben.

Noch heute lieben es die Engländer, einen köstlichen Rosen-Brandy anzusetzen, mit dem sie Gebäck und Mehlspeisen interessant zu parfümieren verstehen. Das trifft übrigens auch auf ihren Rosen-Gries zu, den sie aus frisch aufgeblühten Rosenblütenblättern gewinnen, welche in einem Mörser fein zerstoßen, mit Weizenmehl überstreut und dann zu einem festen Teig verknetet werden. Dieser wird später dünn aufgerollt und im Backofen getrocknet. Der Rosenkuchen wird dann im noch warmem Zustand erneut in einem Mörser zerkleinert und gesiebt, bis er schließlich als feiner Rosengries in luftdicht verschließenden Gefäßen aufbewahrt werden kann. Bei Bedarf entstehen daraus duftend-süße Rosen-Puddings, die besonders aromatisch schmecken.

In der Türkei und in Russland liebt man Süßes ganz besonders, weshalb die besten Rosen-Konfitüren und Grützen-Rezepte denn auch aus diesen Ländern stammen, während die Franzosen für ihre hinreißend mundende Rosen-Creme bekannt sind, die sie ausgiebig mit Rosenwasser parfümieren.

Die Franzosen kennen zudem einen ausgezeichneten Rosenhonig, aber noch berühmter ist ihr Rosmarin-Honig, der zur Hauptsache von den ausgedehnten Rosmarin-Feldern bei Narbonne stammt.

Neben den Rosen zählten vor allem die Veilchen zu den beliebtesten „Delikatessen" unserer Vorfahren. Die Feinschmecker im alten Rom ließen sich immer wieder Veilchen servieren, meist in gebratenem Zustand. Doch eines Tages verstand man es, die lieblich duftenden und aromatisch schmeckenden Blumen zu konservieren, immer in Verbindung mit Zucker. So sind Veilchen-Limonaden, Veilchen-Cremes und Veilchen-Konfitüren längst zu einem Begriff geworden, insbesondere kandierte Veilchenblüten, die man nicht nur auf der Zunge zergehen lassen kann, sondern mit denen sich auch Kuchen und Torten wunderschön dekorieren lassen. Dasselbe gilt für Schlüsselblumen, Jasmin- und Orangenblüten, mit denen aber auch ein feiner Tee zubereitet werden kann.

Auch Dahlien-, Chrysanthemen- und Magnolienblüten haben längst „Küchengeschichte" geschrieben. In Mexiko, dem Ursprungsland der Dahlie, werden mit den bunten Blütenblättern dieser Blume Salate bereichert und fürs Auge liebevoll dekoriert. In China und Japan bringt man mit den Blüten der dort heimischen Chrysanthemen ebenfalls fantasievolle Salatkombinationen auf den Tisch oder taucht sie gar in einen Omeletten-Teig, um sie anschließend in heißem Fett auszubacken und – mit Zucker bestreut – heiß zu servieren. Dasselbe geschieht mit Magnolienblüten.

Primellikör:
Zutaten für 1 Liter: 3 Handvoll Primelblüten, 2½ dl klarer Branntwein, 7½ dl Wasser, 4 Pfefferminzblätter und ca. 500 g Zucker. Die Primelblüten in eine Flasche geben, Alkohol und Wasser darüber gießen, so dass alle Blüten zugedeckt sind. Die Pfefferminzblätter fein hacken und beigeben. Die Flasche gut verschliessen und acht Tage an die Sonne stellen. Dann filtriert man den Likör ab. Pro Liter Flüssigkeit mischt man 500 g Zucker darunter. Zum Aufbewahren werden die Flaschen gut verschlossen.

Veilchen-Essig:
Dazu braucht man drei Handvoll Veilchenblüten und ½ Liter Weißweinessig. Die Stiele der Blüten werden entfernt, die Blüten in eine Flasche gegeben und Essig darüber gegossen. Die Flasche wird verkorkt und etwa 14 Tage an der Sonne stehen gelassen. Dann filtriert man den Essig ab und bewahrt ihn in einer gut verschließbaren Flasche auf.

Holunderblüten-Sorbet:
Dazu braucht man 12 Holunderblütendolden, 8 dl Wasser, 2 dl Weißwein, 350 g Zucker, Saft von 2 Zitronen und 1 Eiweiß. Wasser, Wein, Zucker und Holunderblütendolden werden 36 Stunden in einer mit Klarsichtfolie abgedeckten Glasschüssel in der Wärme (Sonne) stehen gelassen. Dann wird abgeseiht, Zitronensaft dazugegeben und in der Sorbetmaschine gefrieren gelassen. Kurz vor Schluss wird das halbsteif geschlagene Eiweiß darunter gemischt und fertig gefroren.

Lindenblüten-Sandwich:
Dazu benötigt man 16 Lindenblüten, 8 Scheiben dunkles Brot, 8 Scheiben Käse, 4 Scheiben Schinken, Butter und etwas Zitronensaft. Die Brotscheiben werden mit wenig Zitronensaft beträufelt und mit Butter bestrichen. Darauf legt man je zwei Lindenblütenblätter, bedeckt mit Käse und Schinken und gibt die zweite Scheibe Brot darauf.

Rotklee-Törtchen:
Dazu benötigt man 150 g Rotkleeblätter, 150 g Spinat, 1 Esslöffel Butter, 4 Esslöffel Speckwürfel, 2 Esslöffel gehackte Zwiebel, Salz, Pfeffer, Muskat, 100 g Reibkäse, 2 Eier und 250 g Blätterteig. Der Blätterteig wird ausgewallt und kleine Formen damit ausgelegt. Die Speckwürfel und Zwiebel werden in Butter glasig gedünstet. Der Wiesenklee-Spinat wird blanchiert, mitgedämpft, gewürzt und erkalten lassen. Die Masse wird in die Förmchen gefüllt. Ei und Käse werden gemischt und darüber gestreut. Sämtliche Zutaten für den Guss werden vermischt und dazugegossen. Im vorgeheizten Ofen bei ca. 220 Grad 15 bis 20 Minuten backen.

25. Blumenschmuck im Bauernhaus

Blumenschmuck im Haus ist selbstverständlicher Bestandteil uralter bäuerlicher Wohnkultur. Die Fülle von draußen will man ja nicht ausschließen, sondern im Haus wenigstens in etwa nachahmen. Gerade wenn draußen die Blüten rar werden, möchte man einige von ihnen um sich haben.

Lasst Blumen sprechen! Dieser Ausspruch birgt vieles in sich. Dem, der Sinn für Schönheit hat, haben Blumen viel zu sagen. So hat denn auch Blumenschmuck von jeher im Bauernhaus seinen selbstverständlichen Platz gehabt und wird ihn auch behalten, zur Freude und Erbauung aller, die in ihm leben oder in ihm zu Gast sind.

Der Umgang mit Blumen, der Wunsch, sie hübsch zu ordnen, sich und anderen mit ihnen Freude zu machen, regt die Fantasie an, immer neue und andere Kombinationen zu versuchen und auch einmal an schwierigere Aufgaben heranzugehen. Allerdings muss man beachten, dass nichts übertrieben oder gekünstelt wirkt. Es geht einfach um den schönen Blumenschmuck im Bauernhaus, nicht um mehr, aber auch nicht um weniger.
Es gibt viele Anlässe, sich um Blumenschmuck im Bauernhaus zu kümmern. Gerade im Alltag werden kleine Aufmunterungen, wie eine hübsch gefüllte Vase, dankbar registriert.

Besondere Bedeutung bekommt Blumenschmuck an den Festtagen des Jahres. Um Ostern befindet sich die Natur im Aufbruch. Im Kreislauf des Jahres ergibt sich ein neuer Anfang. Wenn es darum geht, das Osterfest blütenbunt zu machen, ordnen sich die übrigen Frühlingsblumen den Osterglocken unter: Maiglöckchen, Himmelsschlüssel, Hyazinthen, Tulpen, Vergissmeinnicht, Märzenbecher, Buschwindröschen und Scilla, Blütenzweige von Erle, Weidenkätzchen, Hasel, Forsythien, Mandelbäumchen und Magnolien bereiten viel Freude. Auch das helle, freundliche Grün der Trauerweide und der junge Austrieb von Birken passen in das frühlingshaft bunte Bild des Ostertages. Auf keinen Fall dürfen Veilchen fehlen.

Mit dem Muttertag wurde der zweite Sonntag im Mai zu einem Blumentag. Kleine und große Kinder verschenken dann eine Vielzahl an Blumen an Mutter, Großmutter und Urgroßmutter. Am schönsten ist es, wenn die Kleinen die Blumen selbst pflücken, die sie am Morgen der Mutter überreichen, zum Strauß gebunden oder fertig in der Vase geordnet, auch wenn das noch nicht ganz perfekt gelingt. Früh übt sich, was ein Meister werden will.

Vergissmeinnicht mit seinem beziehungsvollen Namen ist oft dabei, zumal es praktisch in jedem Bauerngarten ohne viel Zutun fast von selbst wächst. Auch Maßliebchen (Gänseblümchen) passen, und nicht zu vergessen, Stiefmütterchen. Große Kinder lassen sich etwas anderes einfallen. Flieder passt gut zum Muttertag, und knospende Kastanienzweige in einer Bodenvase sehen herrlich aus. Eine Schale mit hübsch gesteckten Tulpen gefällt bestimmt ebenfalls, ebenso wie ein bunter Strauß aus Akelei, Gemswurz und Goldlack, verziert mit einem Band in den Farben der Goldlackblüten.

Mit Pfingsten beginnt die hohe Zeit des Sommers. Pfingstrosen gehören so unverzichtbar zum Pfingstfest wie Osterglocken zu Ostern. Pfingstrosen und Schwertlilien haben im Bauerngarten, überhaupt im ländlichen Garten, uralte Tradition. Ein ähnliches Gespann ergibt sich aus Margeriten und Kornblumen, ob im Garten oder im Haus. Azaleen und Rhododendron steuern von der Fülle ihrer Blüten für Vasen und Schalen bei. Weiße Madonnenlilien passen sehr gut zum Pfingstfest, wie überhaupt Lilien reichlich im Garten wachsen sollten. Sie sind edle Schnittblumen für besondere Anlässe. Wenn viele wachsen, hat man sogar auch welche für den Alltag.

Den Sommer hindurch bis zum Herbst finden allerorten Kirchweihfeste statt, Feiertage, die auf dem Land von besonderer Bedeutung sind und zu denen in den ländlichen Haushalten viel Besuch erwartet wird. Da darf selbstverständlich ein Blumenschmuck im Haus nicht fehlen, der besonders bunt und üppig ausfallen kann, da um diese Zeit die Hausgärten Blumen in Fülle bieten.

26. Blumen als Symbole des Lebens

Zu Blumen haben Menschen ein ganz besonderes Verhältnis. In der Vielfalt der blühenden Pflanzen finden Menschen die Eigenheiten ihres eigenen Lebens wieder, und so hat es sich eingebürgert, daß man zu bestimmten Anlässen bestimmte Blumen schenkt, sie herrichtet und damit dekoriert. Sie symbolisieren Eigenheiten unserer eigenen Existenz und vermögen ganz bestimmte Gefühle in uns hervorzurufen.

Ein Kind wird geboren. Die Blumen, die man aus diesem Anlass schenkt, sind zart, fein, knospenhaft. In der Wahl der Farben braucht man sich nicht unbedingt an den Brauch zu halten: blau den Knaben, rosa den Mädchen. Ein freundliches rosa oder blaues Band genügt und lässt bei den Blumen freie Hand.

Für die Festtafel zur Feier der Taufe bevorzugt man weiße, blaue oder rosa Farben, alle recht duftig. Blüten dieser Art in Rosa sind Wicken, die Röschen des Mandelbaumchens, Anemonen, Nelken und Rosen; in Blau: Vergissmeinnicht, Jungfer im Grünen, Scilla und Immergrün. Feines Grün und entsprechend getönte Bänder lockern das Ganze anmutig auf.

Kindergeburtstage und Kindernamenstage sind für alle Beteiligten fröhliche kleine Feste. An mit Blumen farbenfreudig gedecktem Tisch schmeckt der Geburtstagskuchen im Kreis der Spielgefährten noch einmal so gut. Jedes Kind hat vor seinem Teller ein kleines Sträußchen, denn Kindern ist es wichtig, ihr Eigenes zu haben. Den Platz des Geburtstagskindes zeichnet ein Blumenkranz aus.

Zur Feier der Kommunion oder Konfirmation werden gerne Topfpflanzen geschenkt, die sich längere Zeit halten, unter Umständen noch jahrelang an den bedeutsamen Tag erinnern. Topfpflanzen mit alter Tradition im bäuerlichen Bereich sind Hortensie, Wachsblume, Myrte, Rosmarin, Aukube, Clivie, Efeu, Fuchsie, Glockenblume, Heliotrop, Zimmerlinde, um nur einige zu nennen. Einige von ihnen können dem jungen Menschen sein ganzes Leben hindurch begleiten. Rosmarin galt als erste Zimmerpflanze überhaupt bei unseren bäuerlichen Vorfahren. Sie überwintert nördlich der Alpen im Haus.

Bevorzugte Hochzeitsfarben sind weiß und grün. Myrte und Rosmarin spielten eine besondere Rolle.

27. Duftende Mädchenschönheiten im Mai

Gerade im Mai öffnen eine Reihe von Mädchenschönheiten ihre duftenden Blütenaugen: „Veronika, der Lenz ist da ..."

Was passt besser auf die bunte Vielfalt der Blumenwelt als der Name Flora, mit der man die Pflanzenwelt eines bestimmten Gebietes bezeichnet? Dabei ist der Flor das majestätische Blütenkleid der Pflanze, im übertragenen Sinn auch die Blütezeit. Flora ist die altrömische Göttin der Blumen und Blüten, des Frühlings und der Jungfräulichkeit. Dargestellt wird die Blumengöttin Flora als junge Frau mit einem Blütenfüllhorn. Seit der Renaissance war Flora beliebte Allegorie, um die Ähnlichkeiten zwischen der Pracht der Blumen und dem weiblichen Geschlecht in einen Namen zu kleiden. Der Mädchenname Flora wurde in Deutschland im 19. Jahrhundert volkstümlich, begünstigt durch die Flora in Walter Scotts viel gelesenem Roman „Waverley". Der „Blumenname" ist auch heute noch populär.

Als häufig im Laubwald vorkommende Frühlingsblume erhielt das Buschwindröschen oder die Anemone (Anemone nemorosa) im Volksmund viele Namen. Wegen der weißen Blüten nennt man die Anemone auch Mehlblume, Schneerose und Nacktes Weib. In der Antike galt die Anemone als Symbol für alles Vergängliche, da die Blütenblätter bald abfallen („Anemos" = griechisch „Wind"). Die alten Römer feierten zur Hochzeit der Blüten ihr „Floralienfest" im Mai. Das Blumenfest sollte den Vollfrühling herbeirufen.

Anemonen begnügen sich nicht mit halben Sachen. Wo sie sich ansiedeln, bilden sie bald große Teppiche. In diesen Teppichen nicken die zarten Blüten, nicht immer ganz weiß, teilweise auch rosa angehaucht, und das filigrane Laub ist auch ohne Blüten noch sehr schön.

In der griechischen Mythologie stellt Apoll, der Sohn des Zeus, der schönen Nymphe Daphne leidenschaftlich nach. Sie läuft ihm davon, er eilt auf beflügelten Sohlen hinterher. Fast hat er sie eingeholt, da schickt sie ein Stoßgebet zum Himmel – und wird in einen Lorbeerstrauch verwandelt. Apollon hat das Nachsehen und statt einer Geliebten den Lorbeer, der ihn von da an ebenso schmückte wie so manchen seiner poetischen Schutzbefohlenen. So kam die Daphne (Daphne mezerum) zu seinem hübschen Mädchennamen.

Zumeist riecht der Wanderer zuerst den ansprechenden Balsamduft, den die rosaroten bis hell-lila leuchtenden Blüten ausströmen. Damit lockt die Daphne die ersten Bienen des Jahres an, fängt sie doch schon im April an zu blühen. Die sonore Duftmusik der Daphne betäubt den Besucher in einem ährenartigen Blütenstand. In schattigen Laub- und Mischwäldern leuchtet die Daphne, die ihrer Seltenheit wegen geschützt ist. Der Seidelbast mit den fast eiförmigen, scharlachroten Beeren ist stark giftig. Im Garten angepflanzt, fühlt sich die Daphne mit ihrem Frühlingsflor am wohlsten im Halbschatten.

Mit der gleichnamigen Blume identisch ist auch der weibliche Vorname Magnolia. Der frühblühende Zierbaum mit seinen tulpenförmigen Blüten, aus China und Japan stammend, hat seinen Namen nach dem französischen Botaniker Magnol. Die Magnolia wird fälschlicherweise auch als Tulpenbaum bezeichnet.

Die Echte Sternmiere Stellaria, im Volksmund auch Stella genannt, hat wunderschöne große Sternblüten, die sich ab Ende April in Wäldern und unter Gebüschen öffnen. Die reinweißen Blüten leuchten im Gras und an dunklen Waldrändern mit ganz besonderer Intensität. Im April entfalten sich die Blüten mit ihren zehn Strahlen zu regelmäßigen weißen Sternen. Jedes der fünf Blütenblätter, ein sogenannter Dichasium, ist charakteristisch für die Familie der Nelkengewächse. Die Blüten bilden am Grund der Staubblätter aus grünen Drüsen Nektar und werden von Bienen, Fliegen und Schmetterlingen besucht.

Veronika, der Ehrenpreis, kündigt mit dem Aufblühen seiner himmelblauen Blüten den Vollfrühling an. Der Echte Ehrenpreis (Veronica officinalis) ist die „siegbringende" Heilpflanze. Im Volksmund trägt Veronika verschiedene Namen: „Vroni", „Vreni", „Heil aller Welt", „Blauhimmelsstern", „Himmelsblümchen" und „Männertreu". Sie wächst auf trockenen Wiesen, auch in lichten Laubwäldern, auf Heide und Magerrasen. Im Mittelalter glaubte man, ein Teeaufguss von „Männertreu" würde die Treue zur eigenen Frau erhalten. Als Teeaufguss nimmt man zwei Teelöffel der Droge und übergießt sie mit heißem Wasser. Sie hilft bei Bronchitis, Husten und Heiserkeit.

Doch nicht die Schlüsselblume, sondern das Veilchen wurde zum Symbol des Frühlings. Trotz seiner sprichwörtlichen Zurückhaltung, Sinnbild der Sittsamkeit und Bescheidenheit, gibt das Veilchen den Ton an in der Duftmusik der Frühblüher. Wenn wie die Veilchenplätze in den Wäldern unserer Kindheit ins Gedächtnis zurückrufen, wird uns inne, welch starken Eindruck auch bescheiden gebückte Winzigkeit hervorrufen kann, wo sie in Massen auftritt. Das ist in der Frühlingssonne schon eine betörende Duftwolke, die aus dem Teppich unter dem Haselstrauch aufströmt. Aber ach, wie rasch ist die Vergänglichkeit des Duftgenusses bei Veilchen! Das Wohlriechende Veilchen (Viola odorata) weckt vielleicht außer der Rose die meisten romantischen und poetischen Gedankenverbindungen aller Blumen.

Der griechische Dichter Nikandros bemerkte, dass die Nymphen von Ionien dem Jupiter ihre Liebe zeigten, indem sie ihm Veilchen schenkten. Oder wurde Viola, das Veilchen, nach Io, der Geliebten Jupiters genannt? Er verwandelte sie in eine Kuh. Danach schossen die Veilchen aus der Erde, um sie zu ernähren.

Die Blume der Liebenden ist sie geblieben. Die Sprache der Veilchen ist die Botschaft der Zärtlichkeit, der nicht drängenden Liebe. Wollte man Venus, die Göttin der Liebe, ins Brautgemach einladen, dann wurde das Bett mit Veilchen geschmückt. Duft und Farbe der Blüten übten wohl eine aphrodisierende Wirkung aus.

Und noch eine weitere Beziehung zwischen dem Veilchen und der Poesie lässt sich vermuten: Viola ist wahrscheinlich die „Blaue Blume" der deutschen Romantik. Die bei Novalis ungenannte blaue Wunderblume symbolisiert die Sehnsucht des Menschen nach der Erfüllung verborgener Wünsche. Die Blütenfarbe weist auf das Himmelsblau des kommenden Sommers hin.

28. „Blumenuhr" und „Vogeluhr"

Im Reich der Natur gehen die Uhren anders: Manche Vögel und Blumen beginnen den Tag, wenn es noch dunkel ist. Sie sind wahrhaftig Frühaufsteher.

Die Nachtigall trägt ihren Namen zu Recht. Der Deutschen Lieblingsvogel lässt sich als erster hören, bereits um zwei Uhr nachts beginnt er sein herrliches Lied. Allerdings kehrt die Nachtigall erst Ende April aus dem Süden zurück.

Unter den Blumen ist der Wiesenbocksbart ein ausgesprochener Frühaufsteher, der seine Blüten im Hochsommer bereits um halb vier Uhr früh öffnet. Die Natur hält also für die warme Jahreszeit gleich zwei Chronometer parat, eine „Vogeluhr" und eine „Blumenuhr". Blüten und Vögel verraten uns, was die Stunde geschlagen hat.

Um vier Uhr früh öffnet der Wegerich seine Blüten. Ein Stündchen später ist der Löwenzahn an der Reihe; ihm leisten Mohn, Gänsedistel und Habichtskraut Gesellschaft. Die meisten Blüten aber haben im Sommer ihren Morgenappell zwischen sieben und acht Uhr, zu anderen Jahreszeiten entsprechend später. Das gilt für den Hahnenfuß, den Ackergauchheil, den Gartenlattich, das Steinkraut und sogar für die Kartoffel.

Gäbe es die Langschläfer nicht, könnten uns die Blumen die weitere Zeit des Tages nicht verraten. Steinnelke und Ringelblume lassen sich bis neun Uhr morgens Zeit. Weil sie prallen Sonnenschein brauchen, erwachen Lilien und Eisenkraut (Verbena) um zehn Uhr, die Küchenschelle und die Bibernelle um elf Uhr und die Herbstzeitlose erst um zwölf Uhr. Erst am Abend gegen 20 Uhr beginnt das Leimkraut zu blühen, gegen 21 Uhr die Kuckuckslichtnelke. Punkt 20 Uhr öffnet der berühmteste, allerdings nur selten zu beobachtende Nachtschwärmer seine wunderschönen Blüten – die Königin der Nacht. Ebenfalls nachtblühend sind Taubenkropf und Storchenschnabel, die von Nachtfaltern aufgesucht werden.

Karl von Linné, der schwedische Botaniker, auf den die Nomenklatur der Pflanzen zurückgeht, schuf in seinem Garten die „Blumenuhr", die sich allerdings nach der Sonne richtet: Die Blumen, die sich zu verschiedenen Stunden öffnen und schließen, werden in der Reihenfolge und in Form eines Zifferblattes gepflanzt. Nach ihrem Aufblühen kann man die Zeit ablesen.

Einen verlässlichen natürlichen Wecker, der sogar ohne Sonnenschein auskommen kann, liefern uns die Vögel. Ihr Gesang verrät frühmorgens die Zeit. Neben der Nachtigall können auch andere Vogel den Tag nicht erwarten und lassen sich schon lange vor Morgengrauen vernehmen.
Dazu gehören der Gartenrotschwanz (4.00 Uhr), der Hausrotschwanz (4.30 Uhr) und die Lerche (4.40 Uhr). Wenn es dann richtig dämmert, singe Kuckkuck und Amsel (4.50 Uhr), Buchfink und Kohlmeise (5.00 Uhr), Goldammer, Zaunkönig und Singdrossel (5.10 Uhr), Blaumeise, Rotkehlchen, Zilpzalp und Fitislaubsänger (5.20 Uhr).
Mit Beginn der Helligkeit fangen Girlitz und Mönchsgrasmücke (5.30 Uhr), Zaungrasmücke (5.40 Uhr) und Grünfink (5.50 Uhr) an zu singen. Zeigt sich die Sonne, stimmen Spatz und Distelfink (6.00 Uhr) in den Gesang mit ein.

Der Hahn war für unsere Vorfahren nicht nur Wetterprophet, er war auch der pünktliche Wecker, nach dem der Bauer sein Tagewerk einteilte. Frühmorgens um drei Uhr kündet der Hahn den nahenden Tag an. Dann kräht er jede Stunde so pünktlich und zuverlässig, dass man annehmen könnte, schon seit Jahrtausenden wäre die Tageszeit nach seinem Krähen eingeteilt worden. Beim zweiten Hahnenschrei im Hochsommer stand der Bauer auf, beim ersten schon der Großknecht auf dem Hof. Der Hahn war auf dem Dorf der beliebteste Begleiter der Frühaufsteher und die Wanderer sangen: „Frühmorgens, wenn die Hähne krähn, zieh'n wir zum Tor hinaus."

Als Regenkünder zeigte sich der Hahn, wenn er „zu ungewöhnlicher Zeit" krähte: „Wenn der Hahn nicht zur rechten Stund kräht, weint Petrus."

29. Blumengeschichte: Zitronenmelisse-Melisse

Melitta und ihr Bienenfreund Billy

Neckisch geziert, mit gebogener Oberlippe schaute Melitta neugierig über das blühende Kräuterbeet in Großmutters Bauerngarten. Die bildhübsche Zitronenmelisse ließ ihren köstlichen Duft über den Garten streichen, um Bienenmännchen anzulocken:

„Nun warte ich schon seit Stunden auf euch, doch keiner lässt sich heute morgen blicken. Petrus, lass bitte schnell die Sonne scheinen!"

Und der Wetterheilige Sankt Petrus hörte aufs Wort. Schon nach wenigen Minuten tummelten sich Hunderte von durstigen Bienen auf dem Melissenbeet. Die verführerische Melitta hauchte ihren Odem aus und Bienenmännchen Billy ließ sich betören:

„Ich kann nicht anders, Melitta lockt mich magisch an." Melitta freute sich über den Besuch, breitete ihre bläulich-weiße Unterlippe aus und schaukelte Billy hin und her: „So, lieber kleiner Freund, nun kannst du dich bei mir tüchtig laben. Das gefällt dir doch?"

„Vielen Dank, Melitta, du weißt doch, dass ich unter allen Melissendamen dich am innigsten liebe", ächzte Billy, den die süße Labe schon halb trunken gemacht hatte.

Währenddessen öffneten auch die anderen Zitronenmelissen ihre einladenden Lippenblüten, um Immen anzulocken. Melinda und Melissa öffneten ihre Nektardrüsen so weit, dass ein berauschender Duft die Zitronenmelissen einhüllte. Melinda war davon so benebelt, dass sie gar nicht merkte, wie kleine Springkäfer auf ihren Blättern herumtaumelten:

„Ach Gott, sind die auch wieder da! Die fressen mir doch immer Löcher in mein schmuckes Blätterkleid."

Melinda schaukelte hin und her, um die lästigen Käfer von ihren Blättern abzuwerfen. Es gelang ihr auch. Doch bei ihrer Freundin Melissa sah es noch viel schlimmer aus. Da krabbelte ein wahres Heer von bissigen Springkäfern auf ihren Blättern herum und ließ sich die nach Zitronen duftende Speise köstlich schmecken.

Da spazierte Großmutter durch ihren Kräutergarten, um mal wieder nach dem Rechten zu schauen. Sie schlug die Hände über ihrem Kopf zusammen, als sie die gefräßigen Käfer auf ihren Zitronenmelissen sah. Schnell holte Großmutter eine Gießkanne voll mit Wasser und benetzte die duftenden Kräuter. Und siehe, die Plagegeister verschwanden.

„Großmutter weiß immer einen Rat", sagte Melitta, deren Freund Billy aber auch vor dem kühlen Wasser Reißaus genommen hatte.

Doch lange brauchten Melitta, Melissa und Melinda nicht zu warten. Bald kamen ihre netten Bienenfreunde wieder herangeflogen, schwärmten voller Wohlgefühl über das Blütenmeer der Melissen und tummelten sich begierig an ihren weit geöffneten Lippenblüten.

Billy gab Melitta einen süßen Kuss und alle waren wieder hochzufrieden.

30. Walpurgisnacht

Walpurga wird von den Hexen verfolgt

Die Nacht auf den 1. Mai heißt Walpurgisnacht. In ihr versammeln sich nach dem Volksglauben alle Hexen und Dämonen, die Trabanten des Winterdrachens, ein letztes Mal, bevor sie von der Sonne vertrieben und bis zum Herbst in die Unterwelt zurückkehren müssen.
Sie verfolgen die keusche, weiß gekleidete heilige Walpurga während der ganzen Nacht hindurch durch Wiesen und Täler. Im Mittelalter wurde sie am nächsten Morgen als Maifrau in einem blumengeschmückten Wagen durch die Dorfstraßen geführt.

Hier sind zwei Bräuche miteinander verschmolzen: die Vertreibung aller bösen Wesen und Winterdämonen, die den Menschen, dem Vieh oder den Fluren schaden konnten, und das Hineingleiten der Wachstums- oder Vegetationsgöttin Walpurga ins Dorf.

In Brandenburg ritt ein als Hexe verkleideter Bub auf einem Besen zum Tor hinaus und wurde von einer Horde brüllender Kinder verfolgt. Im Teutoburger Wald knallte man in der Walpurgisnacht mit den Peitschen, um die Hexen zu vertreiben. In einigen Gegenden Deutschlands legten die Bauern in der Walpurgisnacht ihre Eggen mit den Spitzen nach oben vor die Stalltür, „damit keine Hexe landen könne".

Der Sage nach reiten die Hexen auf Besen auf den Blocksberg im Harz, um dort mit dem Teufel zu tanzen. Die Sitten des Tages bestehen aus Krach und Feuer, Abschreckungsmittel gegen die Unholdinnen. In den Dörfern haben sich die Burschen mit einem Stück Kreide auf Türen, Fensterläden, Straßensteine und sich selbst gegenseitig auf den Rücken Kreuze gemalt, weil Kreuze die Hexen abwehren. Deshalb stellen die Mädchen und die Knechte das Arbeitsgerät kreuzweise vor die Scheunentür und die Kinder legen sich die Strümpfe kreuzweise vors Bett.

Das Walperspiel wird in Thüringen gespielt. Die Buben verkleiden sich als Walpermännchen, die kleinen Mädchen mit reich dekorierten Papiermützen auf dem Kopf als Hexen. Die Walpermännchen jagen die Hexen durchs ganze Dorf. Kinder und Burschen veranstalten soviel Krach, wie sie nur können, laufen dabei um die Felder oder die Gehöfte herum.

Auf den Feldern wird Feuer abgebrannt, und man achtet darauf, dass kein Besen nach Anbruch der Dunkelheit draußen vor der Tür steht, weil ihn sonst die Hexen holen. Beim Hexenbrennen in Böhmen wird sogar eine Strohhexe ins Feuer geworfen, das man umtanzt.

Im saarländischen und pfälzischen Raum wird die Hexennacht auf den 1. Mai heute ganz anders begangen. Jungen und Mädchen treiben allerlei Schabernack. Dabei werden alle Gegenstände und Gerätschaften vor dem Haus von den Kindern weggeholt und irgendwo „versteckt". Die Hausbesitzer suchen am anderen Morgen oft ihre Gegenstände vergebens.

31. Vom Zauber der Pflanzen in der Walpurgisnacht

Um die Hexen in der Walpurgisnacht zu zähmen, gab es verschiedene Mittel aus dem Pflanzenreich. In der Oberpfalz wurden vor Sonnenuntergang drei Zweige des Kreuzdorns an die Fenster des Hauses gesteckt, um die Hexen fernzuhalten. In Oberfranken stach man drei Rasenstücke aus, steckte Stachelbeerzweige hinein und platzierte diese vor der Stalltüre. Aus dem gleichen Zweck steckte man auch Stachelbeerzweige auf den Misthaufen. In Unterfranken verwendet man Birkenzweige und steckt diese ebenfalls auf den Mist. Oft nimmt man so viele Zweige, wie Kühe im Stall sind. An Walpurgis werden die Äcker mit Weihwasser besprengt und mit Palmzweigen umsteckt, damit der „Korngeist" keine Macht hat.

Eine abwehrende Kraft gegen Hexen hat die Traubenkirsche, die aus diesem Grund auch „Druidenkirsche" genannt wird. Man glaubt, dass der starke Geruch der Blüten den Hexen zuwider ist. Aus der Rinde dieses Strauches machte man die „Druidenpfeifen", mit denen die Dorfjugend in der Walpurgisnacht die Hexen ausblies.

Auch das „Neunerlei Holz" mit seiner hexenentlarvenden Kraft taucht an Walpurgis auf. Neun Sorten Laubholz werden in Zweigbündeln an der Stalltüre befestigt, um den bösen Geistern den Eintritt zu verwehren. Die Zweige müssen ungesehen befestigt werden. In der Ansbacher Gegend soll man in der Walpurgisnacht „unbeschrien" neunerlei Holz schneiden und dieses in der Tasche verstecken. Am nächsten Tag kann derjenige, der das Holz in der Tasche hat, sehen, welche von den Frauen des Dorfes eine Hexe ist. Die Hexen tragen nämlich einen Melkeimer auf dem Kopf. Wegen ihres starken Geruchs wurden auch aromatische Kräuter wie Kümmel und Dill zum Schutz gegen Hexen an der Stalltür aufgehängt.

Frühlingsblumen galten im altgermanischen Glauben als Sitz der guten Geister. Die ersten Blumen, die nach einem langen Winter hervorsprossen, galten als heil- und zauberkräftig. Schlüsselblumen in der Walpurgisnacht gepflückt, werden getrocknet und zu Pulver zerrieben; dies ergibt ein Heilmittel bei Viehkrankheiten. Die Kühe erhalten in der Walpurgisnacht neunerlei Gras oder neunerlei Blumen, damit sie nicht verhext werden. In der Oberpfalz wurde in der Walpurgisnacht dem Vieh ein Futter aus Butterblumen, Klee und den Knollen des Lerchensporns und Salz zubereitet. Das sollte das Vieh das ganze Jahr vor Krankheiten schützen.

32. Die Maikönigin tanzt um den Dorfbrunnen

Der Brauch, einen „Maibaum" als Symbol der Jugend und der Fruchtbarkeit im Dorf aufzustellen, ein uralter Kult zu Ehren der „Göttin Natur", war seit Jahrhunderten ein großer Festtag im Jahreslauf der Landgemeinden. Noch heute versammelt sich die Jugend des Ortes in der Walpurgisnacht, um einen sorgfältig ausgewählten Baum, meist eine Birke, zu fällen, ihn mit bunten Bändern zu schmücken, im Triumphzug durch die Straßen des Dorfes zu tragen und schließlich auf dem Dorfplatz aufzustellen. Die Birke wurde gewählt, weil sie der erste Waldbaum ist, der sich mit jungem Blattgrün schmückt.

Dieser von jungen Burschen gemeinschaftlich herbeigeschaffte Maibaum war oft nicht der einzige, der in jener Nacht im Dorf emporwuchs. Vor jedem Haus, in dem ein heiratsfähiges Mädchen wohnte, ragte am ersten Maimorgen ein „Hochzeitsbaum" auf. Es galt als Schande, wenn ein Mädchen keinen bekam.

Die Burschen hatten ein ganzes Repertoire entwickelt, mit dem sie unbeliebte Mädchen im Dorf ärgerten. So galten Kirschzweige als Symbol der Klatschsucht. Weißdorn bedeutete, dass das Mädchen um jeden Preis einen Mann angeln wollte. Wer von den älteren Mädchen nicht gerade in besonderer Gunst stand, erhielt einen Ginsterstrauch. Nach solchen Aktionen konnten die Heiratschancen eines Mädchens auf den Nullpunkt sinken. Heute ist die ganze Angelegenheit dagegen nur noch ein harmloser Spaß.

Der Brauch, eine „Maikönigin" zu erwählen, das hübscheste Mädchen im Dorf mit Blumen zu schmücken und für einen Tag zur „Göttin" zu erheben, muss mit dem alten Kult der Maya in Verbindung gebracht werden, die ihre Sonnengöttin mit Blumen schmückten. Das zur Maikönigin gekürte Mädchen umtanzte mit einem Birkenzweig in der Hand den Maibaum. Schließlich wurde von ihr auch der Dorfbrunnen umtanzt, galt doch das Wasser als Symbol des jungen Lebens.

33. Maibäume für die Verliebten

Der römische Dichter Ovid ordnet das Tierkreiszeichen „Stier" der Venus zu. Venus, die Göttin der Schönheit und der Liebe war für ihn Sinnbild harmonischen Wachstums, formgebender Schönheit und körperhafter Sinnenfreudigkeit. Bei den Griechen wurde die Schönheit der blühenden Erde durch Aphrodite verkörpert. Nach dem Glauben der Germanen fand um diese Zeit die Hochzeit zwischen Wotan und seiner Gattin Freyja statt, wobei der Frühlingsgott Baldur als Symbol der Fruchtbarkeit einen „Maienzweig" als Geschenk überreichte.
Zu Ehren der Venus und der altitalischen Vegetationsgöttin Flora fanden im alten Rom Anfang Mai die Floralien statt. Ein Kollegium von zwölf römischen Priestern, Flurbrüder genannt, führte einen Flurumgang durch, um Fruchtbarkeit und Schonung für die Felder zu erbitten. Es folgten mehrtägige Floralien-Spiele, bei denen Flora in Gestalt einer jungen Frau mit grünenden Zweigen und einem Blütenfüllhorn dargestellt wurde.

„Des hehren Himmels Sehnsucht ist, der Erde sich zu nahen und Sehnsucht füllt die Erde, ihm vermählt zu sein. Wenn dann vom himmlischen Gemahl der Regen fällt, so wird die Erde schwanger und gebiert das Gras den Herden und Demeters Frucht den Sterblichen; der Bäume Obst kommt durch Vermählung mit dem Nass zur Reife." So spricht der griechische Dichter Aischylos um 500 v. Chr. Der Römer Ovid beschreibt in den „Floralien" die gleiche Vermählung von Erde und Himmel.

Fruchtbarkeiszauber trägt auch der Maibaum. Er ist in unseren Landen seit dem 12. Jahrhundert bezeugt. An den meisten Orten durften ihn nur die Junggesellen herrichten. Ursprünglich fällten sie im Wald eine Fichte, mit ihren grünen Nadeln, Symbol der immerwährenden Fruchtbarkeit und stellten sie im Dorf auf. Derweilen flochten die heiratsfähigen Mädchen einen Kranz, aus Feldblumen. Ein blond gelockter Jüngling befestigte den Kranz unterhalb des Baumwipfels. Das Tanzen um den grünen Wipfel mit dem bunten Kranz symbolisierte das aus der geschlechtlichen Vereinigung entstehende neue Leben. Erst viel später wurde dann die Birke zum Maibaum gewählt, weil sie der erste Waldbaum ist, der sich mit jungem Blattgrün schmückt.

Gerade im Mai sind die Bauern besonders stark vom Wetter (Regen) abhängig, und vielerorts wurden früher bei uns Flurumgänge und Bittgänge für gutes Maiwetter abgehalten. Daraus entwickelten sich die Maiwanderungen in unserer Zeit.

34. Das Brauchtum des Maisingens

Schon seit Anfang des 19. Jahrhunderts findet in Werschweiler im saarländischen Ostertal das alljährliche Maisingen statt. Mit diesem alten Brauch wird der Frühling eingeläutet und herzlich begrüßt. Schon vier bis fünf Wochen vor dem großen Tag beginnen die 14-jährigen Mädchen mit den Vorbereitungen. Mittels Mundpropaganda werden die jüngeren Mädchen zum Einstudieren von Liedern eingeladen. Zwei bis drei Mal pro Woche werden fleißig Frühlings- und Maienlieder eingeübt. Von „Jetzt fängt das schöne Frühjahr an" über „Komm lieber Mai und mache..." bis „Der Mai ist gekommen..." müssen alle Lieder von der ersten bis zur letzten Strophe eingeübt werden.

Zwei Tage vor dem eigentlichen Maisingen am 1. Mai ziehen die ältesten Mädchen mit einer Säge, einem Handkarren und viel guter Laune in den Wald. Dort wird ein Birkenbaum – nicht zu groß und nicht zu klein – ausgesucht und umgesägt. Auch werden viele Lärchenzweige mit nach Hause gebracht. Diese müssen eingeweicht und am nächsten Tag „abgezogen" werden. Ein Tag vor dem Singen sammeln die Mädchen des Dorfes eifrig bunte Frühlingsblumen. Mit diesen Blumen und den Lärchenzweigen winden die älteren Mädchen kleine Blumenkränze. Jedes Mädchen bekommt sein eigenes „maßgeschneidertes" Kränzchen. Am gleichen Tag wird beim zweitältesten Mädchen der Birkenbaum mit bunten Bändern und Blumen aus Krepppapier geschmückt. Die letzte Nacht vor dem 1. Mai verbringen die Organisatoren bei den Kränzchen und dem Maibaum.

Große Aufregung und Spannung herrscht am folgenden Morgen. Schon um acht Uhr treffen sich alle Sängerinnen und erhalten als Kopfschmuck die Blumenkränzchen. An der Spitze des Zuges ist der bunt geschmückte Maibaum. Dahinter gehen viele singende, mit Blumen geschmückte Mädchen, die von Haus zu Haus ziehen, um die Leute mit Frühlingsliedern zu erfreuen. In Eimern, Schüsseln und Körben werden Eier, Margarine, Speck und Geld gesammelt. Gegen Mittag ist der anstrengende Umzug beendet. Alle haben eine große Portion Rührei, Spiegelei oder Speckeier verdient, die beim ältesten Mädchen gegessen werden. Mit dem Gedanken, im nächsten Jahr bestimmt wieder dabei zu sein, endet nach dem schmackhaften Mahl das alljährliche „Maisingen" der Werschweiler Mädchen.

35. Birkensaft zur Frühjahrskur

Vom Mythos der Birke

Alte Bäume sind etwas Herrliches. Mit ihrem mächtigen Stamm, den kräftigen Ästen und dem riesigen Blätterdach scheinen sie den Himmel zu tragen. Je älter ein Baum wird, umso mehr festigt sich sein ihm eigener Charakter in der Baumgestalt. Er wird immer mehr zur Persönlichkeit.

Die Birke macht da eine Ausnahme. Als junger Baum ist sie am schönsten. Später gleicht sie einer alten Frau, die ihre Falten mit viel Schminke zu verstecken sucht. Aber in der Jugend übertrifft sie alle anderen Bäume an Schönheit und Grazie. Der weiße, schlanke Stamm ist elegant und das feingliedrige, zartgrüne Blattkleid anmutig. Sie ist der leibhaftige Frühling. Eine Baumnymphe, die der Birke an einem Maientag entstiege, würde sicher den zarten, blumigen Frauengestalten auf den Bildern Botticellis gleichen.

Haselnuss, Birke und Erle gehören alle zur Familie der Birkengewächse. Jeder dieser drei Bäume war für die Menschen das Sinnbild eines bestimmten Punktes im Kreislauf des Lebens. Die Haselnuss stand am Anfang als Baum der Kinder und der Zeugung, die Birke verkörperte die Jugend, das Wachstum und Entstehen, die Erle symbolisierte das Alter, welches schon mit dem Geheimnis des Todes vertraut wird.

Das Fest der Birke wird bei uns schon seit uralter Zeit gefeiert, denn die Heimat dieses Baumes sind die nördlichen, gemäßigten und arktischen Gebiete. Auf Island und Grönland waren die Birken sogar einmal die einzigen Bäume. In diesen Ländern, in denen Väterchen Frost besonders arg wütet, ist die Freude groß über den Frühling mit seinen ersten, sich begrünenden Bäumen: Weide und Birke. Während die Weide auch das Absterben symbolisiert, war die Birke ein Baum der reinen Freude. Ihr Fest war jedes Mal eine Freudenfeier der Wiedergeburt und der Hochzeit zwischen Himmel und Erde. Manchmal wurden Birken am Waldrand auch mit Frauenkleidern behängt und so zur leibhaftigen Frühlingsgöttin gemacht.

Mit dem Maibaum holten sich die Dorfbewohner einen Teil der neu erwachten Natur in ihr Dorf und stellten ihn als Pfand auf dem Dorfplatz auf, damit die Frühlingsgöttin Walpurga ihre Familien segne. An diesem Tag zogen in vielen Gegenden Europas die Menschen singend hinaus in den Wald, um den „Mai zu suchen".

Frische Birkenzweige wurden zur Lebensrute, mit der die jungen Männer durchs Dorf zogen. Wer mit einer solchen Lebensrute „geschlagen" wurde, war vor Krankheit für das weitere Jahr geschützt. Warum es gerade in der Walpurgisnacht Liebeserklärungen und Heiratsanträge nur so hagelte, hat seinen Ursprung wieder in sehr alter Zeit. Das Fest der Urmutter, die hier in Form einer Birke dargestellt wurde, feierte man in der Zeit des Neuerwachens der Natur. In Prozessionen trug man die frohe Botschaft des Neubeginns durch das Dorf und auf die Felder hinaus. Hochzeiten, die am ersten Mai geschlossen wurden, galten als besonders glücklich.

Nach der Christianisierung haben die weltlichen und geistlichen Herren immer wieder versucht, die alten Maifeiern zu verbieten. Den Fürsten ärgerte es, dass alljährlich viele Birken aus seinem Waldbesitz geschlagen wurden. Es sind Aufzeichnungen überliefert, die vom strikten Verbot der Maibäume sprechen. Auch der Kirche wäre es lieber gewesen, wenn nicht jedes Jahr zu Maibeginn die alten heidnischen Götter zu neuem Leben erweckt worden wären. Die Kirchenväter haben schließlich Kompromisse schließen müssen, und der alte Maibrauch wurde dann zum Fronleichnamsfest umgewandelt. Jetzt durften die Straßen und Häuser wieder mit Birkenzweigen geschmückt werden.

Selbst ein eisiger Winter kann der Birke nicht schaden, denn ihre luftgepolsterte Rinde ist ein guter Kälteschutz. Kein Laubbaum ist so winterhart wie die Birke. Außerdem ist die Birke besonders wasserdurchlässig. Die Rinde blättert nicht in dicken Schuppen ab, sondern sie schält sich elegant in papierähnlichen Querbändern. Dieses „Baumpapier" war früher ein billiges Schreibmaterial.
Vom Birkenholz dagegen lässt sich nicht viel Rühmliches berichten. Es ist nicht von bester Qualität. Sehr selten wird es zum Möbelbau verwendet. Deshalb gilt es bei Forstmeistern oft „als Unkraut im Wald". Aber durch den eingelagerten Birkensaft im Innern des Holzes brennt dieses auch in frischem und nassem Zustand und ist ein Geheimtipp für alle, die es im offenen Kamin verbrennen.

Im Mai hat die Birke in Blättern und Saft die meisten Heilkräfte und bietet sich für eine Frühjahrskur geradezu an. Ihre Heilstoffe bilden zusammen eine gelungene Kombination, die belebend und reinigend auf den menschlichen Körper wirkt. Blase und Niere werden angeregt, doch hilft sie ebenso bei Rheuma, Gicht, Arthritis, Nieren- und Blasensteinen. Schon bei den alten Germanen galt der Birkensaft als Schönheitstrunk.

In meiner Kindheit habe ich zusammen mit meinem Urgroßvater den Birkensaft abgezapft. Er schnitt die Rinde an einer der oberen Wurzeln an, hängte ein Fläschchen hinein und fing den tropfenden Saft auf. Daheim wurde dann im Frühjahr jeden Morgen vor dem Frühstück Birkensaft getrunken. „Gemolken" werden die Stämme und Wurzeln im April und Mai, wenn die Säfte in den Stamm steigen. Eine kräftige Birke übersteht das Anzapfen ohne Schaden, wenn es nur alle zwei Jahre geschieht. Nach einem „Aderlass" von zwei Litern muss das Loch wieder gut verschlossen werden, da er sonst „verbluten" kann. Dafür nimmt man Baumwachs.

Der frische Saft ist eine glasklare Flüssigkeit, die schwach süßlich schmeckt. Zu einer Trinkkur genehmigt man sich täglich zwei Schnapsgläschen voll. Der Saft beginnt schnell zu gären, so dass er im Kühlschrank aufbewahrt werden muss. Birkensaft kann auch äußerlich verwendet werden. Er ist ein gutes Waschmittel für schlecht heilende Wunden und Hautausschlag. Will man ihn das ganze Jahr zur Verfügung haben, so gibt man ein Drittel der Menge hochprozentigen Alkohol hinzu. Auch als haarwuchsförderndes Mittel ist der Birkensaft noch populär.

Für einen Birkenblättertee sammelt man im Mai die jungen, noch klebrigen Blätter. Durch ihren hohen Gehalt an ätherischen Ölen strömen sie einen balsamischen Duft aus. Von den getrockneten Blättern reichen zwei Teelöffel auf eine Tasse Wasser. Man übergieße die Blätter mit dem kochenden Wasser und lässt zehn Minuten ziehen Man trinkt drei Tassen täglich. Eine Frühjahrskur sollte drei Wochen dauern.

36. Vom Mailehen

Früher war in ganz Deutschland unter den jungen Leuten der Brauch des „Mailehens" verbreitet, nämlich sich zum 1. Mai eine Maibraut zu wählen oder zu ersteigern. Die Burschen, die die unverheirateten Mädchen des Dorfes als Partnerin bekamen, übernahmen die Pflicht, das Mädchen für eine bestimmte Zeit – das konnte den Mai über oder für ein ganzes Jahr sein – auszuführen, zum Tanz zu begleiten, ihm Aufmerksamkeit zu erweisen.
Natürlich steckten sie ihrer „Maibraut" auch einen Maien, das heißt, sie stellten der Angebeteten einen Maibaum vor das Haus oder aufs Dach. Die Mädchen hatten als Maibräute die Pflicht, ihren Maimann anzuerkennen. Nicht selten wurde aus dem Mailehen eine Ehe.

An manchen Orten war es üblich, dass sich die Maipaare ein „Maikönigspaar" wählten, das dann beim Maitanz oder bei einem Umzug besonders umfeiert wurde. Der Brauch soll auf das herrschaftliche Ehezwangsrecht aus dem 13. Jahrhundert zurückgehen. Dem Adel war dadurch das Recht gegeben, die Tochter der Untertanen nach Belieben zu verheiraten.

Überlieferungen nach gingen die Menschen an den Maisonntagen in aller Frühe, möglichst vor Sonnenaufgang, singend hinaus in die Wälder und pflückten beim Gang durchs feuchte Gras Blumensträuße. Von diesen morgendlichen Gängen barfuß durch den Tau der Wiese erhofften sie sich Gesundheit und Wohlergehen.

37. Das „Laubmännchen" und die Taufe

Wenn in Schlesien die Burschen im Wald den „Maibaum" schlagen, küren sie immer einen Jungen, der das „Laubmännchen" spielt, ein mit grünen Zweigen und Schilfbündeln bekleidetes Wesen, das vor dem Gesicht eine Maske trägt. Dieses „Laubmännchen" wird zunächst ausstaffiert und dann unter großem Jubel ins Dorf geführt. Dort wird es in den nächstgelegenen Brunnen oder Bach eingetaucht. Das Wasser dient als Fruchtbarkeitssymbol.

Andernorts heißt dieses Wesen auch „Wasservogel" und trägt eine Vogelmaske. Derjenige, der die Rolle spielt, hat sein Gesicht hinter einer Rindenmaske versteckt und trägt ein struppiges Gefieder aus Birkenreisig auf dem Leib. Der „Wasservogel" reitet in einen Bach und schwingt sich vom Pferd. Zwei wartende Mädchen fangen ihn auf und nehmen ihm die Maske ab. Nachdem sie ihn gewaschen haben, legt er den beiden seine Arme um den Nacken und gemeinsam tauchen sie dreimal unter. Dieses Untertauchen kann man mit dem Akt der Taufe vergleichen, durch den das Naturwesen rein gewaschen wird. Belegt ist auch der Brauch, dass das „Laubmännchen" in Laub und Stroh gewickelt, von Hof zu Hof zog und überall einen Spruch aufsagte. Er wurde beschenkt und mit Wasser übergossen.

An einigen Orten wurden junge Ehemänner am 1. Mai „in die Knospen getrieben". Nachdem sie sich im Wald versteckt hatten, wurden sie unter Peitschenknallen und Trommelschlägen von den ledigen Burschen gesucht. Waren sie gefunden, mussten sie einige Knospen essen, damit die erwachende Lebenskraft auch auf sie übergehen wurde.

In Thüringen wurde mit dem Laubmann folgender Brauch verbunden: Die Burschen setzten die Mädchen in einen Karren und liefen damit um die Wette zum Maibaum. Wer als Erster dort war, konnte noch im selben Jahr mit der Hochzeit rechnen. Beim Maiumzug spannten die Burschen einige Mädchen vor einen Pflug. Führte der Weg nicht durch einen Bach, so wurden die Mädchen mit Wasser übergossen. Auch das war ein Fruchtbarkeitssymbol.

38. Auch die „Richtmaie" beim Hausbau ist ein Maibaum

Bei vielen Völkern wurde der Maibaum zu Festlichkeiten herangezogen. Die Volkskundler streiten noch darüber, ob sein Ursprung in der Antike, bei den Germanen oder gar im alten Indien zu suchen ist. In der Antike verwendete man Zweige oder kleine Bäume, um Krankheiten oder böse Geister zu vertreiben. Die Berührung mit diesem Baum, der am 1. Mai oder zu Pfingsten aufgestellt wurde, sollte neue Lebenskraft verleihen und alles Lebensfeindliche verscheuchen.

Das Einholen des Maibaumes, das feierliche Aufstellen und Schmücken war ein bedeutendes Ereignis für das ganze Dorf. Später sah man im Maibaum zunehmend ein Zeichen der jungen, erblühenden Liebe. Er wurde von den jungen Burschen der Auserkorenen vor das Haus oder aufs Dach gestellt, vielerorts galt das sogar als Heiratsantrag. Daraus folgt, dass der „Maien" nur ehrenwerten Jungfrauen oder jungen Witwen gesetzt wurde. Den Mädchen aber, die „sich Unkeuschheit oder Wankelmut in der Liebe" zu Schulden kommen ließen oder durch ihr sonstiges Betragen Hass und Verachtung auf sich geladen hatten, setzte man einen dürren Baum oder man verfertigte einen Strohmann und steckt ihnen den vor die Tür, vor das Kammerfenster oder auf das Dach und bestreute den Weg zwischen ihnen und dem unrechtmäßigen Liebhaber mit „Spreu". Verlassene Mädchen widerum rächten sich an dem Untreuen dadurch, dass sie ihm Schnüre, an denen Eierschalen oder Schneckenhäuser aufgereiht waren, vors Fenster hängten.

Der Maibaum war aber auch ein Ehrenbaum, der prominenten Bürgern der Gemeinde vor die Tür gestellt wurde. Bei uns und in den Nachbarländern stand dann am 1. Mai oder zu Pfingsten der Maibaum vor den Amtsgebäuden des Bürgermeisters, Pfarrers, Richters und Lehrers. Davon unterschied sich der große Maibaum, der in der Mitte des Dorfes unter Beteiligung der ganzen Bevölkerung aufgestellt wurde; auch für die Kirchweih oder das Schützenfest wurde diese Sitte übernommen.

Wie es beim Einholen des „Maien" zuging, erzählt eine alte Chronik aus der Eifel: „Die Burschen des Dorfes fällten in der Nacht zum 1. Mai oder in der Pfingstnacht eine junge schlanke Buche, richteten sie auf dem Dorfplatz auf und umgaben den Wipfel mit einem Kranz von Eierschalen und Bändern. Solange der Baum stand, tanzte das Jungvolk allabendlich singend einen Reigen um denselben. Später wurde der Baum versteigert und das sogenannte Kronengelage gehalten."

Nach dem Tanzen um den Baum wurden auch alle Häuser und Stallungen des Ortes gesegnet, um gemeinschaftlich von seinen Lebenskräften zu profitieren. Im Wipfel wehte auch eine Fahne, der man außergewöhnliche Kräfte beimaß. Wenn ein Kind mit dem „bösen Blick" behaftet war, weil der Priester bei der Taufe gestammelt hatte, musste es mit einem Stück dieses Fahnentuchs am ganzen Leib abgerieben werden, um den „bösen Blick" loszuwerden.

Brautpaaren wurden bei der Vermählung der „Brautmaien" vor das Hochzeitshaus gesetzt; er hatte eine ähnliche Ausstattung wie der Maibaum. Seine Tannenzapfen weisen wegen ihrer zahlreichen Samen auf die Fruchtbarkeit hin, desgleichen Eier und andere Anhängsel. So ist nicht nur der Maien, sondern der Baum schlechthin bis heute ein Symbol der Liebe geblieben. Immer noch werden Herzen und Namen in die Rinde der Bäume geschnitzt, wie es schon in dem Lied „Am Brunnen vor dem Tore" heißt: „Ich schnitt in seine Rinde so manchen süßen Traum."

Der Name des „Maien" stammt zwar vom Monat Mai, im Lauf des Jahres hatte er aber noch andere Aufgaben zu erfüllen: zum Beispiel als „Erntemaien". Der wurde mit dem letzten Getreidefuder – geschmückt mit Ähren und bunten Bändern – eingefahren. Auf dem Hof wurde er für ein Jahr auf das Dach des Wohnhauses gestellt. Der „Erntemaien" vergegenwärtigt den Geist des Wachstums und der Reife in der ganz bestimmten Beziehung auf die Feldfrüchte.

Es gibt noch eine andere Form des Maibaums, den „Richtmaie" beim Hausbau. So wird vom „Maienaufstecken" berichtet, einem uralten Brauch, nach dem auf dem Giebel des Hauses eines neu zu errichtenden Hauses die Maibuche mit Blumen, bunten Bändern, Eierschnüren und anderem Flitter geschmückt als Zeichen der Vollendung aufgesteckt wurde. Auf der Spitze des „Richtmaien" prangte eine Krone, die von den Mädchen des Dorfes gestaltet und in festlichem Umzug zum Neubau getragen wurde.
Und damals wie heute hält der Zimmermann seine Baupredigt (Richtfestpredigt), die den Sinn dieser Zeremonie verdeutlicht. Er bittet zunächst um Gottes Segen für das Gebäude und seine künftigen Bewohner. Der Richtmaie, der Genius des Wachstums, soll als guter Hausgeist allezeit über dem Haus walten. Wie Maibaum und Erntemaien ist er darum mit Eiern, Blumen, Bändern und Tüchern geschmückt, um vom neuen Haus alle Unbill fernzuhalten und das Gedeihen seiner Bewohner zu garantieren.

39. Vom Tanz unter dem Maibaum

Unter dem Maibaum tanzten die jungen Burschen und Mädchen den Maireigen, der entweder ein Rundtanz oder ein Kettentanz war. Beim Schnekkentanz fassten sich alle Tänzer an, sangen Maienlieder und öffneten den Kreis an einer Stelle. Die erste der so entstandenen Kette tanzte eine Spirale um den Maibaum herum, die immer enger wird, so dass sie entweder geschickt wieder aufgelöst werden musste, oder alle Tänzer ins Gras fielen.

Beim Zauntanz um den Maibaum fassten sich Mädchen und Jungen abwechselnd an den Händen, tanzten im Kreis und sangen: „Wir wollen den Zaun binden, wir binden einen Zaun! Unser / Unsere (und hier wurde der Name eines Mittanzenden genannt) hübsch und fein soll in den Zaun gebunden sein." Die Genannten verschränkten nun die Hände über der Brust und fassten die Nachbarn mit gekreuzten Armen wieder an. So sangen und banden sich die Tänzer nacheinander in den Zaun, bis er geschlossen war. Dann ging es umgekehrt weiter. Alle sangen und lösten sich entsprechend zu dem gleichen Lied und den gleichen Versen.

Es gab auch den Brückentanz. Die ersten beiden Tänzer bildeten ein Paar, fassten sich an und hoben die Arme zum Brückenbogen, unter dem die nächsten beiden Tänzer hindurchtanzten und dann ebenfalls einen Bogen bildeten. Das ging so weiter, bis das Reigenlied aus war. Dann bildeten alle Paare einen Brückenkreis, und es begann der Kampf zwischen Sommer und Winter, wobei der Frühling im und der Winter außerhalb des Kreises stand und der eine den anderen fangen musste.

Der Kampf zwischen Frühling und Sommer tauchte bei vielen Spielen und Tanzen um den Maibaum herum auf. Manchmal tanzte ein schwarzer Kerl mit den Mädchen um den Maikönig herum, ein verkleideter Winter, ein Hans im Grünen, ein ganz in Laub gewickelter Schornsteinfegerjunge, der überwunden und in den Bach geworfen werden musste. Bandeltanz hieß der Tanz um den Maibaum, bei dem die Mädchen bunte Bänder in die Hand nahmen und damit um den Maibaum herumtanzten.

Das Tanzen gehörte zu vielen Frühlingsfesten, war aber nicht nur Ausdruck der Lebensfreude und des Vergnügens an Musik und Rhythmus, sondern hatte etwas mit den Umritten zu tun, was auch erklärt, warum die alten Tänze fast überall Reigentanze gewesen waren.

Der Tanz ist der lebendige Ring, und dem geschlossenen Kreis der Menschen schrieb man dieselbe Kraft zu, Unheil, böse Geister, Pest und ähnliches fernzuhalten. Man tanzte auch um Brunnen, um ihr Wasser rein und klar, man tanzte um ein Haus, um die Bewohner gesund zu halten, man pflügte einen Kreis um die Felder, man umritt sie.

Nachdem es nichts geholfen hatte, die heidnischen Tänze zu verbieten, machte das Christentum daraus die Prozession, die immer im Kreis um die Kirche, ums Rathaus, um den Anger führte. Das ganze Mittelalter hindurch bis zur Reformation haben Bischöfe vergeblich versucht, zumindest das Tanzen und Singen auf dem Kirchplatz zu unterbinden.

40. Maibrunnenfeste mit Frau Holle

In vielen deutschen Landen wurden früher am ersten Sonntag im Mai so genannte Maibrunnenfeste gefeiert. Maibrunnenfeste sind Reinigungsfeste im Frühjahr, bei denen nicht nur die Becher und die Schöpfkellen geputzt und durch neue Geräte ergänzt wurden. Die Mädchen zogen darüber hinaus zum Dorfbrunnen, reinigten ihn, zündeten dabei Lampen und Kerzen an, die in benachbarte Bäume gesteckt wurden. Zum Schluss bekränzten sie den Brunnen oder legten eine Girlande um seine Mauer, in die auch noch Eier und andere Fruchtbarkeitssymbole gesteckt wurden. Aus den Eiern wurde Kuchen gebacken, den man beim Maitanz miteinander aufaß.

Wenn ein Dorf mehrere Brunnen hatte, so zog die Schar der Mädchen und Kinder von Brunnen zu Brunnen, und oft wurde bei den Häusern, an denen der Zug vorüberwanderte, um Gebäck gebeten. Ein Mädchen war die Brunnenkönigin. Sie war mit einem schneeweißen Gewand bekleidet und symbolisierte die germanische Frühlings- und Fruchtbarkeitsgöttin Hulda, die spätere Frau Holle im Märchen der Gebrüder Grimm.

In manchen Gegenden wurde auch die Brunnenweihe gefeiert. Der Brunnenrand wurde mit Moos und Zweigen bekränzt. In den Moosnestern steckten Eier, aus denen der Dorfbäcker dann einen großen Kuchen backte, den die Kinder unter freiem Himmel verzehrten.

41. Kräuter, die Hexen an ihrem verderblichen Treiben hindern

Ist die Hexe einmal erkannt oder sind ihre Schadenszaubereien durchschaut, muss es auch Möglichkeiten geben, der teuflischen Person zu Leibe zu rükken und sie unschädlich zu machen. Dazu bedarf es aber besonderer Fähigkeiten, die eng mit den Zauberwirkungen der Pflanzen verknüpft sind.

Die Zahl der zum Zwecke der Hexenabwehr oder der Dämonenvertreibung herangezogenen Pflanzen ist groß. Besondere Bedeutung kommt den aromatisch duftenden Kräutern zu; hierher gehören vor allem einige Doldenblütler wie Dill, Kümmel, Fenchel und bestimmte Lippenblütler. Auch Pflanzen, die beim Verbrennen kräftig riechenden Rauch ergeben, wie Wacholder, werden für diese Zwecke bevorzugt. Viele dieser Kräuter haben sich in der Volksheilkunde bewährt; warum sollte man da nicht die Dämonen und Hexen, die ja den Menschen die Krankheiten anzauberten, unmittelbar mit diesen Pflanzen angehen?

Die Gewürzpflanze Dill steckte die Braut in die Schuhe, um die neidischen Elfen zu vertreiben. Ob man in Garten, Feld oder Stall unangenehmen Überraschungen vorbeugen oder Gebärende und Säuglinge gegen Hexen oder böse Geister schützen wollte – der Dill war den Hexen allemal zuwider, denn er nahm ihnen ihre ganze Zauberkraft. Neugeborene Kälber und Fohlen wurden mit einer Mischung aus Salz und zerriebenem Dill eingerieben, um der Verhexung zuvorzukommen. Nach dem Ausmisten der Ställe wurde Dill über die Schulter in die frische Streu geworfen, um den Hexen erst gar keine Chance zu lassen.

Den Hexen und ihren Herren war auch die Raute verhasst, weil in ihrer Gegenwart ihre zauberischen Kunststücke nicht gelingen wollten. Dem Dost (Majoran) wurde durch die Jahrhunderte die Fähigkeit zugeschrieben, böse Einflüsse vom Menschen fernzuhalten und dem Teufel ins Handwerk pfuschen zu können. Dost schützte auch die Wöchnerinnen, die ja besonders anfällig gegen Zaubereien der Hexen waren. Das Kraut wurde in das Kindsbett gelegt, damit das Kind nicht verzaubert werden konnte.

Der Knoblauch war den Hexen wohl wegen seines unangenehmen Geruchs wegen zuwider. Der Bräutigam verscheuchte damit die neidischen bösen Geister. Schon die Römer sollen den Knoblauch gegen Dämonen und Lemuren eingesetzt haben; später bestrich man sich Brust, Achselhöhlen und Fußsohlen mit dem Saft dieser Pflanze, um den Hexen widerstehen zu können.

Es war sicherlich nicht nur der üble Geruch, der die Verhexung verhinderte. Da eine angeschnittene Knoblauchzehe mit der Zeit schwarz wird, glaubte man daraus auch schließen zu können, dass sie das Böse aufsauge.

Die Birke wurde als Baum der Weisheit verehrt; sie lieferte die Ruten, mit denen die Lehrer den Kindern die Lust am Lernen eintrieben. Darauf ist der Brauch zurückzuführen, verzauberte Kinder, die in ihrer körperlichen Entwicklung zurückgeblieben waren, mit Birkenreisern zu schlagen, um den angehexten Zwerg herauszuprügeln und die Lebenskraft der Birke auf das Kind zu übertragen.

In anderen Gegenden Deutschlands wird Birkenreisig verbrannt oder Haus und Stall mit Birkenreisig ausgelegt, um den bösen Einfluss der Hexen zu bannen. Den Hexen und Dämonen sind vor allem die Samen der Pfingstrose zuwider. Sie werden gegen böse Albträume, die von Nachtkobolden verursacht werden, eingesetzt. Kindern wurden die Samen in die Wiege gelegt, um sie vor nächtlichem Schrecken zu bewahren.

42. Gedicht: Hochzeit im Mai

Die Minne lädt zur Hochzeit ein
im Wonnemonat Mai.
Die Imme schwelgt im Wiesenhain
in süßer Nektarei.

Maria lockt ins Brautgemach
mit himmlischem Gesang,
die Bienen halten ihr Gelag'
in inniglichem Drang.
Die Blumen küren ihre Maid
im feierlichen Festtagskleid.

Maiglöckchen läuten sanft im Wind,
und Kinder kommen ganz geschwind,
lieb Mütterchen mit Strauß zu ehren,
da sie von ihrer Güte zehren.

Ein Maien ziert des Dorfes Mitte,
so ist es vielerorts noch Sitte.
Der Lenz ist da!
Die Wende ist vollzogen,
die Kälte ist verflogen.

Dieter Kremp

43. Mairegen bringt Segen

„Gewitter im Mai, singt der Bauer ‚juchhei!'." So prophezeit eine alte Bauernregel, dass Mairegen Segen bringt. Nach den Wettererfahrungen unserer Vorfahren wurde in einem feuchten Mai der Grundstock für eine gute Heuernte im Juni („Wenn es im Mai donnert, gibt die Kuh Milch"), für eine reiche Getreideernte im Sommer und für eine fette Ernte an Hackfrüchten und Wein im Frühherbst gelegt („Ist der Mai kühl und nass, füllt's dem Bauern Scheune und Fass.")

So galt auch besonders die Walpurgisnacht als Lostag: „In der Walpurgisnacht Regen, bringt ein Jahr mit reichem Segen." Oder es heißt: „Wenn es am ersten Mai regnet, gibt es Eicheln in Fülle." Auch andere Bauernregeln sprechen davon, dass ein feuchter Mai für reiche Ernten sorgt: „Genug Regen im Mai, gibt dem ganzen Jahr Brot und Heu." „Ist der Mai heiß und trocken, kriegt der Bauer kleine Brocken; ist er aber feucht und kühl, dann gibt es Heu und Futter viel."

Was aber die Landwirte mögen, wollen Obstbauern noch lange nicht. Ein kühler und feuchter Mai beschert ihnen keine volle Scheune: „Wenn es regnet am Walpurgistag, fallen die Äpfel und Birnen herunter – und wenn sie eiserne Stiele hätten." Und die Imker wissen: „Ein Bienenschwarm im Mai ist wert ein Fuder Heu." und „Wenn im Mai die Bienen schwärmen, kann der Imker vor Freude lärmen." Daher bitten beide Gruppen Petrus um einen warmen und trockenen Mai.

Der blütenreiche Marienmonat soll seinem Namen „Wonnemonat" alle Ehre machen. Man fürchtet „des Winters Schwanz" in der Maienmitte, wenn die strengen Eisheiligen mit Frost drohen: „Des Maien Mitte hat für den Winter noch eine Hütte."

Gemeint sind jene Tage zwischen dem 11. und 21. Mai, in denen der Nord- oder Nordostwind seine Regentschaft noch einmal antritt, nicht jedes Jahr – gottlob -, aber in der Mehrzahl der Jahre: „Der Nordwind ist ein rauer Vetter, aber er bringt beständig Wetter." Das stimmt, die Nordluft bringt schönes, aber eben kaltes Wetter. Und ein Frost in der Maiennacht lässt alle Blütenträume schwinden.

Die sogenannten Singularitäten, von denen der Meteorologe spricht, verheißen uns für die ersten Maitage oft kühles, aber schönes Hochdruckwetter, bedingt durch den Einfluss trockener kontinentaler Ostwinde. Nachtfröste können auftreten, werden aber oft durch warme Südwestströmungen nach dem 5. Mai abgelöst. Baut sich dann ein Azorenhoch auf, bleiben die „gestrengen Herren" in der Mitte des Monats gerne aus. Im letzten Drittel des Wonnemonats besteht nach den Singularitäten die Chance, den ersten warmen Vorgeschmack des künftigen Sommers zu kosten.

Die höchsten Maitemperaturen werden vielfach zwischen dem 25. und 29. Mai gemessen, die tiefsten zwischen dem 11. und dem 13. des Blütenmonats. Die bisher höchste Maitemperatur wurde am 25. Mai 1922 mit plus 37 Grad in Osnabrück aufgezeichnet, die tiefste am 11. Mai 1900 mit minus 11,5 Grad in Lauenburg (Pommern).

Nicht zu heiß und nicht zu kalt sollte er sein, der Mai - am besten lind und lau, wie Anton von Klesheim 1849 in einem Volkslied sagt. Wer übrigens erst im Mai seine Kartoffeln legt, hat nach Meinung eines Kalendermachers, der die Kartoffeln sogar reden lässt, genau den richtigen Zeitpunkt erwischt:

Legst du mich im März,
treibst du mit mir Scherz.
Legst du mich im April,
komm ich, wann ich will.
Legst du mich im Mai,
komm ich eins, zwei, drei!

Im Mai, nachdem die Kühe gekalbt haben, wird auch das Vieh auf die Weide getrieben. Und im Gebirge werden die Almen wieder bezogen und die Weidenzäune aufgestellt, wobei man darauf achtet, dass die Tiere viel Futter finden. Denn wenn die Kühe auf der Futtersuche weit laufen müssen, geben sie weniger Milch: „Wer auf schlechte Weide treibt die Kuh, verliert die Milch und den Mist dazu."

Recht zahlreich sind die Lostagsregeln, die sich um Walpurga und den 1. Mai drehen: „Tau auf Walpurgismorgen, verheißt viel Butter.", „Regen auf Walpurgisnacht, hat stets ein gutes Jahr gebracht.", „Walpurgisfrost ist schlechte Kost." und „Am 1. Mai fährt man den Ochsen ins Heu."

44. Wettervorhersage in der Bibel

„Siehe, ich will morgen um diese Zeit einen sehr großen Hagel fallen lassen ... Da streckte Mose seinen Stab gen Himmel, und der Herr ließ donnern und hageln, und Feuer schoss auf die Erde nieder ... [U]nd Blitze zuckten dazwischen, und der Hagel war so schwer ... Und der Hagel erschlug in Ägyptenland alles, was auf dem Felde war ... Nur im Lande Gosen, wo die Kinder Israels waren, da hagelte es nicht."
„Siehe, so will ich morgen Heuschrecken kommen lassen. ... Mose streckte seinen Stab über Ägyptenland, und der Herr trieb einen Ostwind ins Land, den ganzen Tag und die ganze Nacht. Und am Morgen führte der Ostwind die Heuschrecken herbei."
„Und Mose ging hinaus vom Pharao und betete zum Herrn. Da wendete der Herr den Wind, so dass er stark aus Westen kam; der hob die Heuschrecken auf und warf sie ins Schilfmeer ..."

(2. Mose 9,18 bis 9,26)

Mit großer Wahrscheinlichkeit war es Pharao Ahmose, der das Volk Israel 1561 v. Chr. ziehen ließ.

45. Waldsauerklee, das „Kuckucksbrot" unserer Kindheit

„Kuckucksbrot" haben wir in unserer Kindheit alle gegessen, wenn wir zusammen mit unseren Eltern und Großeltern im Frühjahr einen Waldspaziergang unternahmen. Die zarten, dreiteiligen Blätter des kleeähnlichen Waldsauerklees, im Volksmund „Kuckucksbrot" genannt, haben einen angenehmen, leicht säuerlichen Geschmack. Und wenn der Kuckuck am „Kuckuckstag" (1. Mai) zum ersten Mal rief, schnitzte uns Großvater Schalmeien aus der Rinde der Haselrute oder der Salweide. Damit ahmten wir dann den Ruf des Kuckucks nach: „Kuck-Kuck! Kuck-Kuck!"

Mit Sauerampfer und Wiesenklee ist der Waldsauerklee (Oxalis acetosella), auch Hasenklee und Kuckucksklee genannt, nicht verwandt. Ihren botanischen Namen hat die Waldpflanze von der in den dreizähligen Blättchen gespeicherten Oxalsäure. (oxys = griech.: scharf, sauer / acetum = lat.: Essig)

In unseren Wäldern ist der Waldsauerklee auf humosreichen Boden überall zu finden und er entfaltet seine zarten weißen Blüten bald nach dem Buschwindröschen, mit dem er auch den Standort teilt. Die weißen Blüten mit zart violetter Äderung sind bei Tag aufrecht ausgebreitet. Bei trübem Wetter, bei Berührung, wenn die Nacht hereinbricht oder sobald Sonnenlicht auf sie fällt, schließen sie sich und hängen glockenförmig nach unten. Sie falten sich pyramidenförmig um den Stiel, um die Verdunstung zu reduzieren und enthalten Oxalsäure und Kleesalz. Beide Stoffe haben ihren Namen vom Sauerklee. Die Blätter schließen die Samen ein. Sind sie reif, streckt sich der Stiel wieder und schleudert die Samen aus den Kapseln heraus.

Früher wurde aus den Blättern Kleesalz gewonnen, das in der Textilfärberei gebraucht wurde und auch zur Entfernung von Tinten- und Rostflecken diente. In kleinen Mengen verwendet man die Blätter des Waldsauerklees für Salate und die Zubereitung von Grünen Saucen. Der saure Geschmack ersetzt Essig und Zitrone.

Der Waldsauerklee ist außerdem eine Heilpflanze. Aus ihr werden Mittel zum Gurgeln und zur äußerlichen Behandlung von Krätze hergestellt. In der Homöopathie verwendet man die Dilution in den Potenzen bis D 30 (3 mal 10 Tropfen täglich) bei Angina pectoris mit scharfen Stichen im linken Oberbauch und Brustraum, bei Magen-Darmgeschwüren, brennenden Schmerzen im Magenraum, bei Erbrechen essigsaurer Massen, bei Blähsucht und Durchfall.

Im Garten ausgesät, sollte das „Kuckucksbrot" im Schatten wachsen. In einem nährstoffreichen, waldigen Boden breitet es sich rasch aus. Zu Frühjahrsbeginn bildet es um Baumstämme herum dekorative Teppiche. Der Waldsauerklee darf nicht in Konkurrenz mit Gräsern oder anderen Pflanzen wachsen.

46. Wer hat auf die Wiese gespuckt? „Kuckucksspeichel" im Gras

Wer hat denn da im Weidemonat Mai die weißen Schaumklümpchen auf die Wiese gespuckt? Der Kuckuck natürlich, dieser ungesellige, gefräßige Kerl, der seine Eier in fremde Nester schmuggelt, musste im Volksglauben dafür herhalten. Sein eigenes Nest kann er ja nicht beschmutzen, da er keine Vogelwiege baut. Wer sonst also kann die weißen Schaumklümpchen in das Gras gespuckt haben? Es scheint, als hätte sich der hübsche Rufer aus dem Wald gerade das Wiesenschaumkraut ausgesucht, um seinen überflüssigen Mundspeichel auszuspucken. So werden denn die Schleimklümpchen im Volksmund auch „Kuckucksspeichel" genannt.

Mit dem Kuckuck aber haben die Schaumhäufchen nichts zu tun, wohl aber mit den Schaumzikaden, denen die Schaumklümpchen als Entwicklungsraum dienen. Ihre Entstehungsgeschichte ist wirklich geheimnisvoll, so dass es nicht wundert, dass der Kuckuck als Erzeuger herhalten muss.

Das Insekt legt Eier auf das Wiesenschaumkraut, woraus Larven ausschlüpfen. Die Zikadenlarven saugen mit dem Rüssel Saft aus dem Pflanzengewebe. Dieser Saft ist mit einer schaumigen Masse („Kuckucksspeichel") umgeben. Der Schaum ist für das Leben der Larven sehr wichtig, denn er schützt sie vor Feinden und erhält die nötige Feuchtigkeit und Temperatur. Er wird von den Larven selbst produziert. Die Unterseite ihres Hinterleibs ist als Luftkanal ausgebildet, der durch die Atemöffnungen mit den Tracheen in Verbindung steht. Die Larven blasen in ihre flüssigen Exkremente Luft, so dass diese schäumen. Die Atemluft nehmen sie mit der Hinterleibsspitze auf, die sie zur Oberfläche der Schaumhülle schieben. Und schon ist der „Kuckucksspeichel" auf dem Wiesenschaumkraut ist entstanden; wie Seifenblasen auf der Wiese.

Das Wiesenschaumkraut blüht von Anfang April bis Anfang Juni. Es überzieht feuchte Wiesen regelrecht, wächst an Ufern von Bächen und Seen und im Quellbereich. Das Wiesenschaumkraut schmeckt würzig, scharf, leicht bitter, ähnlich wie Brunnenkresse. Es enthält wie viele Kreuzblütler eine Menge Senföle, die eine antibiotische Wirkung haben. In den Blättchen befindet sich viel Vitamin C.

Als Frühjahrsgemüse war das Wiesenschaumkraut bei unseren Vorfahren sehr beliebt. Aus den jungen Blättern stellt man Salate, Wurzen, Suppen und Tees her. Der Geschmack der Speisen ist streng-bitter, aber angenehm. Zu viel davon ist allerdings ungesund.
Die getrockneten und frischen Blätter verwendet man auch anstelle von Pfeffer. Man kann die Blätter auch salzen, marinieren und trocknen.

Ein Teeaufguss aus zwei gehäuften Teelöffeln frischem Wiesenschaumkraut, das mit 1/4 Liter Wasser zusammen zehn Minuten ziehen sollte, wird in der Volksmedizin gegen Arthritis, Rheumatismus und andere Schmerzzustände empfohlen. Früher hat man das Wiesenschaumkraut, im Volksmund auch Wilde Kresse, Wiesenkresse und Kuckucksblume genannt, wegen seines Vitamin C Gehalts im Frühjahr gegen Skorbut genommen.

<u>Ein Rezept für die Frühjahrskur:</u>
Man gibt in einen Mixer 1/8 Liter Milch, dazu einen geteilten und entkernten Apfel mit der Schale, den Saft von einer Zitrone und drei Orangen so wie jeweils 20 g Löwenzahnblätter, Blätter des Wiesenschaumkrautes und der Brunnenkresse und mixt alles durch.
Das Getränk schmeckt leicht bitter, regt an und erfrischt. Wer einen Esslöffel Honig hinzufügt, der kann dadurch sogar eine ganze Mahlzeit ersetzen.

<u>Wiesenschaumkraut-Salat:</u>
Dazu nimmt man 100 g frische Blatter vom Wiesenschaumkraut, 100 g Kartoffeln, 20 g Zwiebeln, 20 g saure Sahne, Salz, Essig und Pfeffer. Die jungen Blätter werden zerschnitten, auf Kartoffelscheiben gelegt und mit den klein gehackten Zwiebeln bestreut. Man fügt die Gewürze hinzu und bindet mit saurer Sahne.

47. Tiergeschichte: Kuckuck

Kuckuck, kuckuck, ruft's aus dem Wald

„Kunigunde, weißt du auch, dass du den Namen „Kuckuck" zu unrecht trägst? Du kannst ja gar nicht rufen wie ich. Bei dir kommt nur ein Gekrächze aus der Kehle", spöttelte der Kuckuck Kunibert.
„Ich weiß, lieber Kunibert, dass ich nur „Quivitt, quivitt" schreien kann, das kein Mensch hören kann. Aber jetzt lass bitte dein Spotten! Lass deinen Kuckucksruf laut erschallen, dass alle Kuckuckspärchen in der weiten Umgebung wissen, das wir beide hier unser Brutrevier haben!", antwortete das Kuckucksweibchen Kunigunde.

Da setzte sich der Kuckuck Kunibert auf den höchsten Ast der Buche und ließ siebenmal hintereinander „Kuckuck, kuckuck" laut erschallen.
„Wollen mal sehen, ob unsere Nester vom vorigen Jahr wieder belegt sind. Komm, machen wir uns auf die Suche! Es ist Zeit zum Eierablegen", plapperte Kunigunde.
„Warum nur können wir beide auch keine Nester bauen wie die anderen Vögel? Da hat uns der liebe Gott bestraft", meinte Kunibert.

Sie inspizierten ein Nest nach dem anderen: „Das hier, Kunigunde, ist besonders geräumig und Eier liegen auch schon drin; sie gleichen den deinen. Komm, mach schnell, dass dich niemand sieht!"
Kunigunde hatte es eilig. Sie legte ein großes gesprenkeltes Ei und schob es mit dem Schnabel unter die fremden Eier: „So, das wird ausgebrütet! Und wenn das Junge ausschlüpft, wird es von seinen Pflegeeltern gefüttert."

So schob das Kuckucksweibchen insgesamt fünf Eier in die Nester fremder Singvögel.
„Sind wir nicht doch Rabeneltern?", fragte das Kuckucksmännchen.
„Aber nein", quiekte Kunigunde, „wir können leider kein Nest bauen, keine Eier ausbrüten und keine Jungen großziehen. Uns fehlt leider der Brutinstinkt, den alle anderen Vögel haben."
„Dann hat uns der liebe Gott doch bestimmt noch eine andere Aufgabe gegeben. Schau mal, Kunigunde, wir beide sind scheue Waldvögel, uns sehen die Menschen nie."

„Aber sie hören dich im Frühling rufen", lieber Kunibert, „und auf den ersten Kuckucksruf warten sehnsüchtig Groß und Klein."

Zur gleichen Zeit machten Kurt und Kuno mit ihren Eltern Kordula und Konrad einen Waldspaziergang an diesem wunderschönen Mainsonntag. Da hörten sie auf einmal ganz deutlich den Kuckuck rufen.

„Ruhig, hört mal zu! Zählt mal die Rufe!" flüsterte der Vater.

Kurt und Kuno zählten mit und kamen auf sieben lang gezogene Kuckucksrufe.

„Sieben ist doch eine Glückszahl", meinte Mutter Kordula. „Jetzt mal die Geldbörsen aufgemacht und nachgeguckt, ob etwas Geld drin ist!"

Kurt und Kuno hatten beide einen Glückspfennig in der Tasche; Konrad und Kordula hatten etwas mehr in ihrem Portemonnaie.

„Nun können wir froh sein, denn jetzt haben wir das ganze Jahr über genügend Geld", sagte die Mutter, „und auch ihr beide habt das Jahr über immer etwas Taschengeld."

„So", sagte Konrad, „Jetzt schnitze ich euch beiden noch eine Kuckuckspfeife!" Der Vater nahm das Taschenmesser und schnitt ein Stück Weidenrinde ab, die jetzt wieder im Saft stand: „Passt auf, was ich jetzt mache!"

Konrad klopfte mit dem Messer die Rinde weich, bis er sie leicht und locker von der Rute abziehen konnte. Dann schnitzte er noch ein Mundstück zurecht. Er nahm die Rindenpfeife in den Mund und blies darauf. Sie funktionierte wie eine Flöte, wie eine Schalmei. Kurt und Kuno nahmen ihre Kuckuckspfeifchen in den Mund und bliesen „Kuckuck, kuckuck"! Und siehe da! Fern im Wald antwortete das Kuckucksmännchen lauthals mit „Kuckuck, kuckuck!"

„Vater", rief Kurt freudestrahlend, „er hat uns verstanden!"

Auf dem Heimweg kam die Familie an einer Wiese mit blühendem Wiesenschaumkraut vorbei. „Vater, da hat jemand hingespuckt! Sieh mal, das Wiesenschaumkraut ist voll mit weißem Schleim!", stellte Kuno verwundert fest.

„Ja, das ist Kuckucksspeichel. So nennen ihn die Leute, weil sie dem Kuckuck, dem lichtscheuen Gesellen, alles zuschieben. In Wirklichkeit hat hier eine Zikade ein Ei abgelegt. Die ausgeschlüpfte Larve saugt den Zucker aus dem Stängel, atmet und bläst dabei den Zucker schaumig auf."

„So, jetzt singen wir zum Abschied gemeinsam noch das Kuckuckslied: „Kuckuck, kuckuck, ruft's aus dem Wald! Lasset uns singen, tanzen und springen! Frühling, Frühling, wird es nun bald."

48. Kurioses vom Kuckuck

Innerhalb von zehn Sekunden ist es geschehen. Dann macht sich das Kuckucksweibchen aus dem Staub. Was war los?

Der taubengroße Vogel hat dem Zaunkönigpaar ein Ei ins Nest gelegt – aber ein richtiges. Damit diese den Schwindel nicht bemerken, hat die Kuckucksfrau dafür gleich ein fremdes Ei verschluckt. Die Eierschieberin hat einen günstigen Moment ausgesucht. Die Zaunkönigin hat noch nicht alle Eier gelegt, so dass das Kuckucksei genau zur richtigen Zeit kommt. Zudem hat der Kuckuck ihr das Ei erst am Abend untergeschoben, während die Zaunkönigin wie alle Vögel früh am Morgen oder Vormittag mit dem Eierlegen beschäftigt ist. Als der Zaunkönig zurückkommt, entdeckt er den Eiertausch nicht, denn das fremde Ei ist ähnlich gefärbt. Das kommt daher, dass jede Kuckucksfrau beim „Eierfärben" auf die Pflegeeltern programmiert ist, deren Erziehung sie selbst genießen konnte. Zudem haben die Kuckuckseier nur die Größe eines Sperlingseies. Dafür wiegen sie bis zu 40 Prozent mehr.

Man hat in Europa schon sechzig Wirte gezählt, die der Kuckuck betrügt. Heckenbraunelle und Rotkehlchen gehören ebenso dazu wie Sumpfrohrsänger oder Bachstelze. Der Kuckuck sucht sich vor allem Adoptiveltern des Waldrandes aus, wobei er ebenso Teichrohrsänger an den nahen Schilfröhrichten zu betrügen versucht. Weil nicht alle Stiefeltern das fremde Gut anerkennen, muss der Kuckuck das Risiko durch Masse wettmachen. In der Regel jubelt er zehn Nestern jeweils ein Ei unter.

Alle Schwindeleien nehmen einen ähnlichen Verlauf. Aus dem fremden Kuckucksei schlüpft in der kurzen Zeit von elf bis zwölf Tagen der unerwartete Nachwuchs. Schon einen halben Tag später macht er klaren Tisch und wirft die Konkurrenz aus der Kinderstube. Damit stellt er sicher, dass nur ihm die Pflege und der Nestraum zugute kommen. Und er gedeiht nicht schlecht dabei. Nach vier Tagen wiegt er schon soviel wie seine Stiefeltern, und nach einem Monat hat er sein Gewicht verdreißigfacht.

Selbst nach Verlassen des Nestes bettelt er so eifrig, dass sich weitere fremde Eltern an seiner Aufzucht beteiligen. Weiß der Kuckuck, warum die Natur in diesem Fall einen so sozialen Sinn zeigt. Während die letzten Jungen von Adoptiveltern erzogen werden, ziehen die Kuckucks-Rabeneltern schon ins Winterquartier. Es liegt im äußersten Süden Afrikas.

Der Nachwuchs muss sich noch sechs Wochen stärken. Er frisst vor allem haarige Raupen wie diejenigen des Schwammspinners, die andere Vögel verschmähen. Es ist eine Schmetterlingsraupe, die großen Schaden an den Laubbäumen anrichten kann.

Der Vogel mit dem lautmalerischen Ruf genießt beim Menschen eine Sonderstellung. Kuckuck ruft's nicht nur vom Waldrand her, sondern seit rund 260 Jahren auch aus den hölzernen Uhren des Schwarzwaldes. Der Kuckuck ist jedoch nicht nur für Zeitansagen zuständig. Wenn er Ende April, Anfang Mai aus seinem Winterquartier zu uns zurückkehrt, gilt er auch noch als Frühlingsbote.

49. Frühlingsblumen als Wetterpropheten

„ ... und nun hören Sie den Wetterbericht: Der Sauerklee hat schon vor Stunden seine Blätter zusammengelegt, die Anemonen ihre Knospen geschlossen und das Labkraut stinkt mal wieder! Da ist Regen zu erwarten."

Holunder und Schlehen, Kirschblüten und Anemonen, Gras und Laub – das sind die am weitest verbreiteten und aussagekräftigsten Wetterpropheten unter den Frühjahrsblumen. Sie alle weisen wie drei Wegweiser in drei Richtungen: auf eine bevorstehende Wetteränderung, auf den Ertrag der Ernte und auf die Art des Winters.

Manche Blumen sind ideale Barometerpflanzen: Sie messen den Luftdruck und den Feuchtigkeitsgehalt der Atmosphäre und Übertreffen für kurzfristige Voraussagen sogar unsere modernen technischen Hilfsmittel. Es ist wirklich so, dass manche Pflanzen durch hygroskopisches Öffnen und Schließen der Blüte trockenes oder nasses Wetter ankündigen.
Waldgeißblatt und Nachtviolen reagieren nicht hygroskopisch, sondern odorisch: sie duften besonders stark, wenn Schlechtwetter im Anzug ist.

Aus der Fülle der Bauernregeln über „Wetterpflanzen" nehmen wir einige heraus:

„Schön Wetter künden die Anemonen, wenn sie ihre Blüten weit öffnen; schlechtes, wenn sie ihre Kronen geschlossen halten."
„Wenn die Apfelblüten blüh'n, soll der Ofen wieder glüh'n."
„Die blauen Veilchen frage, wann nahen die warmen Tage."
„Wenn das Buschwindröschen seine weißen Blütenstern' glockenförmig verschließt, das kurzlebige Hungerblümchen seine Blätter herabhängen lässt und die Sumpfdotterblume ihre Blätter zusammenzieht, so ist regnerisches oder trübes Wetter zu erwarten."
„Wenn der Flieder langsam verblüht, die Ernte sich lang hinzieht."
„Wenn der Flieder verblüht schnell, so geht's mit der Ernte rasch von der Stell."
„Solange im Mai der Holunder nicht ausschlägt, ist noch Frost zu befürchten."
„Wie der Holunder blüht, so blühen auch die Reben."
„Wie der Holunder blüht, Rebe auch und Lieb erglüht; blühen beide im Vollmondschein, gibt's viel Glück und guten Wein."

„Wie die Kirschblüt', so die Wein- und Kornblüt'."

„Eine gute Kirschblüte tut sagen, dass wir auch gute Wein- und Kornblüte haben."

„Wenn der Kirschbaum zwischen zwei Lichtern am Neumond blüht, gibt es keine Kirschen."

„Wenn die Kirschen gut verblüh'n, wird der Roggen auch gut blüh'n."

„Wie in der Kirschblüt', so ist das Wetter auch in der Roggenblüt'.

„Je früher der Schlehdorn blüht, je zeit'ger der Schnitter zur Ernte zieht."

„Steht der Schlehdorn früh im Blütenschein, wird vor Jakobi die Ernte sein."

„Wenn die Schlehdorn blicken, muss man die Handschuh noch mal flicken."

„Der Waldsauerklee (das Kuckucksbrot) öffnet am Morgen seine Blüten nur, wenn schönes Wetter in Aussicht ist. Bei bevorstehendem Regen stellt er die Blattstiele steil empor, so dass sie wie ein entspannter Regenschirm aussehen. Er wird im Volksmund deshalb Wetterhahn genannt."

„Wenn die blauen Veilchen früh blüh'n, kommt auch der Kuckuck früh."

„Wenn die Veilchen früh ihren Duft versprüh'n, so kommt ein warmer Frühling."

Man kann sich denken, wie wichtig das Wetter für die Bauern war. Schließlich hing davon ihre Ernte ab. Und was wäre besser geeignet und schöner anzusehen gewesen, als die Blumen, um sich eine Vorhersage einzuholen. Die Vielfalt der Sprichwörter und Bauernregeln zeugt davon, daß die Menschen über lange Zeit hin genau das gemacht haben.

50. Warum nicht mal 'ne Blumenwiese?

Viele Hobbygärtner sind auch passionierte Imker. Doch die Zeiten, wo unsere Wiesen noch blumenreiche Kräuterwiesen waren und das Heu noch nach Waldmeister duftete, sind längst vorbei. Unsere heutigen Wiesen sind überdüngte Kulturwiesen, artenarm an Wildpflanzen. Solche Wiesen bieten den Bienen und dem Heer der anderen blütenbewohnenden Insekten nur noch wenig Nahrung. Darüber hinaus eignen sich Wildblumen zu hübschen Trockensträußen im Sommer und zu Gestecken im Frühherbst.

Imker können mit wenig Aufwand für die Anlage einer Blumenwiese sorgen. Diese sollte zumindest eine Fläche von einem Ar umfassen, womöglich aber größer sein. Für die Anlage eignen sich besonders Hänge, Böschungen, Brachland und Obstanlagen. Eine Blumenwiese sollte etwa 70 verschiedene Arten von Wildkräutern umfassen, die abwechselnd das ganze Jahr über blühen. Da Blumenwiesen eine komplizierte Lebensgemeinschaft darstellen, sind einige Voraussetzungen zum Gelingen der Anlage entscheidend.

Besondere Bodenansprüche werden nicht gestellt. Dennoch gedeihen Blumenwiesen natürlich auf gut vorbereiteten Flächen am besten. Eine gute Bodengare erreicht man durch Pflügen im Herbst, Frosteinwirkung im Winter und durch Eggen im Frühjahr. Hoher Stickstoffgehalt schadet den Wildblumen, fördernd wirken Phosphor und Kali. Die Aussaat sollte zwischen März bis September erfolgen. Selbstverständlich muss bei Trockenheit gewässert werden. Da die Wildkräuter langsamer keimen als die Gräser, ist es notwendig, die Bewässerung einige Wochen über die Keimung der Gräser hinaus auszudehnen.

Um die Wildblumen gleichmäßig über die ganze Fläche zu verteilen, ist es ratsam, die Wildblumenmischung und den Grassamen vor der Aussaat zu mischen. Pro 100 Quadratmeter genügen 1½ kg Grassamen und 50 bis 100 g Wildblumenmischung. Das Gelingen der Kräuterwiese ist auch von der Wahl der gleichzeitig ausgesäten Grasmischung abhängig. Die Grasmischung sollte aus besonders niedrig wachsenden Grasarten bestehen, die den Wildblumen ausreichend Lebensraum belassen. Um in den vollen Genuss einer reich blühenden Wiese zu kommen, ist das Mähen auf ein- bis höchstens zweimal im Jahr zu beschränken. Wegen der unterschiedlichen Entwicklungsdauer der einzelnen Kräuterarten ist die volle Wirkung der Blumenwiese erst nach zwei bis drei Jahren erzielt.

Die Wildblumenmischung sollte folgende Pflanzensamen enthalten:

Schafgarbe (Achilea millefolium)
Akelei (Aquilegia vulgaris)
Wermut (Artemisia absinthum)
Beifuß (Artemisia vulgaris)
Aster (Aster amelius)
Gänseblümchen (Bellis perennis)
Ringelblume (Calendula officinalis)
Rundblättrige Glockenblume (Campanula rotundiflora)
Kornblume (Centaurea cyanis)
Kümmel (Carum carvi)
Flockenblume (Centaurea scabiosa)
Spornblume (Centrahus ruber)
Tausendgüldenkraut (Centaurium umbellatum)
Goldlack (Cheiranthus cheiri)
Wiesenwucherblume (Chrysanthemum leucanthemum)
Kronwicke (Coronilla varia)
Wilde Möhre (Daucus carota)
Karthäusernelke (Dianthus carthussianorum)
Heidenelke (Dianthus deltoides)
Prachtnelke (Dianthus superbus)
Goldmohn (Escholtzia California)
Madesüß (Filipendula hexapetala)
Weißes Labkraut (Galium verum)
Storchschnabel (Geranium pratense)
Echte Nelkenwurz (Geum urbanum)
Habichtskraut (Hieracium aurantiacum)
Johanniskraut (Hypericum perforatum)
Sibirische Schwertlilie (Iris sisind)

Man pflückt die Hülsen sorgfältig ab, ohne die Pflanze herauszuziehen, da sonst nachreifende Hülsen welken, ohne dass sich die darin enthaltenen Samenkörner voll entwickeln können.

51. Gedicht: Seifenblasen auf der Wiese

Fliegen im Mai auf weißer Bahn
Flimmernde Monde vom Löwenzahn,
Liegst du versunken im Wiesenschaum,
Löschend der Monde flockenden Flaum.

Wenn du sie hauchend im Winde drehst,
Kugel auf Kugel sich weiß zerbläst,
Lampen, die staubend im Sommer stehn,
Wo die Dochte noch wolliger wehn.

Leise segelt das Löwenzahnlicht
Über dein weißes Wiesengesicht,
Segelt wie eine Wimper blass
In das zottige, wogende Gras.

Monde um Monde wehten ins Jahr,
Wehten wie Schnee auf Wange und Haar.
Zeitlose Stunde, die mich verließ,
Da sich der Löwenzahn weiß zerblies.

Pusteblumen mit flockigem Haar.
Kinder spielen mit ihnen fürwahr.
Sie tanzen und schwingen im Maienschein
Und laden uns zur Hochzeit ein.

Dieter Kremp

52. Mai-Impressionen

Kinder zaubern immer wieder gerne, gerade in der wonniglichen Maienzeit, bunt schillernde Seifenblasen. Da sitzen sie abends in der angenehm lauen Luft auf den Vortreppen und Balkonen, ein Glas mit Seifenlauge und bunte Strohhalme in der Hand.

Pustet nur, kleine „Zauberer"! Denn dann entströmen sie dem Strohhalm: lustig flimmernde, hauchzarte kleine „Luftballons".
Der leichte Frühlingswind trägt sie leise fort, schaukelt sie ein wenig hin und her und bald zerplatzen die hauchdünnen Bläschen, in denen sich die untergehende Sonne in den Regenbogenfarben spiegelte. Sie zerplatzen wie Träume in hundert kleinste Spritzer. Jähe Zerstörung der Freude, kurze Enttäuschung bei den Kleinen.

Für sie sind die Seifenblasen niedliche „Fensterchen" oder Spiegel, zierliche, farbige „Weihnachtskügelchen", aus denen ihnen ein fröhliches Kindergesicht entgegenlacht. Für Erwachsene dagegen sind die Seifenblasen Sinnbilder trügerischer Illusionen, wenn sie jählings vor unseren Augen zersprühen: kurze Traumbilder der Wirklichkeit.

Die goldgelbe Pracht des Löwenzahns hat ausgeblüht, die kleinen Sonnen sind verglüht. Jetzt glimmt ihr Licht in silbernen Laternchen, doch bald haben auch die letzten Lämpchen ausgeglüht. Über die junge Sommerwiese schweben kleine Fallschirmchen, von einem leichten Maienwind im Spiel verweht. Sie säen neue goldne Sonnen, die im nächsten Frühling aus weichem Erdreich geboren werden.

Spielende Kinder suchen die Lichtlein auf der Wiese und pusten sie mit dikken Backen freudestrahlend aus. Ich schaue den fliegenden Schirmchen nach, wogendem weißem Flaum, der langsam in der Ferne verschwindet.

53. Blühende Pflanzen weisen auf den Frühling hin

Der Frühlingseinzug hält sich selten an die jahreszeitlich vorgegebenen Daten im Kalender, zumindest nicht bei uns in Mittel- und Westeuropa. Zwar rechnen uns die Astronomen den Tag des Frühlings-, Sommer-, Herbst- und Winterbeginns auf die Sekunde genau aus, doch hält sich unser Wetter höchst selten daran.

Wie oft setzt zum Beispiel das Frühlingswetter erst im Mai ein, wie oft beginnt der richtige Sommer erst Mitte Juli oder der Winter erst im Januar. Der „Kalender der Natur" geht eben andere Wege. Präziser sind da die Naturbeobachtungen, die wir mit mehr oder weniger wachem Auge machen können. Uns allen sagen die ersten blühenden Schneeglöckchen, das Stauben des Haselstrauches oder der Blühbeginn der Forsythie mehr als die Überquerung des Äquators durch die Sonne am 21. März.

Wer Garten, Feld und Wald beobachtet, weiß: Pflanzen zeigen die natürliche Jahreszeit an. Die Wissenschaft hat daraus eine sehr ernst zu nehmende Disziplin entwickelt, bei der sich Pflanzen- und Wetterkunde überschneiden. Es ist die Phänologie, die sich Pflanzen als „natürliche Messstation" zunutze macht. Da die Vegetation äußerst fein auf die Wettereinflüsse reagiert, ist sie stets ein genaues Spiegelbild des sie umgebenden Klimas.

Bestimmte Wild- und Kulturpflanzen werden europaweit beobachtet. Diese Zeiger- oder Signalpflanzen verhalten sich alle sehr eindeutig. So läuten die Schneeglöckchen den Vorfrühling ein, die Salweidenblüte zeigt den Beginn des Erstfrühlings an, die Apfelblüte kündet den Vollfrühling an und die Blüten des Holunders und der Heckenrose den Frühsommer.

Beginn und Dauer der natürlichen Jahreszeiten schwanken aber von Jahr zu Jahr, im Frühjahr weitaus mehr als im Sommer. Jahre mit vom Frühling bis zum Herbst verfrühter Entwicklung sind oft auch gute Wein- und Obstjahre.

Der „Kalender der Natur" beginnt mit dem Vorfrühling. Dieser erste Frühlingsabschnitt ist eigentlich eine Übergangsphase vom Winter zum Frühling. Zwar setzt teilweise das Pflanzenwachstum ein, aber immer wieder ist mit Rückfällen zu rechnen. Die Temperatur steigt während des Vorfrühlings von ungefähr 2 Grad Celsius auf 5 Grad Celsius im Mittel an.

Kennzeichen für den Beginn des Vorfrühlings ist die einsetzende Blüte des Schneeglöckchens. Ihr langjähriger Mittelwert für den Blühbeginn ist in Hamburg am 21. Februar, in Geisenheim am Rhein am 25. Februar und in Freising bei München erst am 3. März.

An der Küste beginnt der Vorfrühling zuerst. Dort dauert er auch am längsten. Besonders kurz ist der Vorfrühling im süddeutschen Hochland. Die Huflattichblüte zeigt die Mitte des Vorfrühlings an. Er blüht in Geisenheim bereits am 8. März, in Würzburg am 11. März, in Bremen aber erst am 25. März; denn Mitte März hat der Süden und Südwesten Deutschlands den Norden im Blühbeginn bereits überholt. Kennzeichen für das Ende des Vorfrühlings ist die Salweidenblüte. Die männlichen Kätzchen sehen nicht mehr silbern, sondern bereits gelb aus und stäuben. In Hamburg blüht die Salweide am 4. April, in Geisenheim schon am 21. März, in München am 24. März.

Den Anfang des Erstfrühlings kennzeichnen eine ganze Reihe von Pflanzen. Im Garten ist die Blattentfaltung der Stachelbeeren ein wichtiges Kennzeichen, ferner der Blühbeginn der Forsythien und der Buschwindröschen. Der Erstfrühling nimmt im Südwesten seinen Anfang.

Typisch sind die Städte Überlingen am Bodensee und Geisenheim bei Wiesbaden, wo am 27. März die Stachelbeer-Blattentfaltung beginnt, während sie in Bremen erst am 5. April losgeht. Von Südwesten aus „wandert" der Erstfrühling in Richtung Nordosten und erreicht zuletzt Schleswig-Holstein. Der Blühbeginn von Schlehe, Stachelbeere, Löwenzahn, Süß- und Vogelkirsche und die Blattentfaltung der Rosskastanie und der Birke kennzeichnen die Mitte des Erstfrühlings. In Geisenheim blüht die Schlehe am 10. April („Je früher im April der Schlehdorn blüht, desto früher der Schnitter zur Ernte zieht"), in Bremen erst am 18. April. Die Süßkirsche beginnt in Geisenheim am 15. April zu blühen, in München am 24. April und in Bremen erst am 26. April. Mit der Blattentfaltung der Johannisbeere, der Eschen, der Sauerkirschen und der Birnen naht das Ende des Erstfrühlings.

Mit dem Beginn der Apfelblüte setzt der Vollfrühling ein. Die Knospen brechen zuerst im Südwesten Deutschlands auf. Langjährigen Mittelwerten zufolge werden sie etwa 16 Tage später im äußersten Nordosten blühen. Flusstäler schmücken sich zuerst mit den weißen Blüten, die Höhenlagen folgen später. Der mittlere Beginn ist in Geisenheim am 25. April, in Überlingen am 28. April, in Münster am 7. Mai, in Schleswig-Holstein erst am 15. Mai.

Im mittleren Beginn der Apfelblüte kommt der Einfluss der geographischen Breite, der Seehöhe und der Gegensatz von Land- und Seeklima zum Ausdruck. So benötigt die Blüte in Mitteleuropa etwa drei bis vier Tage, um einen Breitengrad (111 km) und 100 Meter im Gebirge aufwärts zu wandern. Gleichzeitig verspätet sich die Blüte um etwa einen Tag pro km in Richtung West-Ost. Der Frühling wandert also eigentlich nicht von Süd nach Nord, sondern von Südsüdwest nach Nordnordost.

In Teilen Spaniens setzt die Apfelblüte schon im März ein, erfasst die französische Riviera Anfang April und ist Anfang Mai in Hannover, aber erst Ende Mai in Stockholm. Der Einfluss des Meeres zeigt sich darin, dass die Apfelblüte in London schon Ende April auf dem gleichen Breitengrad, in Weißrussland aber erst nach dem 10. Mai einsetzt.

Tonangebend im Vollfrühling sind zwei Gartenziersträucher: der Flieder mit seinen köstlich duftenden Blüten und etwa eine Woche später der Goldregen. Der Vollfrühling geht zur Neige, wenn die ersten Gräser zu blühen beginnen. Schließlich künden die ersten Blüten des schwarzen Holunders und der Heckenrosen den Frühsommer an, in Geisenheim bereits am 21. Mai, in Überlingen am 30. Mai und in Bremen erst am 11. Juni. Die letzten gefährlichen Kälteeinbrüche fallen nach langjährigen Mittelwerten auf die Zeit um den 20. Mai (die Tage nach den Eisheiligen) und um den 5. Juni (Beginn der Schafskälte).

54. Eine Frühjahrskur mit Wildkräutern

Gähnen verboten! – Das ist leicht gesagt, aber wenn in den Monaten März bis Mai die berühmt-berüchtigte Frühjahrsmüdigkeit umgeht, denn dann haben ihre „Opfer" meist wenig zu lachen, dafür um so mehr zu gähnen.

Es ist schon recht widersprüchlich: Die Natur ist draußen aus ihrem Winterschlaf erwacht und scheint vor Lebenskraft und Aktivität förmlich zu explodieren. Nur die Menschen nicht. Sie „begrüßen" die wärmere Jahreszeit mit anhaltendem Gähnen, mit Abgeschlagenheit, Schläfrigkeit und Gereiztheit. Es sind Symptome der sogenannten Frühjahrsmüdigkeit, die keine Krankheit, sondern ein Umstellungsproblem ist.

Durch drei Mittel lässt sich die Frühjahrsmüdigkeit erfolgreich bekämpfen: durch körperliche Aktivität (Bewegung an der frischen Luft), durch eine gesteigerte Versorgung des Organismus mit Vitaminen, Mineralstoffen, Enzymen und Spurenelementen, die uns in Wildpflanzen reichlich und kostenlos zur Verfügung stehen und durch eine Entschlackung des Körpers mit Pflanzensäften und Kräutertees.

Frische, würzig-herbe und appetitanregende Wildkräuter sprießen in Wald und Feld, an Bachläufen und in Wiesen. Dort sammelt man die Frühjahrskost. Diese eignet sich zum Verzehr als Salat, Gemüse, Suppe oder Gewürz, und schließlich ist ihre Verwendung in Form von Tee und Presssaft besonders zu empfehlen.

In der Küche unserer Vorfahren stellten Wildkräuter eine wesentliche Palette leckerer und gesunder Gerichte. Viele Kräuter, die in unserer Umgebung wachsen, sind es wert, im Frühjahr in den Kochtöpfen ihre interessanten Würz- und Aromastoffe zu entfalten. Besonders Sauerampfer, Veilchen, Löwenzahn, Gänseblümchen, Beinwell, Bärlauch, Waldsauerklee („Kukkucksbrot"), Rotklee, Wiesenschaumkraut, Brennnesseln, Waldweidenröschen, Vogelmiere, Brunnenkresse und Scharbockskraut.

Keine andere Wildpflanze ist bei uns als Salatpflanze so bekannt wie der Löwenzahn. Doch nur in Frankreich und im Saarland trägt er den bezeichnenden Namen, der an die stark harntreibende Wirkung seiner Inhaltsstoffe erinnert: „Bettseicher" und „Piss en lit".

Uralt ist der Löwenzahn als Heilmittel. Er enthält die Vitamine B und C, Bitterstoffe für den Magen, Gerbstoffe für Haut und Bindegewebe und Kieselsäure für die Schleimhäute. Er regt den Stoffwechsel und die Drüsentätigkeit an, den Fluss der Galle und die Tätigkeit der Leber. Er wirkt magenstärkend und entschlackend. Er ist gut gegen Verstopfungen und hilft bei chronischem Rheuma und bei Gicht. Nach neuesten Forschungen sollen regelmäßige Löwenzahnkuren im Frühling und im Herbst die Neubildung von Gallensteinen verhindern.

Löwenzahnsalat mit Speck, gerösteten Weißbrotwürfelchen, in Scheibchen geschnittene Pellkartoffeln und gekochte Eiwürfelchen ist eine saarländische Spezialität.

Ein starker Aufguss (eine Hand voll Löwenzahnblätter mit einem Liter kochenden Wasser übergießen) ist – äußerlich angewendet – ein verjüngendes Tonikum für die Haut. Löwenzahntee bereitet man am besten als Abkochung der getrockneten Wurzel.

Am bekanntesten ist der Frühlingskräutersalat mit den Blättern von Sauerampfer, Löwenzahn, Gänseblümchen, Scharbockskraut und den Blüten der Vogelmiere. Dazu schneidet man etwas Kopfsalat oder Spinat. Die Soße mischt man aus Zwiebeln, Essig, Öl, saurer Sahne, Salz und Pfeffer.

Hier eine Auswahl von weiteren Wildkräuterrezepten im Frühjahr:

Gänseblümchen-Löwenzahn-Salat:
Dazu braucht man: 50 g Gänseblümchen und 50 g Löwenzahn je 5 g Öl, Butter, Speck, und etwas Zitronensaft. Gänseblümchenblätter und Löwenzahnblätter mit einer Salatsauce aus Öl, Zitronensaft, wenig Salz und Pfeffer vermischen. Kleingeschnittenen mageren Speck mit wenig Öl oder Butter gebraten und kurz vor dem Servieren heiß über den Salat geben.

Sauerampfersuppe:
Dazu braucht man: 100 g Sauerampfer, 1 Zwiebel, 10 g Butter, ¼ Liter Brühe, Petersilie, Kerbel, Dill. Kleingeschnittenen Sauerampfer und gebratene Zwiebeln in eine fertige Fleischbrühe geben. Zehn Minuten kochen. Petersilie und Dill in die Suppe geben. Sauerampfer mit Ei: Dazu braucht man 1 Kilogramm Sauerampfer, 2 Esslöffel Butter, 2 Esslöffel saure Sahne, 2 Eigelb, Salz nach Geschmack. Den ausgelesenen und gewaschenen Sauerampfer 30 Minuten in einem Topf mit Butter dünsten und salzen. Vom Feuer nehmen. Butter hinzufügen und 10 Minuten warm halten. Saure Sahne mit Eigelb verrühren, mit dem Sauerampfer vermischen, erhitzen, aber nicht zum Kochen bringen. Mit gekochten Eierviertln servieren.

Löwenzahnhonig:
4 Kaffeetassen frische Löwenzahnblüten mit einem Liter Wasser kurz aufkochen und anschließend absieben. Die Flüssigkeit mit 1½ kg Zucker vermengen und mit einer zerschnittenen Orange und Zitrone auf Honigdicke einkochen.

Salat aus Wiesenschaumkraut:
Dazu braucht man: 100 g junge Wiesenschaumkrautblätter, 100 g Kartoffeln, 20 g Zwiebeln, 20 g saure Sahne oder Mayonnaise, Salz, Essig und Pfeffer nach Geschmack. Die jungen Wiesenschaumkrautblätter waschen, zerschneiden und auf Kartoffelscheiben legen, mit kleingehackten Zwiebeln bestreuen. Gewürze hinzufügen, untereinander mischen und mit saurer Sahne binden.

Beinwellsalat:
Dazu braucht man: 200 g Beinwellblätter, eine Zwiebel, Öl, Salz, Pfeffer, Piment, Kümmel, Dill, Estragon, Thymian, Maggikraut, Zitronenmelisse und Petersilie. Die Beinwellblatter sehr fein hacken, die Zwiebel würfeln, die anderen Küchenkräuter ebenfalls fein hacken und alles zusammen mit Öl und Gewürzen mischen.

Bärlauch-Champignon-Salat:
Dazu braucht man 50 g Bärlauch, 500 g Champignons, 4 Esslöffel Öl, ½ Teelöffel Zucker, 3 Esslöffel Kräuteressig, 1 Teelöffel Senf, Pfeffer, Salz und 2 hartgekochte Eier. Bärlauch waschen und in Streifen schneiden. Champignons waschen, Stiele frisch anschneiden und scheibeln, Bärlauch und Champignons mischen. Für die Sauce Öl, Zucker, Kräuteressig, Senf, Pfeffer und Salz gut verrühren. Sauce mit dem Salat mischen. Hartgekochte Eier verhakken und über den Salat streuen.

Brennnesselsalat:
Man nehme: 200 g Brennnesseln, 30 g Zwiebellauch, 20 g Petersilie, 25 g Walnusskerne. Die gewaschenen Brennnesselblätter 5 Minuten in kochendes Wasser tauchen, auf ein Sieb legen, mit dem Messer zerschneiden und in eine Salatschüssel legen. Die zerstoßenen Walnusskerne mit ¼ Glas Brennnesselsud und Essig verrühren und mit diesem Gemisch die Brennnesseln in der Salatschüssel anrichten. Mit feingeschnittenen Kräutern bestreuen.

Guten Appetit! Und vor allem – Gesundheit!

55. Blumengeschichte: Löwenzahn

Lolita hat zuviel Butter gegessen

Es war Mitte März. Großmutter Lotte war mit ihrer Enkelin Lolita auf der Wiese hinter ihrem Haus auf der Suche nach Löwenzahn. In einem Körbchen sammelten sie den gesunden Wildsalat. Das tat Lotte jedes Jahr beizeiten im Frühjahr.

„Mit Löwenzahnsalat mache ich im Frühling immer eine Frühjahrskur. Die hat mir sogar mein Hausarzt verordnet", sagte Lotte zu ihrer sechsjährigen Enkelin.

Lotte stach mit dem spitzen Messer in den feuchten Wiesengrund und schnitt eine „Kuhblume" aus dem Boden heraus.

„Warum heißt der Löwenzahn auch Kuhblume?", wollte die neugierige Lolita wissen.

„Wenn Kühe auf der Weide sind, fressen sie mit Vorliebe Löwenzahn", erklärte Lotte den volkstümlichen Namen des Löwenzahns.

In dem Augenblick kam ihr Nachbar Lorenz mit einem großen Korb vorbei:

„Guten Tag Lotte! Du stichst den Löwenzahn sicher für deine Familie zum Mittagessen. Und ich suche ihn für meine Kaninchen, deren Lieblingsspeise Löwenzahn ist."

Dicht nebeneinander auf der Wiese standen die beiden Löwenzahnpflänzchen Loni und Loretta. Sie hörten das Gespräch von Lotte und Lorenz. Sie duckten sich etwas, um nicht so leicht bemerkt zu werden; und sie hatten Glück, dass sie von den beiden übersehen wurden.

Da rief Enkelin Lolita: „Oma, guck mal bitte her, was ich entdeckt habe!" Sie brach ein Löwenzahnblatt ganz unten an der Wurzel ab und ein weißer klebriger Milchsaft trat hervor.

„Siehst du, liebe Lolita, mit diesem Milchsaft haben unsere Vorfahren ihre Warzen an den Händen eingerieben. Und wenn sie Glück hatten, verschwanden ihre Warzen."

Und Hasenzüchter Lorenz ergänzte:

„Deswegen hieß der Löwenzahn früher auch Milchdistel."

„Lotte, pass bitte auf, dass deine Enkelin nicht zu viel Löwenzahnsalat auf einmal isst, sonst sonst macht sie dir noch ins Bett!"

„Aber Lorenz, schämst du dich denn nicht?"
„Warum denn, Lotte, du weißt doch, dass der Löwenzahn auch „Bettseicher" oder „Pissblume" heißt.

„Was die nicht alles von uns wissen", wunderten sich die beiden Löwenzahnkinder Loni und Loretta.
„Ach, Loni, wäre doch schon unser Wonnemonat Mai da! Dann sind wir die schönsten Blumen weit und breit", seufzte Loretta. Und sie sollten Recht haben ...

Der Mai war gekommen und schmückte die Wiese mit einem honiggelben Blütenteppich, auf dem Hunderte von Bienenmännchen den süßen Nektar tranken. „O, wie herrlich ist die Natur! Loretta, wir tragen goldene Blütenkörbchen", schwärmte Loni.
„Kein Wunder, der Mai ist doch der Hochzeitsmonat", erwiderte Loretta.

Da kam wieder Großmutter Lotte mit Enkelin Lolita auf die blühende Löwenzahnwiese. Lotte pflückte ein gelbes Blütenköpfchen ab und hielt es ihrer Enkelin dicht unter das Kinn: „O, Lolita, du hast aber heute morgen viel Butter gegessen, dein Hälschen schimmert ganz gelb."

Und somit erklärte Großmutter ihrer Enkelin auch den volkstümlichen Namen „Butterblume". Und schließlich pflückte Lotte viele Blütenstängel ab und flocht daraus ein wunderschönes Blumenkränzchen, das sie Lolita um ihre Stirn band: „So, Lolita, jetzt bist du die Maikönigin."

Darüber freuten sich natürlich auch die beiden Wiesenköniginnen Loni und Loretta. Doch ein noch größeres Wunder stand ihnen bevor: „Bald sind unsere goldenen Sonnen verglüht, aber dann werden sich die Mädchen und Jungen so richtig auf unserer Wiese tummeln. Weißt du, warum Loretta?"
„Aber ja, darauf freue ich mich schon. Bald spielen die Kinder Seifenblasen mit uns", antwortete Loretta.

Und so war es. Der Rosenmond Juni war gekommen und spielende Kinder suchten die silbernen Laternchen. Über die junge Sommerwiese schwebten kleine Fallschirmchen, von einem leichten Wind im Spiel verweht. Auch Lolita fand die Lichtlein auf der Wiese und pustete sie mit dicken Backen freudestrahlend aus. Sie schaute den fliegenden Schirmchen nach, dem wogenden weißen Flaum, der langsam in der Ferne entschwand. Und Loni und Loretta waren auch unter den Tausenden von schneeweißen Fallschirmchen.

56. Eine Schwalbe macht noch keinen Sommer

„Der verschwenderische Jüngling und die Schwalbe" heißt eine griechische Fabel. In ihr wird erzählt, ein Jüngling habe alles, was er besaß, bis auf einen Mantel vertan. Und auch den habe er versetzt, als er die erste Schwalbe ankommen sah. Nun sei es Sommer, meinte er, und er bedürfe auch des Mantels nicht mehr. Danach aber, so heißt es weiter, sei ein heftiger Frost gekommen, die Schwalbe sei erfroren, und der frierende Verschwender sei so zornig geworden, dass er der Toten noch viele böse Worte nachgerufen habe. Er nannte sie, die ja selbst Opfer einer Täuschung geworden, eine Täuscherin und Lügnerin.

Aristoteles, der diese Fabel überliefert hat, zieht daraus die Lehre: „Eins Schwalbe macht noch keinen Frühling." Äsop, bei dem sich diese Fabel findet, sagt dazu: „Eine Schwalbe macht noch keinen Sommer".

Und unsere gelehrten Wetterpropheten, wahrscheinlich schon die in den Klöstern, die die alten griechischen Sagen kannten, haben nicht nur ein Sprichwort daraus gemacht – dass ein kleiner Teil noch kein Ganzes mache – sie haben, verschwenderisch wie sie waren, dieses Sprichwort auf fast alle Vögel ausgedehnt, sogar auf die, die vor dem Winter gar nicht wegziehen, also auch zum Frühling oder Sommer gar nicht erst zu kommen brauchen.

„Ein Sperling auf dem Dach macht den Lenz nicht." Da der Sperling aber kein Zugvogel ist, da er den ganzen Winter auf Dach und Geäste sitzt – was soll er uns dann noch das Frühjahr ankünden? Auch dieser Spruch, man sieht es deutlich, ist ein Abkömmling, der vielleicht schon darauf hinweist, dass die alte, ursprüngliche Wetterregel, der Ursprung der Fabel, weder bekannt war noch dass man eine Beziehung dazu herstellen konnte.

Die Schwalbe wird übrigens noch ein andermal als Wetterprophet herangezogen und kann doch gar nichts dafür: hier folgt sie ja nur triebhaft anderen Wetterkunden, den Insekten. Und da Schwalben, genauso wie Fische und Frösche von Insekten leben, stehen diese Tiere jedes Mal für ihre Nahrungsspender in unseren Bauernkalendern.

Wenn sich schlechtes Wetter ankündet, wenn es heiß und trocken oder schwül und drückend ist, dann fliegen die Fliegen, die Libellen und was sonst noch in der Luft schwirrt, wie Mücken und Bremsen, niedrig über dem Boden, vor allem über dem Wasser. Und die nach Nahrung jagenden Vögel, die Schwalben vor allem, fliegen in sausendem Flug hinterher. Die Fische, die sonst auf solche Kost verzichten müssen, springen und holen sich knapp über dem Wasserspiegel die Leckerbissen, da die Insekten, um den Durst zu löschen, sich dem Wasser nähern, wo sie sonst doch Tau genug auf den Wiesen schlürfen können. Die Wetterfrösche müssen, wenn die Fliegen sich zum Wasser hin bewegen, das Leiterchen im Wetterglas hinuntersteigen, und sie klimmen hinauf, wenn die Fliegen bei schönem Wetter an der deckenden Gaze einen Ausweg suchen.

Allerlei Bauernregeln ranken sich um die Vögel:

„Wenn die Drossel schreit, ist der Lenz nicht weit."
„Wenn die Grasmücken fleißig singen, werden sie zeitigen Lenz uns bringen."
„Kiebitz tief und Schwalbe hoch, bleibt trocken Wetter noch."
„Ein Kuckuck, der um Mittag schreit; ein Storch, der viel klappert und die wilden Gänse, die sich sehen lassen, verkünden einen warmen Frühling."
„Lerchen und Rosen bringen des Frühlings Kosen."
„Fliegen die Schwalben in den Höhn, kommt ein Wetter, das ist schön."
„Siehst du die Schwalben niedrig fliegen, wirst du Regenwetter kriegen."
„Wenn die Schwalben das Wasser im Flug berühren, so ist in Kürze Regen zu spüren."
„Wenn die Schwalben fischen, kommt ein Gewitter."

Auch die Lerche steigt nur hoch in die Luft, wenn sie dort Nahrung findet. Dass manche Vögel – wie Storch, Amsel und Schwalbe – auch als Beschützer von Haus und Hof gelten, dass sie vor Blitz-, Feuer- und Sturmschaden uns behüten, ist in Märchen und Sagen verankert.

Und was für Geheimnisse umgeben doch den Kuckuck, den wir immer nur hören, aber nicht sehen? Am eindrucksvollsten waren zu allen Zeiten die Züge der wilden Vögel, der Kraniche, der Wildgänse und Wildenten. Ihr geordneter Konvoi, das Rauschen und Brausen ihres Flugs im großen Pulk, der am Nachthimmel auftauchte und verschwand – das alles macht sie noch heute für den Menschen zum außergewöhnlichen Ereignis:
„Wildgänse rauschen durch die Nacht mit schrillem Schrei nach Norden ..." dichtete Walter Flex, der den Boten am Himmel die Warnung mitgab, „die Welt ist voller Morden ..."

57. Tiermärchen: Schwalbe

Schwalben bringen Glück ins Haus

Sie hatten schon einen weiten Weg hinter sich, denn ihr Winterquartier Afrika war weit weg. Jetzt flog der große Schwalbenschwarm über Norditalien. Doch der beschwerlichste Teil der Strecke stand noch bevor: Die Überquerung der Alpen.

„Gemeinsam werden wir es schaffen", zwitscherte Walpurga, die älteste der Schwalben, die von allen die größte Flugerfahrung hatte.
„O weh, Achtung! Aufgepasst!", schrie Waldemar, Walpurgas Nachbar im Schwarm. „Da unten haben böse Menschen wieder ihre Netze aufgebaut, um uns zu fangen. Die dort von uns landen, kommen in die Kochtöpfe der Feinschmeckerlokale. Dort sind wir Schwalben heiß begehrt."
„Kommt!", rief Walpurga, „machen wir einen großen Bogen um die Fangnetze! Dann schaffen wir es."

Einige jüngere Schwälbchen hörten nicht auf den Rat der Alten. Sie verirrten sich in den aufgehängten Netzen, wurden gefangen und verschwanden auf Nimmerwiedersehen in einem großen Korb. ,
„Ach, die armen Schwälbchen!" weinte Walpurga bitterlich.

Walpurga übernahm nun das Kommando: „Es ist höchste Zeit, wir müssen heim. Die Leute warten schon lange auf uns. Wir haben in diesem Frühjahr zwei Wochen Verspätung."

„Die Schwalben kommen, die Schwalben kommen! Mutter, unsere sind auch wieder da", riefen Waltraud und Walter überglücklich, als sie Walpurga und Waldemar wieder sahen. Die Mutter war auch froh darüber, glaubte sie doch fest daran, dass ihre Schwalben Glück ins Haus bringen:
„Jetzt kann uns nichts mehr geschehen, und Vater wird bestimmt bald wieder gesund."

Noch müde von der langen Reise ließen sich Waldemar und Walpurga unter dem Dachsims nieder, wo ihr vorjähriges Nest war:
„Waldemar, da gibt es viel zu flicken. Ganze Neststücke sind im Winter abgebrochen. Die müssen wir erneuern. Wir müssen unser Nest wieder bewohnbar machen, dass sich unser Nachwuchs darin auch wohl fühlt."

„Aber Walpurga, woher sollen wir denn den Lehm zum Ausbessern des Nestes nehmen? Es ist ja viel zu trocken. Wir finden hier kein Baumaterial. Zuerst muss es mal tüchtig regnen", meinte Waldemar, der ein wahrer Baukünstler war.

„Das dauert mir zulange, mir juckt es schon im Schnabel. Wir fliegen mal hinunter ins Wiesental, dort finden wir auch bei trockenem Wetter noch ein paar Lehmklümpchen", erwiderte Walpurga.

Damit hatte die Schwälbin Recht, und mit nassen Lehmkügelchen im Schnabel kehrten beide ans Nest zurück. Da wurde dann geschickt mit dem Schnabel geflickt, gestrichen, geknetet und gemauert, bis das halbkugelige Nest wieder bewohnbar war. Nach oben zum Dach hin ließen sie eine runde Öffnung frei:

„Das ist unser Fenster. Da haben wir Platz zum Brüten, und unsere neugierigen Jungen können von hier aus die Welt betrachten."

„Wir brauchen ja genügend Platz zum Füttern", meinte Waldemar, „die sind doch den ganzen Tag hungrig."

Nach einigen Wochen war der Nachwuchs im Schwalbennest eingezogen: Fünf junge Nestlinge zwitscherten um die Wette. Walpurga und Waldemar hatten den ganzen Tag über Arbeit: Hunderte von Fliegen mussten im schwirrenden Flug mit dem Maul erhascht werden. Die Schwälbchen hatten einen Heidenhunger.
Die Zeit verging, und die jungen Schwälbchen wurden flügge. Sie wagten zaghaft ihre ersten Flugversuche – es klappte.

Der Spätsommer nahte. Walter und Waltraud waren traurig:

„Morgen ist Maria Geburt, da fliegen die Schwalben fort", hatte ihre Großmutter immer gesagt. Und die sollte auch in diesem Jahr recht behalten: An einem schönen Septembermorgen versammelten sich viele hundert Dorfschwalben über dem Weiher im Wiesental, flogen unruhig hin und her und machten sich dann alle zusammen auf die große Reise in den fernen Süden.

„Auf Wiedersehen Walpurga, auf Wiedersehen Waldemar! Kommt im nächsten Frühjahr bitte wieder zu uns zurück!" riefen Walter und Waltraud den wegziehenden Schwalben nach.

58. Wenn Unken unken

Wer im Mai durch den feuchten Auenwald spaziert, hört merkwürdige Rufe. Aus der wassergefüllten Wagenspur lässt die Gelbbauchunke ihre seltsamen Töne erschallen. Ihr brauner Körper verschafft ihr am schlammigen Tümpelboden eine gute Tarnung. Fast unbeweglich hängt die Unke an der Wasseroberfläche, die Füße weit von sich gestreckt. Die gewölbten Augen liegen über dem Wasser, während der Rest des Körpers untergetaucht ist. Wenn man sich der Unke nähert, verschwindet sie wie vom Erdboden verschluckt im Gewässerschlamm. Auf der Unterseite der Unke sehen wir ein gelbes Farbmuster, woher der Name Gelbbauchunke kommt. Auf Landausflügen ist es ein wirksamer Schutz gegen Feinde. Im Falle einer Bedrohung zeigt sich ein eigenartiger Reflex. Die Unke neigt den Kopf nach hinten, kreuzt Arme und Beine über ihrem gekrümmten Rücken, und so tritt die gelbe Farbe wie ein Warnsignal in Erscheinung. Es kündigt Feinden an: „Achtung, Gefahr!", wobei ein ätzendes Hautsekret als zusätzliche Waffe dient.
Diesen Selbstverteidigungsmechanismus benötigt die Unke oft, denn sie ist sehr wanderfreudig. Dies gilt vor allem für die jungen Unken.

Die Unken wandern bis zu 700 Metern weit, wobei der Nachwuchs am reisefreudigsten ist. Offensichtlich können Amphibien Wasser regelrecht riechen. Die Gelbbauchunke besiedelt dabei gerne hinreichend besonnte Kleingewässer wie kleine Tümpel in Wäldern und Lehmpfützen in Steinbrüchen. So erweist sich die Gelbbauchunke als Kulturfolger, dem die künstlichen Kleinstgewässer in regenarmen Sommern jedoch zum Verhängnis werden, da sie oft austrocknen. Es kann deshalb passieren, dass nicht jedes Jahr Junge nachwachsen. Sobald die Gewässer bei der Verlandung von Pflanzen eingenommen oder beschattet werden, da sie meist austrocknen. Die Unke ist ein typischer Erstbesiedler neuer Gewässer. In solchen Feuchtgebieten gibt es weniger Konkurrenz durch andere Amphibienarten.

Leicht haben es die Unken heutzutage nicht mehr. Die sprichwörtlichen Unkenrufe lassen sich auch als Ankündigung der akuten Bedrohung der Tiere selbst verstehen. Die Gelbbauchunke zählt heute zu den stark gefährdeten Amphibienarten. Untersuchungen in Mittelgebirgen ergaben, dass jede zweite Unke in einem ausgefahrenen Waldweg geboren wurde. So ist uns klar, dass der Artenbestand unter der Asphaltierung naturbelassener Wege sehr leidet, da ihm dadurch die Existenzgrundlage entzogen wird.

59. Wenn der Hahn kräht

Der Hahn als Wetterprophet verkündet, woher der Wind weht. So kennen wir den höhnenden Spruch: „Wenn der Hahn kräht auf dem Mist, ändert sich das Wetter, oder es bleibt wie es ist." Dieser Bauernspruch hat aber einen Vorläufer, der sinnvoller ist: „Kräht ein Hahn auf dem Mist, bleibt das Wetter wie es ist; kräht der Hahn auf dem Hühnerhaus, hält das Wetter die Woche aus."

Wenn wir andere Sprüche damit vergleichen, die auf wechselndes oder auf regnerisches Wetter deuten, dann mag die Voraussage so gedeutet werden, dass der Hahn nur bei schönem Wetter einen „Aussichtspunkt" sucht, von wo aus er krähen kann, aber „unten steht", wenn es regnet oder wenn Regen bevorsteht.

Dass andererseits der Hahn zum Krähen seine eigene Stunde hat, die er strikt einhält, das wissen heute nur noch wenige, und dass es Regen ankündigt, wenn er zu ungewöhnlicher Zeit kräht, das mag ihn eher zum Schlechtwetter- als zum Gutwetterpropheten gemacht haben.

Dabei ist der Hahn einer der beliebtesten Begleiter der Frühaufsteher und die Wanderer singen: „Frühmorgens , wenn die Hähne krähn, zieh'n wir zum Tor hinaus ..."

Auch andere Haustiere gelten als zuverlässige Wetterpropheten, sei es, dass sie heftige Körperausdünstungen haben, wenn das Wetter anders wird, sei es, dass ihr Verhalten auf ein bestimmtes Wetter deutet. Dass manche Haustiere vor Gewittern aus Durst oder Salzmangel an ihren Fressgeschirren scharren und lecken, ist bekannt. Dass auch der Geißbock im Stall stinkt, wenn Schlechtwetter im Anzug ist, ist bewiesen.

Wettersprüche über den Hahn gibt es viele, doch ein untrüglicher Wetterprophet ist er nicht:

„Kräht der Hahn abends oder nachts, so gibt es bald Regen."
„Wenn der Hahn die Stunde nicht hält, ändert sich das Wetter bald."
„Wenn der Hahn kräht auf dem Mist, das Wetter im Wechsel ist."
„Wenn der Hahn um Mittag kräht, gibt es Regen."
„Wenn der Hahn vor Mittemacht schreit, ist Landregen nicht weit."

„Hocken die Hühner in den Ecken, kommen bald Frost und Winters Schrecken."

„Wenn das Huhn sich mausert vor dem Hahn, werden wir einen harten Winter han."

„Wenn die Hennen Gras fressen, kommt Regen."

„Wenn die Hennen viel im Staub wühlen, so sie des Sturmes Nahen fühlen."

„Wenn die Hühner den Schwanz hängen lassen, so kommt Regen."

„Wenn die Hühner hoch fliegen, so behält man schönes Wetter."

„Wenn sich die Hühner im Sande baden, so regnet's gern ohn' allen Schaden."

60. Tiergeschichte: Hahn und Henne

Die Glucke Gudrun und ihr Gockelhahn

„Kikeriki, kikeriki, kikeriki" krähte der Hahn Hannes lautschallend durch das Dorf. Es war der erste Hahnenschrei an diesem Sommermorgen, gerade als die Sonne am fernen Firmament langsam emporstieg. Es dämmerte.

Der girrende Ruf des Hahnes weckte den Knecht aus seinem Schlaf:
  „Zeit zum Aufstehen! Ach, der Bauer darf noch eine Stunde schlummern. Aber so ist das nun einmal auf dem Bauernhof."

Der Knecht zwängte sich noch schlaftrunken in seine Arbeitskleidung, ging in den Stall und fütterte die Kühe, die ihn mit lautem Muhen begrüßten.

Mit dem ersten „Kikeriki" hatte der Gockelhahn Hannes aber auch sein Hühnervolk aufgeschreckt. Die Hennen Henni und Henrike rieben sich die Augen, plusterten ihr Federkleid, schüttelten sich und reckten sich. Sie vertraten sich die Beine, spreizten die Zehen und beschwerten sich wie jeden Morgen bei ihrem Herrn, dem Hahn Hannes:
  „Warum nur musst du immer so früh krähen? Alles Volk will schlafen. Wenn du so früh wach bist, dann sei bitte ruhig und warte mit deinem blöden Krähen, bis wir Hennen alle ausgeschlafen haben!"

Da meldete sich die Glucke Gudrun, die doch wahrlich den Schlaf dringend brauchte, musste sie doch den ganzen Tag über ihr anstrengendes Brutgeschäft verrichten:
  „Auf mich nimmst du überhaupt keine Rücksicht. Dabei bist du doch der Vater meiner Gluckeneier. Rabenvater! Schäm dich, Gockelhahn!"
  „Kikikikiki", machte der Hahn Hannes, „nun seid mal nicht alle gleich beleidigt. Ich muss in der Nacht krähen, das hat mir der liebe Gott so angeboren. Aber im Stall könnt ihr ja noch eine Weile bleiben. Macht's euch noch eine Stunde gemütlich! Wenn ich dann zum zweiten Mal krähe, geht ihr über die Hühnerleiter hinaus in den Pferch!"
  Die Hennen gackerten, wackelten mit den Schwanzfedern und waren damit einverstanden.

In den Nestern machte es „Glucks, glucks" und die Eier fielen auf das weiche Stroh. So gackerte jede Henne nacheinander ihre Eier ab.

„Darüber wird sich die Bäuerin wieder freuen", meinte Henni.
„Immerhin sind es lauter Eier von frei laufenden glücklichen Hühnern", gluckerte Henrike, „wo gibt es die denn heute noch? Darauf ist unsere Bäuerin sehr stolz."

Die Sonne war ein Stückchen höher geklettert, im Stall wurde es langsam hell. Nun schrie der Gockelhahn aus Leibeskräften wieder „kikeriki"; diesmal gleich fünfmal hintereinander. Nun fuhren der Bauer und die Bäuerin aus dem Schlaf. Einen Wecker brauchten sie nicht, denn der Hahn Hannes war immer pünktlich auf die Minute.
Auch ein Huhn nach dem anderen plumpste nun die Hühnerleiter hinunter in den Hühnerpferch, wo sich in der Nacht wieder genügend Nahrung angesammelt hatte.
„Jetzt gehen wir auf Delikatessenfang", animierte Henni ihre Hühnerschar.
War das ein Scharren und Kratzen mit den Zehen! Da wurde ein langer Regenwurm ausgegraben, der sich durch ein Kothäufchen verraten hatte. Dort waren es gleich drei braune Gartenschnecken, Drahtwürmer, Engerlinge, ein Ameisennest voller schmackhafter Eier und fette Raupen an den Unkräutern, über die sich Hahn Hannes hermachte. Zuletzt kam die Bäuerin und warf noch ein paar Hände voll Getreidekörner in den Pferch. „Gluck, gluck, gluck", jetzt waren sie alle satt.

Jetzt erst verließ die Glucke Gudrun ihr Nest: „Habt ihr für mich was übrig gelassen? Ihr wisst ja, dass ich einen größeren Hunger habe als ihr." Stolz gluckerte sie auf ihren Stammplatz, wo der Hahn dafür gesorgt hatte, dass noch genügend Futter übrig blieb:
„Danke, Meister Gockelhahn, bald werde ich dir auch meinen Nachwuchs vorstellen!"

Da lief der Hahn so schnell die Beine ihn tragen konnten auf den großen Misthaufen und krähte das Hühnervolk zusammen: „Habt ihr gehört, bald werde ich Vater!" Stolz wie ein Kaiser schritt Hannes durch die schwirrende Hühnerschar.

Glucke Gudrun merkte, dass es in ihrem Bauch rumorte:
„Es ist soweit! Schnell ins Gluckennest!"
Da drückte sie aus Leibeskräften und „Plumps", ein Ei nach dem anderen fiel in das gepolsterte Nest.

Einundzwanzig Tage lang ließ sie ihre Eier nicht aus dem Auge, wachte eifersüchtig und wärmte sie mit ihrem weichen Daunengefieder. In einem Ei knisterte es, ein Schnäbelchen kam zum Vorschein. Das Knistern nahm kein Ende: Die sieben Eier brachen langsam auseinander und entließen nach und nach ein kleines wolliges Küken: Hübsch anzusehen in ihrem gelbroten Daunenkleid!

Die Glucke scharte alle sieben um sich und versteckte sie unter ihrem warmen Federbauch: „Da seid ihr geborgen wie in Mutters Schoß!"

Jetzt gluckte Gudrun laut; gurrte und girrte das Hühnervolk zusammen. Sie hob ihren Bauch und zeigte voll Stolz ihre Kükenschar. Und als Vater Hannes seinen Wollknäuel erblickte, piepsten die Kleinen den Gockelhahn an – ganz so, als wüssten sie, wer er war.

61. Der heilige Florian, Schutzpatron der Floriansjünger

4. Mai: Florian

Die Löschbezirke der Freiwilligen Feuerwehren feiern voll Freude am 4. Mai ihr Floriansfest, ist doch der heilige Florian der Schutzpatron gegen Wasser- und Feuersgefahr. Daher nennt man die Feuerwehrleute auch liebevoll „Floriansjünger". Am Florianstag überprüfen der Hausvater und die Gemeinde Feuerlöscher, Blitzableiter und Wasserspritze. Kein Brand wird gelöscht ohne den Beistand des heiligen Florian.

Das Patronat Florians als Schutzheiliger gegen Feuergefahr ist jedoch noch nicht übermäßig alt. Bis ins 15. Jahrhundert hinein galten Laurentius und Agatha als Patrone gegen das Feuer. Wahrscheinlich wurde Florian dann zum Patron, weil er im Wasser getötet wurde und mit Wasser das Feuer gelöscht wird.

In der heutigen Zeit jedenfalls ist der „Wasserkübelmann" Florian der Hauptpatron gegen die Feuersgefahr: „Heiliger Sankt Florian, du Wasserkübelmann, verschon' mein Haus, zünd' andere an." Dass Florian auch in übertragener Weise bei Feuergefahren in der Welt angerufen wird, zeigt folgender Spruch an einem Wohnhaus in Österreich: „Es brennt, oh heiliger Florian, heut' aller Orts und Enden. Du aber bist der rechte Mann, solch Unglück abzuwenden."

Die Kaminkehrer und Schmiede bitten Florian ebenso um Hilfe wie die Bauern bei Dürre und Unfruchtbarkeit ihrer Äcker. Er ist der Patron von Oberösterreich, gegen Feuergefahr und Wassergefahr, gegen Blitz, Donner und Hagel, bei Dürre und Unfruchtbarkeit der Gärten und Felder, gegen Sturm.

Somit ist er der Patron der Feuerwehren, Kaminkehrer, Bierbrauer, Böttcher, Hafner, Schmiede, Seifensieder und bei Brandwunden. Über alle Jahrhunderte hinweg haben sich Künstler mit der Darstellung Florians befasst. Zu sehen ist er meist als römischer Soldat, oft mit Lanze und Banner in der Hand, wie er ein brennendes Haus (Burg) löscht. Oft ist er auch mit einem Mühlstein abgebildet. Diese Darstellung weist auf sein Martyrium hin. Auch der Adler, der nach der Legende Florians Leichnam bewacht haben soll, hat Eingang in die darstellende Kunst gefunden.

62. Bauernregeln am Florianstag

„Ist es an Sankt Florian trocken, folgen Mitte Mai noch Schneeflocken."

„Der Florian, der Florian, noch einen Schneemann setzen kann."

„Florian schützt das Haus vor Feuer, Blitz und Ungeheuer."

„Sankt Florian bringt Sonnenschein, wirft das Wasser in den Kübel rein."

„Wie's Wetter an Sankt Florians Tag, bis Himmelfahrt es bleiben mag."

„Wenn es an St. Florian donnert, kommt viel Wind und Sturm im Sommer."

„Wenn es an St. Florian regnet, verlierst du die Hälfte der Milch."

„Am Florianstag viel Regen – wenig Frucht."

„Wenn es an Flori regnet, fallen die Birnen herunter, und wenn sie eiserne Stiele hätten."

„Fällt am Florianstag viel Regen, folgt sicherer Erntesegen."

„Grün schmückt sich Flur und Au, fällt vom Himmel Florianstau."

„Donner an St. Florian fährt großen Wind heran."

„St. Florian mit warmem Regen bedeutet Früchtesegen."

„Wer am Florianstag setzt Bohnen, dem wird's lohnen."

„An St. Florian geschoren, ist neu geboren."

„Am Abend rote Sonne ist des Schäfers Wonne; Rotsonne am Morgen bringt dem Schäfer Sorgen."

„Wenn an Flori die Laubfrösche knarren, magst du wohl auf Regen harren."

63. Namenstage am 4. Mai

Florian, Guido, Jean-Martin, Valeria, Briktius, Cäcilia, Judas, Ladislaus und Willerich – Herkunft und Bedeutung der Namen

Florian: Aus dem Lateinischen übernommener Vorname, eigentlich „der Blühende, der Prächtige". Durch die Verehrung des heiligen Florian ist der Name seit dem Mittelalter verbreitet. Auch heute noch zählt er zu den beliebtesten Namen. Andere Formen: Florin, Flori, Floris.

Guido: Italienische Form zu Withold, Witold. Der Name stammt aus dem Althochdeutschen „witu" (Wald, Gehölz) und „waltan" (walten, herrschen).

Jean: Französische Form von Johannes.

Martin: der Name kommt aus dem Lateinischen (Sohn des Kriegsgottes Mars). Andere Formen: Marti, Marten, Mertel, Mirtel, Merten, Mertin, Marti, Mart (friesisch), Martino (italienisch).

Valeria: Weibliche Form zu Valerius. Aus dem Lateinischen übernommener Vorname, eigentlich „einer aus dem Geschlecht der Valerier". Andere weibliche Formen: Valerie und Valeriane.

Cäcilia: Aus dem Lateinischen übernommener Vorname, eigentlich „Frau aus dem Geschlecht der Caecilier". Durch die Verehrung der Heiligen Cäcilie, Patronin der Musiker, Sänger und Dichter, war der Name im Mittelalter weit verbreitet. Weitere Formen: Cäcilie, Cecilie, Zazilia, Zecilie, Zilla, Silja, Cilly, Zilly, Sheyla und Sissy (englisch).

Ladislaus: Slawische Form zu der latinisierten Form Wladislaus; slawisch „vladi" (Herrschaft, Macht) und „slava" (Ruhm). Weitere Formen: Lado, Ladi, Laszlo (ungarisch).

Willerich: althochdeutsch: "willo" (Wille) und "rihhi" (reich, mächtig).

Briktius: Ursprünglich weibliche Form von Brigitte: aus dem Keltischen und bedeutet eigentlich "die Erhabene". Der Vorname Briktius wird heute nicht mehr gewählt.

Judas: Aus der Bibel entnommen, Judas Ischariot = der Verräter Jesu.

64. Der Märtyrer Florian

Der Märtyrer von Lorch in Oberösterreich ist der Heilige der Bayern und der Österreicher, der Böhmen und der Ungarn. Ihm geweihte und seinen Namen tragende Kirchen gibt es unzählige.

Die vielen Legenden über das Leben von Florian haben folgenden wahren Kern:

Florian kam in der zweiten Hälfte des 3. Jahrhunderts in Zeiselmauer bei Wien zur Welt. Er wurde getauft und christlich erzogen. Nach einigen Jahren Offizierstätigkeit im römischen Heer wurde er Leiter der Kanzlei des kaiserlichen Statthalters im römischen Lauriacum, dem heutigen Lorsch in Oberösterreich.
Als unter Kaiser Diokletian zu Beginn des 4. Jahrhunderts grausame Christenverfolgungen ausbrachen, wurden auch in Lauriacum 40 Gläubige verhaftet und in den Kerker geworfen. Florian wollte den Unglücklichen helfen und plante ihre heimliche Befreiung. Bei dem Versuch, in den Kerker zu gelangen, wurde er jedoch ebenfalls festgenommen und dem Statthalter Aquilinus, seinem direkten Vorgesetzten, vorgeführt.
Als Florian es ablehnte, den Göttern zu opfern und auch nicht bereit war, seinem Glauben abzuschwören, wurde er grausam gefoltert und musste die furchtbarsten Martern erleiden. Zuletzt hängte man ihm einen Mühlstein um den Hals und stürzte ihn in die Enns.
Die Legende berichtet dazu, dass der leblose Körper Florians auf einen Felsen gespült und dort von einem Adler bewacht worden sei, damit Heiden ihn nicht schänden konnten. Eine Witwe namens Valeria barg den Leichnam Florians und bestattete ihn auf ihrem Gut.

Im 8. Jahrhundert errichteten die Passauer Bischöfe über der Begräbnisstätte des Märtyrers das noch heute berühmte Chorherrenstift St. Florian bei Linz und eine Kirche. Eine Tafel in der Krypta des Stiftes sagt, dass die Gebeine Florians im 13. Jahrhundert gefunden worden seien.

Vor und nach dem Zweiten Weltkrieg wurden in Lorch ausführliche Grabungen unternommen, bei denen man die Gebeine der übrigen 40 Märtyrer fand, für die Florian sein Leben geopfert hatte.

65. Sitten, Feste und Bräuche am Florianstag

Am Florianstag wurde früher auf den Dörfern die Brunnenweihe gefeiert. Die Mädchen zogen zum Dorfbrunnen, reinigten ihn, zündeten dabei Lampen und Kerzen an, die in die benachbarten Bäume gesteckt wurden. Sie bekränzten den Brunnen oder legten eine Girlande um seine Mauer, in die auch noch oft Eier und andere Fruchtbarkeitssymbole gesteckt wurden. Aus den Eiern wurde am Abend Kuchen gebacken. Wenn ein Dorf mehrere Brunnen hatte, so zog die Schar der Mädchen und Kinder von Brunnen zu Brunnen, und oft wurde bei den Häusern, an denen der Zug vorüberwanderte, um Gebäck und Semmeln gebeten.

In manchen Gegenden wurde am Florianstag das Vieh zum ersten Male auf die Weide getrieben, wobei die Kühe mit Maiblumen geschmückt wurden. Auf dem Feld fand dann das Bullenstoßen statt, ein spielerischer Kampf der jungen Stiere. Manchmal bekam der Besitzer des siegreichen Stieres einen Preis, manchmal musste der Verlierer das abendliche Brunnenfest bezahlen. Nachbarschaftsfeste wurden im Mittelalter am Florianstag gefeiert. Freundschafts- und Nachbarschaftshilfe sollten gefordert werden. Wer neu in die Nachbarschaft gezogen ist, zahlt Hänselgeld.

Auch die Maibowle wurde am Florianstag angesetzt. An diesem Tag zog die Familie aus, um im Wald an Geheimplätzen, die von Generation zu Generation weiter vererbt worden waren, frischen Waldmeister zu pflücken.

Für die Maibowle wäscht man den Waldmeister, der noch nicht blühen darf, bündelt ihn oder bindet ihn zum Kranz und hängt ihn in zwei Flaschen gut gekühlten Weißwein, wobei man die Stiele des Waldmeisters nicht mit eintaucht. Den Waldmeister lässt man den Nachmittag über ziehen, nimmt ihn dann heraus und gießt mit einer Flasche Champagner auf.

In Norddeutschland war es üblich den Florianstag mit einem Matjesessen zu feiern. Meist gab es Matjes mit Pellkartoffeln und grünen Bohnen, dazu. Aquavit und Bier.

Am 4. Mai wird in den USA der Baumtag und Vogeltag gefeiert. Die Einrichtung der Baumtage gibt es in den Vereinigten Staaten seit langer Zeit. Am 22. April 1872 führte der Landbausekretär Julius Sterling Morton eine erste Baumpflanzaktion mit der Schuljugend in Cleveland durch.

Zeitungsberichten zufolge soll bereits am 10. April 1872 ein Landwirt 10,000 Pappeln und Weiden in der Umgebung von Lancaster gepflanzt haben.
1874 wurde in den USA der „Tag des Baumes" auf den 4. Mai festgesetzt.

Offiziell gibt es den Baumtag seit dem 27. 11. 1951, an dem die Vereinten Nationen weltweit die Einführung des „Tags des Baumes" für den 10. oder 22. April beschlossen.
In Deutschland war es vornehmlich das Verdienst der „Schutzgemeinschaft Deutscher Wald", durch die Einführung eines alljährlich abzuhaltenden Baumtages die Jugend und das Volk zur Achtung vor Baum und Wald zu erziehen.

Dabei wurde der Florianstag am 4. Mai (Vogeltag) zu unserem „Tag des Baumes". Der Vogeltag ist in den USA ein Naturfest, dauert eine ganze Woche lang und umfasst heute die Themen Naturschutz, Wald- und Wasserschutz sowie Ausflüge in Naturschutzparks, Zoologische Gärten und Botanische Gärten.

66. Florian – Patron gegen Feuersbrünste: Sprichwörtliche Redensarten

„Ich taufe euch mit Wasser zur Buße; der aber nach mir kommt der wird euch mit dem Heiligen Geist und Feuer taufen." (Matth. 3,11).

„Feurige Kohlen aufs Haupt sammeln." (Eph. 5,16).

„Wohltätig ist des Feuers Macht, wenn sie der Mensch bezähmt, bewacht."

„Feuer und Flamme sein."

„Es ist Feuer am Dach."

„Feuer fangen."

„Jemandem Feuer unter dem Hintern (Arsch) machen."

„Etwas aus dem Feuer reißen."

„Für jemanden durchs Feuer gehen."

„Mit dem Feuer spielen."

„Zwischen zwei Feuer geraten."

„Gebranntes Kind scheut das Feuer."

„Ein Eisen im Feuer haben."

„Für etwas die Hand ins Feuer legen."

„Die Kastanien aus dem Feuer holen."

„Öl ins Feuer gießen."

„Wo Rauch ist, da ist auch Feuer."

„Ein Spiel mit dem Feuer sein."

„Sein Süppchen am Feuer anderer kochen."

„Jemandem ein paar feuern."

„Die Feuerprobe bestehen."

„Kein Feuer, keine Kohle kann brennen so heiß, als heimliche Liebe, von der niemand was weiß."

„Wer ins Feuer bläst, dem fliegen die Funken in die Augen."

„Feuer und Wasser sind zwei gute Diener, aber zwei schlimme Herren."

„Wohltätig ist des Feuers Macht, wenn sie der Mensch bezähmt, bewacht."

„Gespalten Holz fängt leicht Feuer."

„Feuer im Herzen gibt Rauch in den Kopf."

„Feuer bei Stroh brennt lichterloh."

„Wo man mit Feuerbränden wirft, da bläst der Teufel in die Asche."

„Gelindes Feuer gibt süßes Malz."
„Wenn das Feuer in der Küche ausgeht, so löscht es auch in den Herzen aus."
„Gut Feuer macht fertigen Koch."
„Die beiden sind wie Feuer und Wasser."
„Mit Feuereifer dabei sein."
„Wer ins Feuer bläst, dem stieben die Funken in die Augen."

67. Wenn es donnert und blitzt

Die nahenden Unwetter, begleitet von Blitz und Donner, Wolkenbrüchen, Hagel und oft verheerenden Sturmböen, versuchten unsere Vorfahren auf verschiedene Art und Weise zu bannen:

Der Ton der Kirchenglocken sollte das Gewitter vertreiben. Also läutete man in allen Dörfern die Glocken, wenn man den Hagel von den Ernten oder den Blitz von den Häusern abwehren wollte.
„Vivos voco. Mortuos plango. Fulgura frango." war eine der Formeln, die man im Mittelalter in die Glocken eingravierte: „Ich rufe die Lebenden, ich beklage die Toten, ich banne den Blitz."

Das Ansehen der Glocken hing von der Wirksamkeit ab, die sie bewiesen hatten. So genoss auch der Glöckner besondere Achtung, da er imstande war, die Unwetter zu vertreiben. Während des Geläutes rief man den heiligen Florian, den Schutzherr gegen Blitz und Donner, um Hilfe an. Wenn Gebete und Glocken sich als unwirksam erwiesen hatten, warf man in manchen Gegenden den Kesselhaken gegen die Wolken hinauf oder der Pfarrer sein Schuhwerk gen Himmel.

Vielerorts stellte man, wenn ein Gewitter drohte, seine Sense mit der Schneide gegen den Himmel gerichtet auf die Schwelle des Hauses, um es vor Blitz zu schützen; in manchen Gegenden nahm man dafür eine Axt. Es ist hervorzuheben, dass diese Werkzeuge, abgesehen davon, dass sie aus dem „magischen" Metall Eisen sind, einen speziellen Symbolcharakter für unsere Vorfahren hatten. Die Sense war das Zeichen des Todes und die Axt das Utensil des Donnergottes Thor oder Donar.

Als Zaubermittel gegen das Gewitter pflegte man Johanniskräuter ins Feuer zu werfen. Die Haus- oder Donnerwurz auf dem Dach wurde von unseren Vorfahren als Schutzpflanze gegen Gewitter geschätzt. Sie bewahrte die Gebäude und besonders die gefährdeten Strohdächer vor dem Blitzschlag.

Wie soll man sich nun verhalten, wenn man draußen von einem Gewitter überrascht wird? Der im Volksmund oft zitierte Spruch „Vor Eichen soll man weichen, Buchen soll man suchen, vor Fichten soll man flüchten", ist grundfalsch, denn jeder hochragende Gegenstand bringt die für einen Blitzschlag günstigen Bedingungen.

Dazu muss er keinesfalls unbedingt aus Metall sein. Unter einer Buche kann man genau so getroffen werden wie unter einer Eiche oder einem anderen Baum. Oberster Grundsatz bei Gewitter ist daher, sich nicht unter freistehende hohe Bäume zu stellen oder sich in der Nähe von Pfählen, Masten oder Kränen aufzuhalten. Auch am Rande eines Waldes sollte man nicht Schutz suchen. Zu meiden bei Gewitter sind auch Reiten, Schwimmen oder Radfahren.

Wird man unter freiem Himmel von einem schweren Gewitter überrascht, gelten folgende Verhaltensregeln:

Kontakt mit größeren Metallgegenständen meiden, hinknien, Füße und Knie zusammenbringen, Hände auf die Knie legen und sich vorbeugen.
Hinlegen erhöht das Risiko, vom Blitz getroffen zu werden, da die Körperoberfläche dann größer ist.
Da in Senken und Gräben der Boden feuchter ist als in der Umgebung, so dass dort die natürliche Elektrizitätsableitung groß ist, sollte man sie ebenso meiden wie Anhöhen, Bergrücken und Berggipfel.

Unsere Vorfahren haben Blitz und Donner in zahlreiche Bauernregeln gefasst:

„Dampft das Strohdach nach Gewitterregen, kehrt das Gewitter wieder auf andern Wegen."
„Ein Donner macht mehr Getümmel als zehn Blitze."
„Ein Donnerwetter am frühen Morgen zieht noch mehrere Gewitter nach sich."
„Aus der Himmelsgegend, woher das erste Gewitter kommt, kommen die andern den ganzen Sommer."
„Ein Morgengewitter kommt am Abend wieder."
„Wenn du vor dem Blitz nur sicher bist, der Donner schadet nicht."
„Wenn Gott blitzt und donnert, so lässt er auch regnen."
„Wenn es donnert, wachen die Gebetbücher auf."
„Langes Läuten bricht den Donner."

68. Donner und Doria

„Donner und Doria" ist ein Ausruf des Erstaunens und der Verwünschung. In Schillers „Verschwörung des Fiesco" benutzt der ungehobelte Gianettino Doria seinen Namen zur Abwandlung der Verwünschung „Donner und Blitz". Beide Formen stehen heute im Sprachgebrauch nebeneinander.
Groß ist die Palette der sprichwörtlichen Redensarten, wenn es um Donner und Blitz geht.

Ausrufe des Erstaunens sind die Redewendungen:
„Ach du Donnerchen!"
„Potz Donner"
„Wie vom Blitz gerührt"

„Aus einem Furz einen Donnerschlag machen" bedeutet soviel, wie „aus einer Mücke einen Elefanten machen."

Ausrufe der Verärgerung sind:
„Da soll doch gleich ein Donnerwetter dreinschlagen."
„Zum Donnerwetter!"

„Himmel, Kreuz und Donnerwetter" heißt es, wenn irgendein Vorhaben nicht richtig gelingt.

„Mit Donnerstimme reden" muß, wer einen Plan unbedingt durchsetzen will.

Ein anderes Sprichwort sagt: „Es schlägt nicht immer ein, wenn es donnert."

Alte Bauernsprichwörter:
„Donner im Winterquartal bringt Eiszapfen ohne Zahl"
„Auf Donner folgt gern Regen"
„Den Sommer schändet kein Donnerwetter"
„Früher Donner, später Hunger"

„Donnerwetter!", sagte der Bauer, der die vierzehn Nothelfer angerufen hatte, weil er nicht auf sein Pferd konnte; „Donnerwetter, dass sie auch alle vierzehn kommen mussten!" Da war er von der anderen Seite wieder herabgefallen.

Plötzliches und völlig Unerwartetes kommt „wie ein Blitz aus heiterem Himmel".

Weitere Redensarten:
Er ist „schnell wie der Blitz" oder „wie ein geölter Blitz".
Er steht da „wie vom Blitz getroffen".
Es hat „eingeschlagen wie ein Blitz".
„Er steht da wie die Kuh, wenn's donnert."
„Er schielt, wie eine Gans wenn's donnert."

„Potz Blitz" ist ein Ausruf der Verärgerung.

Wenn jemand „abblitzt", hat er das Nachsehen und sein Wunsch ging nicht in Erfüllung.

69. Bauernregeln um Gewitter und Donnerstag

„Wenn die Sonne sticht, der Bauer spricht: Die Kühe beißen und brommen, es wird ein Gewitter kommen."

„Wetter, die langsam ziehen, schlagen am schwersten."

„Hagel im Feld bringt Kält'."

„Wenn es blitzt von Westen her, deutet's auf Gewitter schwer."

„Kommt von Norden her der Blitz, deutet es auf große Hitz'."

„Die Wolke, so donnert, muss regnen."

„Schwere Gewitter dauern nicht lange."

„Auf Schwüle folgt ein Donnerwetter."

„Wie das erste Gewitter zieht, so man die andern folgen sieht."

„Donnert's ins leere Holz, so schneit's ins grüne."

„Wenn's donnert überm kahlen Baum, wird wenig Obst man später schaun."

„Herbstgewitter bringen Schnee, doch dem nächsten Jahr kein Weh."

„Später Donner hat die Kraft, dass er viel Getreide schafft."

„Donner im Winter – viel Kalt dahinter."

„Wenn's viel donnert und blitzt, wenig Korn am Buchweizen sitzt."

„Bei rotem Mond und hellem Sterne sind Gewitter nicht gar ferne."

„Wenn's ins junge Laub donnert, gibt's wohlfeile Zeit."

„Viel Donner im Herbst – viel Schnee im Winter."

„Von Eichen sollst du weichen, vor den Fichten sollst du flüchten, auch die Weiden sollst du meiden, doch die Buchen musst du suchen und die Linden musst du finden."

70. Die Donnerwurz bannt Gewitter

Jupiter, der römische Licht- und Himmelsgott, mit den Beinamen „Fulgur" (Blitzgott) und „Tonans" (Donnerer), stand bei unseren Vorfahren Pate bei der volkstümlichen Namensgebung der Hauswurz (Sempervivum tectorum). So nennt man diese anspruchslose Pflanze aus der Familie der Dickblattgewächse auch Dachwurz, Donnerwurz und Blitzkraut.

Die Hauswurz, die gerne auf alten, bemoosten Hausdächern oder auf Umfassungsmauern und Eingangspfosten alter Bauernhöfe wächst, ist trotz ihres äußeren Anscheins keineswegs eine „harmlose" Pflanze. Als magisches Mittel zum Schutz des Hauses hatte sie eine wesentliche Funktion: Der „Jovisbart" (Bart des Jupiters, wie die Pflanze in der Bretagne auch genannt wird), galt als Mittel gegen Gewitter und als Glücksbringer. Bauten dann auch noch die Schwalben ihre Nester an Haus oder Stallgebäude, bedeutete dies doppeltes Glück und Schutz für Haus und Hof und seine Bewohner.

Die Haus- oder Dachwurz, wie all die kleinen, ihr verwandten Fettgewächse, wie etwa auch der Mauerpfeffer, bewahren seit undenklichen Zeiten die Gebäude und besonders die stark gefährdeten Strohdächer vor Gewitter. Es haben sich auch die römischen Kaiser mit diesem magischen Kraut gekrönt, um gegen Unwetter gebannt zu sein.

Die Donnerwurz war bei den alten Germanen dem Donar gewidmet. In rituellen Zeremonien hängten die Priester der Kelten Donnerwurze als Blitzableiter in die Kronen hoher Bäume, die auch von Misteln befallen waren. Das „Capitulare de villis" Karls des Großen, das dem deutschen Landmann die Gewächse vorschrieb, die wegen ihres Nahrungs- und Heilwertes zu pflanzen waren, verlangt ausdrücklich, dass jeder Bauer „Jovis barbam" als Mittel gegen den Blitz auf seinem Hause besitzen sollte. Auch mussten die Mönche in ihren Klostergärten Donnerwurze anbauen.

Der Saft der Hauswurz soll, vermengt mit Gummi, rotem Arsenik und Alaun, ein Geheimmittel ergeben, welches auf die Hand gestrichen, ermögliche, glühendes Eisen anzufassen. Als ausgesprochene ausdauernde Pflanze war die Hauswurz auch ein Symbol für das ewige Leben. Sie sollte den Hausbewohnern auch ein hohes Alter bescheren.

Der Domherr Konrad von Megenberg zu Regensburg (gestorben 1374) schreibt in seinem Buch „Buch der Natur" folgendes: „Die fleißigen Meister der Zauberei pflanzen die Hauswurz, die den Donner und das „Himmelplatzen" (das Blitzen) verjagt, auf ihren Häusern."

Mit einer rituellen Weihe verbunden war im Mittelalter das Pflanzen der Donnerwurz auf dem Dach der Kirche. Dadurch sollte bei Unwetter das ganze Dorf von Blitzschlag verschont bleiben. Wurden dazu noch die Glocken geläutet, war dies eine doppelte Abwehr des Blitzes für das ganze Dorf.

Auf steinigem Gelände, in Felsspalten und in altem Mauerwerk finden wir heute die Hauswurz, die ein karges Leben gewohnt ist. In zunehmendem Maße wird sie heute auch angepflanzt in sonnigen Steingärten und vor allem auf Friedhöfen zur Einfassung der Gräber. Die Hauswurz besteht aus einer Rosette von zahlreichen dickfleischigen Blättern, aus deren Mitte ein bis zu 40 cm hoher Stängel wächst, der oben, doldenartig angeordnet, sternförmige rosafarbene Blüten trägt. Die Blätter enthalten Gerbstoffe, Schleimstoffe, Harz und Apfelsäure. Sie werden äußerlich in der Volksmedizin zur Entfernung von Sommersprossen und Warzen empfohlen. Man verwendet hierzu am besten den frischen Presssaft. Bei Fieber nimmt man die frisch zerquetschten Blätter als Kühlmittel auf die Stirn.

Ein Minimum an Nährstoffen genügt der Hauswurz, um sich voll und ganz zu entwickeln. Sie ist eine Sonnenpflanze. Im Schatten gedeiht sie nicht. Sie blüht nur bei erhöhter Kohlenstoffassimilation durch lebhafte Transpiration und karge Nährsalzzufuhr, also bei Einschränkung der Nahrungsaufnahme. Zuviel Wasser und Nährstoffe verträgt die Pflanze nicht; sie blüht nicht. Sie hilft sich dann selbst, indem sie ihre fleischigen Rosettenblätter gegen die Bodenunterlage stemmt und sich selbst entwurzelt. So wird die Nahrungszufuhr unterbunden. Es wird einfach „gefastet". Ist aller „Wohlstandsüberfluss" aufgebraucht, wurzelt sie sich wieder ein.

Der reine Saft der Blätter wird auch auf Wunden, Entzündungen, Brandwunden und gichtige Stellen gebracht, wo er lindert und heilt. Mit einer Dachwurz-Tinktur behandelt man Hühneraugen. Dazu wird etwas Watte mit der Tinktur getränkt, leicht ausgepresst und auf das Hühnerauge gelegt. Mit Heftpflaster hält man die Watte fest, lässt die Tinktur über Nacht wirken. und wiederholt dies vierzehn Tage lang. Dann nimmt man ein heißes Salzwasser-Fußbad und schält das Hühnerauge vorsichtig heraus. Mit Dachwurz-Tinktur wird die Stelle noch einmal betupft.

Zur Herstellung der Tinktur nimmt man 200 Gramm Blätterbrei für einen Liter hochprozentigen Alkohol. In einem verschlossenen Glasgefäß lässt man den Brei 14 Tage lang ziehen, wobei man ihn täglich einmal durchschüttelt. Nach Ablauf der Ansatzfrist filtriert man.

Dachwurz-Öl nimmt man äußerlich bei Gürtelrose, rissiger Haut und Hämorrhoiden: 200 Gramm zerquetschte Donnerwurzblätter werden in einem Liter kaltgepresstem Olivenöl 14 Tage bei Wärme in einem verschlossenen Glasgefäß aufgestellt. Dann seiht man ab, presst den Rückstand aus und füllt in Flaschen ab.

Hauswurzsalbe nimmt man vor allem bei Quetschungen, Ätzwunden, Verletzungen, Hautentzündungen, Brandwunden und Insektenstichen.

Hauswurztee nimmt man bei Menstruationsstörungen. Ein Esslöffel zerquetschter Blätter wird mit einem Viertelliter kochenden Wassers abgebrüht, 15 Minuten ziehen gelassen und abgeseiht. Man trinkt schluckweise zwei bis drei Tassen Tee am Tag.

Die ausdauernde Hauswurz, die zu jeder Jahreszeit „griffbereit" ist, eignet sich auch für die Küche. Die immergrünen dickfleischigen Blätter können fein geschnitten als Zusatz von Salaten gegessen werden.
Um Dachwurzblätter immer zur Verfügung zu haben, muss man sie selber ziehen. Blumentöpfe auf der Terrasse mit viel Sonne eignen sich dazu. Sand und Lehm, im Verhältnis 2:1 gemischt, sind die richtige Pflanzenmischung.

71. Der „Tag des Baumes": Bauernregeln rund um den Baum

„Je stärker im Walde die Bäume knacken, je härter wird der Winter packen."

„Wenn der Baum früh den Rock verliert, gibt es einen kalten Winter."

„Wenn die Ulme blüht, soll man Laichnetze auswerfen."

„Hat die Linde Laub, ist es gut für die Kuh."

„Fällt das Laub der Buche früh und schnell, wird der Winter streng und hell."

„Wenn die Bucheckern geraten wohl, Nuss- und Eichbaum hängen voll, so setzt ein harten Winter drauf und fällt Schnee im großen Hauf."

„Halten Birken und Weiden ihr Gipfellaub lang, ist ein baldiger Winter und gutes Frühjahr im Gang."

„Im November soll man Acht haben, ob das Laub von den Bäumen früh oder langsam abfällt und danach wird es auch früh oder langsam Sommer werden."

„Fallen die Blätter früh von den Bäumen, ist die Wärme bald vorbei."

„Bekommen die Weiden, aus denen die Tragfesseln an Körben gemacht werden, viele Äste, so wird der nächste Winter rau und kalt."

„Behalten Birk' und Weid' ihr Wipfellaub lange, ist ein harter Winter und gutes Frühjahr im Gange."

„Treibt die Esche vor der Eiche, hält der Sommer große Bleiche. Treibt die Eiche vor der Esche, hält der Sommer große Wäsche."

„Findet man die Wurzeln der Buchen trocken, wird das Wetter gelind; sind die Wurzeln feucht, steht ein harter Winter bevor."

„Solange die Lärchen grün sind im Herbst, schneit es nicht ein."

„Blüh'n im November die Bäume aufs neu, so währet der Winter bis zum Mai."

„Wenn die Tannen blühen und die Dornenblätter klebrig glänzen, gibt es ein Honigjahr."

„Grünt die Eiche vor der Esche, hält die Welt eine große Wäsche."

„Wenn sich im Herbst die Blätter schwer von den Baumästen lösen, ist ein strenger Winter zu erwarten."

„Fällt das Laub vom Baum zu bald, wird der Herbst nicht alt."

72. Sprichwörtliche Redensarten um den Baum

„Aber von dem Baum der Erkenntnis des Guten und Bösen sollst du nicht essen." (1. Mos. 2,7).

„Die Bäume wachsen nicht in den Himmel."

„Einen alten Baum soll man nicht verpflanzen."

„Bäume ausreißen können."

„Zwischen Baum und Borke stecken."

„Den Wald vor lauter Bäumen nicht sehen."

„Bäumchen, wechsle dich!"

„Vor dem Baum, der einem Schatten spendet, soll man sich neigen."

„Je höher der Baum, desto näher der Blick."

„Einen Baum soll man biegen, solange er jung ist."

„Ein Baum fällt nicht von einem Streich."

„Der eine pflanzt den Baum, der andere isst die Pflaum'."

„Aus einem kleinen Reis wird ein großer Baum."

„Die ältesten Bäume tragen oft die süßesten Früchte."

„Ein Kerl, der Bäume ausreißen kann."

„Wie der Baum, so die Birne, wie die Frau, so die Dirne."

„Den Baum erkennt man an den Früchten."

„Der Baum genießt seiner Äpfel nicht."

„Wer den Baum gepflanzt hat, genießt selten seine Frucht."

„Große Bäume geben mehr Schatten als Früchte."

„Hoher Baum fängt viel Wind."

„Je höher der Baum je schwerer sein Fall."

„Es ist kein Baum, der nicht zuvor ein Sträuchlein gewesen."

„Es fällt kein Baum auf einen Hieb."

„Es ist nicht allen Bäumen eine Rinde gewachsen."

„Und wenn morgen die Welt unterginge, würde ich heute noch ein Apfelbäumchen pflanzen (Martin Luther)."

73. „Maikäfer, flieg"

Viele Kinder kennen den braunen Brummer nur noch von Bildern oder als Schokoladenkäfer in Konditoreien. Und der Liedermacher Reinhard Mey hatte wohl recht, als er sang: „Es gibt keine Maikäfer mehr."

Der Maikäfer war neben dem Marienkäfer, der im Volksglauben als Glücksbringer gilt, der volkstümlichste aller Käfer. Doch allzu fern sind die Tage unserer Kindheit, als dieser an lauen Maiabenden in Massen die Gärten und Felder durchschwärmte und wir die noch klammen Käfer und steifen Brummer am frühen Morgen von den Bäumen schüttelten. Damals galt er als Schädling. Ganze Schuhschachteln voll wurden gesammelt, und – welch grausames Spiel – den Hühnern als Delikatesse zum Fraß vorgeworfen. Wenn man heute einen findet, gilt er bei Kindern als Kostbarkeit.

„Melolontha melolontha" ist kein Jodler, sondern der korrekte wissenschaftliche Name für das Tier, das bei vielen engagierten Naturschützern als geradezu klassisches Beispiel für die Folgen der Umweltvergiftung gilt: Aus dem ehemals gefürchteten Schädling wurde eine gefährdete Tierart.

„Jeder weiß, was so ein Maikäfer für ein Vogel sei", dichtete Wilhelm Busch, der den Maikäfer in deutschen Landen so populär machte. „In den Bäumen hin und her fliegt und kriecht und krabbelt er": auch in Onkels Fritzens Bette, in den die bösen Buben Max und Moritz die Käfer versteckten.

In klimatisch günstigen Gebieten dauert der Entwicklungszyklus des Maikäfers drei Jahre, in rauhem Klima können es auch fünf Jahre werden. Einst gab es Flugjahre, sogenannte „Maikäferjahre", in denen die Käfer besonders häufig auftraten. Dazu kennt man noch längere Zyklen stärkeren und schwächeren Befalls. Sie dauerten zwischen zwölf und dreißig Jahren.

Wenn die Abenddämmerung hereinbricht, wird der Maikäfer munter und fliegt unter lautem Gesumm zum Fressplatz, zu einem Baum. Dort treffen sich die Käfer und schlagen sich die Bäuche voll. Daran fanden die Förster einst gar keinen Gefallen.

Auf Bäumen treffen sich auch die Geschlechter: Das Männchen hat sieben große Fühlerblättchen, das Weibchen sechs kleine. Bei der Paarung erweist sich das Männchen als echter Pascha. Die übliche Huckepackstellung wird ihm nämlich bald zu anstrengend, und es lässt sich auf den Rücken fallen.

Schließlich hat es seine Mannespflicht getan. Das Weibchen schleppt seinen ermüdeten Partner noch einige Zeit mit sich herum, ehe sich die beiden voneinander trennen. Die Faulheit hat aber ihren Preis: Das Männchen stirbt bald darauf.

Natürlich hat der Maikäfer wie jedes andere Insekt auch eine ganze Reihe natürlicher Feinde. Igel, Dachs, Maulwurf und Wildschwein machen sich gerne über die fetten Engerlinge her. Die Käfer werden auch von größeren Vögeln gefressen; vor allem der Neuntöter ist dafür bekannt. Aber alle diese natürlichen Feinde schaffen es nicht, den Maikäfer wirklich zu dezimieren. Gefährlicher sind da schon Parasiten und Seuchen, so auch die „Weiße Muskardine", ein Pilz, der Engerlinge und Käfer befällt.

Alljährlich wird uns berichtet, dass der Käfer an ganz bestimmten Orten – meist eng lokal begrenzt – wieder stärker auftritt. Die Wissenschaftler stehen noch vor einem Rätsel.

Im Volksglauben unserer Vorfahren spielte der Lieblingskäfer der Deutschen eine große Rolle. Obwohl die Tiere in sogenannten Maikäferjahren alles „ratzekahl" abfraßen, findet man in alten Quellen keinen Spruch, der vor den Maikäfern gewarnt hätte – im Gegenteil:

„Maikäferjahr – gutes Jahr"
„Je mehr die Maikäfer verzehren, je mehr wird die Ernte bescheren"
„Der Maikäfer Menge bedeutet der Schnitter Gedränge"
„Sind die Maikäfer und Raupen viel, steht eine reiche Ernte im Ziel"
„Sind die Maikäfer angesagt, wird ein Schoppen mehr gewagt"
„Viel Maikäfer lassen ein gutes Jahr hoffen"

Schließlich galt der Käfer auch als Wetterprophet für den anderen Tag: „Fliegen Maikäfer abends rege herum, so folgt ein schöner Tag."

Die Volkskunde wusste von allerlei Verwendungsarten zu berichten: In Schlesien wurden die Käfer in Butter gebraten und mit Brot verzehrt. Der Schmaus half angeblich gegen alle möglichen Krankheiten. Die Köpfe allein sollten Fieber heilen und Maikäferpulver sollte gut sein gegen Epilepsie. So steht es im „Handbüchlein der Sympathie" aus dem Jahre 1858. Vor allem aber soll es Glück bringen, wenn man dem ersten Maikäfer des Jahres den Kopf abbeißt.

Und was haben die Maikäfer mit der Tollwut zu tun? In den Kirchenbüchern von Aschbach in Unterfranken aus dem Jahre 1660 finden sich „Randbemerkungen" über die Tollwut, verfasst vom damaligen Pfarrer Melchior Beck. Als Heilmittel gegen Tollwut bezeichnete er in Honig erstickte Maikäfer. Doch konnte Pfarrer Beck damals nicht ahnen, dass de schokoladenbraune Brummer 345 Jahre später dem Aussterben nahe ist.

Den Mädchen und Jungen vor fünfzig Jahren machte es einen Heidenspaß, die Käfer auf ihrer Hand krabbeln zu lassen. Sie „pumpten sich voll Luft", starteten und flogen davon. Dazu sangen die Kinder: „Maikäfer, flieg ..."

74. Tiergeschichten: Maikäfer

Der Maikäfer Summsebrumm

Herr Summsebrumm, der kleine braune Geselle mit dem roten Schildchen auf der Brust, kam sich sehr tüchtig vor. War er nicht der Erste seiner krabbelnden Artgenossen, dem es gelang, dem engen, dunklen Kerker unter der Erdoberfläche zu entfliehen?

Maikäfermännchen Summsebrumm schnaufte vor Anstrengung: „Ach, bin ich müde!" stöhnte er und wischte sich mit seinen Fühlern ein wenig Staub von seinem Körper.

„Es war eine harte und mühselige Arbeit, die ich wochenlang in der Erde verrichtete. Und manchmal war es recht gefährlich. Wie oft wurde ich von nachfallenden Steinchen getroffen! Und auf der letzten Strecke unter Tage wühlte sich ein riesiges schwarzes Ungetüm an mir vorbei, das mir mit seinen spitzen Scharrkrallen beinahe die zarten Flügeldecken zerrissen hätte. Im letzten Augenblick konnte ich mich an einer Wurzel festhalten, die mir Schutz und Sicherheit bot.

Nirgends war da unten ein Weg zu finden. Den musste ich mir erst mühsam mit meinem Kopfe bohren. Der brummt mir jetzt noch. Und erst meine kleinen Beinchen! Ich kann sie kaum noch bewegen. Wie sehr wurden sie auch bei der schweren Arbeit angestrengt! Ständig musste ich sie gegen die feste Erde stemmen, sonst wäre ich einfach wieder hinabgerutscht. Keinen Finger breit vermochte ich nach vorne zu sehen. Wahrlich, kein Vergnügen, in stockfinsterer Nacht zu arbeiten!

Nun aber will ich einmal tüchtig Luft schnappen. O, köstlich frisch und würzig riecht sie! Wie schön sieht die Welt hier oben aus! Meine weite und beschwerliche Reise, alle Mühe und Arbeit haben sich gelohnt. Und einen Riesenhunger verspüre ich! Nun, da weiß sich ein rechter Maikäfer zu helfen: Fressen, fressen und nochmals fressen!

Da will ich meinen Körper mal schnell mit Luft aufpumpen, damit er leichter wird. Moment mal, nicht das Zählen vergessen! Eins, zwei, drei, vier, fünf, sechs, ... neunzehn, zwanzig. Jetzt hebe ich meine Flügel ganz hoch. Hui, die treiben mich ja schon in die Luft! Dort steht eine Eiche. Darauf werde ich mich häuslich niederlassen."

Der stolze Herr Summsebrumm schwirrte in den nahen Wald. Er ließ sich die jungen, zarten Blättchen gut schmecken. Und als er satt war, ruhte er sich an der schattigen Unterseite eines Blattes aus.

Großmutter Maria machte mit ihrer Enkelin Maike einen Maienspaziergang im Wald. Sie pflückten ein Sträußchen Waldmeister, um daheim aus dem Maikraut eine duftvolle Maibowle zu bereiten. Da erblickte Maike den Maikäfer Summsebrumm: „Großmutter, schau mal, was für ein hübscher Käfer da krabbelt! Einen solchen Käfer habe ich noch nie gesehen."

Auch Großmutter war erstaunt, einen „braunen Brummer" zu sehen: „Ach, liebe Maike! Das ist ein Maikäfer, der Lieblingskäfer aus meiner Kindheit! Ich habe schon seit vielen Jahren keinen mehr gesehen. Die sind heute bei uns sehr selten." Maria ließ Summsebrumm auf ihrer Hand krabbeln:
„Pass auf, Maike! Jetzt pumpt er sich voll Luft. Gleich wird er fliegen."
Und das geschah dann auch. Und die Großmutter sang dazu das Kinderlied ihrer Schulzeit: „Maikäfer flieg ..."

75. Fliederduft und Flötenspiel

„Wenn der weiße Flieder wieder blüht ...", dann ist der berauschende Höhepunkt des Frühlings gekommen. Unter dem Duftrausch der Frühlings-Blütensträucher mischt sich der wahrhaft poetische Fliederduft, der am besten zu dem Wunschbild passt, das sie Erwartung des Wonnemonats Mai in uns erklingen lässt.

Fliederduft! In seiner fruchtig-süßen Fülle werden alle Sehnsüchte nach inniger Naturverbundenheit wieder wach. Auch wenn dieses strahlende Blütenfest des Vollfrühlings bald wieder verrauscht, so bleibt doch mit der Erinnerung an ein köstliches Erlebnis der Wunsch nach Wiederholung in uns rege. Ein Garten ohne Flieder ist wie ein Sommer ohne Sonne.

Den starken, weit umherschweifenden, typischen Fliederduft erleben wir ungeschwächt und unverfälscht bei dem lilablütigen Urtyp, bei Syringa vulgaris, dem Flieder oder der Syringe schlechthin. Aus dem Flieder sind in den letzten hundert Jahren nicht weniger als 500 Gartenformen mit weißen, blauen, violetten, roten und sogar gelblichen Farbtönen , mit einfachen und gefüllten Blüten, entstanden. „Le lilas" heißt der Flieder im Französischen, und bezeichnet damit die lilafarbene Stammform mit ihrer besonderen Duftnuance.

Der weiße Flieder wurde zum Sinnbild der ehelichen Liebe. In der Blumensprache des Biedermeier symbolisierte er die bevorstehende Hochzeit: „Eilen wir zum Altare, ehe die Jugendzeit verstreicht."

Alle Fliederarten lieben einen nahrhaften, tiefgründigen Boden und einen vollsonnigen Standort. Nur dort kann er seinen betörenden Duft ungeschmälert verschenken. Immerhin liegt die Heimat der Syringa, wie der Flieder bei den Gärtnern heißt, in den Ländern des östlichen Mittelmeerraumes, Aus Kleinasien und Griechenland stammt die lilablütige Urform.

Hier bastelten sich einst die griechischen Ziegenhirten aus der leicht abschälbaren Rinde der Syringe ihre Flöten, getreu nach der Rohrflöte des Pan, ihres Beschützers. Die Sage erzählt von der Nymphe Syrinx, die sich in panischer Angst vor den hartnackigen Verfolgungen des übermütigen jungen Pan fast zu Tode rannte, bis ein gnädiger Gott sie durch Verwandlung in einen Rohrbusch rettete.

Als Pan plötzlich vor dem Busch statt vor dem Mädchen stand, zuckte er die Achseln, schnitt ein Rohr ab und pfiff sich ein Liedchen darauf: die Hirten- oder Panflöte, die „Syrinx", war geboren.

Als Ölbaumgewächs ist unser Flieder nahe verwandt mit der Forsythie, dem Liguster und dem Jasmin, nicht aber mit dem „Flieder der Norddeutschen", dem Holunder.

Die Pflege der Syringe beschränkt sich auf das Auslichten der aus den Wurzeln kommenden Wildtriebe, die sonst in wenigen Jahren die Edelpflanze ganz unterdrücken würden. Die abgeblühten Rispen schneidet man aus.

76. Wenn der Ginster flammt

Auf Triften und Heiden, an sandigen Böschungen, auf trockenem Brachland und an sonnigen Wegrändern blüht der Ginster in verschwenderischer goldgelber Fülle, meist in großer Gesellschaft, oft massenweise – selten allein. Der hält Hochzeit bis in die Tage der Sommersonnenwende. Der Ginster flammt. Sonnengelb ist seine Farbe. Er entfaltet ein wogendes Meer von Schmetterlingsblüten, kehrt seine im Wind sanft geblähten Flügel und Fahnen der Sonne zu, öffnet seine schmalen geschwungenen Nachen, aus denen zarte, fein geringelte Staubblättchen lächeln und Bienen und Hummeln zum süßen Trank einladen.

Die wiegenden goldstrahlenden Blütenschiffchen locken auch zierliche Marienkäferchen zum sanften Schaukeln herbei. Schillernde Falter umschwärmen den Strauch, dessen Blüten in kopfförmigen Trauben, dem Goldregen gleich, an breiten geflügelten Stängeln übereinander träumen.

Romantische Blütenpoesie in Erwartung des sommerlichen Hochfestes. Doch diese wird jäh zerstört, wenn man weiß, dass blutsaugende Zecken auf den holzigen Stängeln des Ginsters einen idealen Aufenthaltsort finden, von denen sie sich auf vorbeistreifende Tiere fallen lassen. Ein Bett in der Nähe des Ginsters kann auch für Verliebte zum Verhängnis werden.

Der im Winter rau aussehende Strauch ist empfindlich gegen strengen Frost, schlägt jedoch in den Jahren danach immer wieder aus. In den Jahrhundertwintern 1960/61 und 1962/63 erfroren alle Ginster; zwei Jahre später flammten die Sträucher wieder in purem Gold.

Der gesellige Besenginster (Cytisus scoparius), im Volksmund auch „Besenpfriem", „Besenstrauch", „Mägdekrieg", „Gilbstrauch" oder „Bremme" genannt, galt im Mittelalter als wirksamer Schutz gegen Hexerei. So wurde mit ihm das Haus gefegt: die bösen Geister, Dämonen und Winterunholde wurden ausgekehrt. Die harten zweigähnlichen Stängel wurden später auch als Straßenfeger und Kaminbesen genutzt.

Aus den gelben Blüten wurden im Mittelalter in der Volksmedizin aphrodisierende Liebestränke gekocht. Die Yaqui-Indianer in Mexiko stellen aus der Samenkapsel einen Trank her, der ihnen die Möglichkeit gibt, wahrzusagen, in die Vergangenheit und Zukunft zu reisen und ihre Heilkräfte zu stärken.

Im Volksglauben bei uns sind es die Nachtigallen, die Ginstersträucher gerne als Ort für ihre Kinderstuben aussuchen. Daran glaubte wohl auch schon der große Gelehrte Alkuin (735 – 804), der Karl den Großen unterrichtete. Er pflanzte Besenginster rings um sein Haus, um Nachtigallen dort heimisch zu machen, zumal Nachtigallen bis heute noch als Liebesboten gelten.

Auch in der Volksheilkunde unserer Vorfahren hatte der Besenginster einen festen Platz. Junge Zweige wurden zu Tee verkocht, der Kopfläuse abtöten und Seitenstiche heilen sollte. König Heinrich VIII. von England muss ungeheure Mengen davon gegen Magenbeschwerden getrunken haben, bedingt durch ständige Völlerei.

Die jungen Triebe, die einen übel riechenden Geschmack haben, enthalten als wirksame Bestandteile Spartein und Scoparin. Spartein wird in der Medizin als herz- und kreislaufstärkendes Mittel eingesetzt, Scoparin ist stark harntreibend und lindert Nieren- und Leberbeschwerden. Die Wirkstoffe werden in Fertigarzneimitteln zur Regulierung der Herztätigkeit bei Rhythmusstörungen und bei venösen Stauungen angeboten.

Vor der Selbstbehandlung mit der Schnittdroge des Ginsters wird allerdings gewarnt, da diese schwer dosierbar ist und zu Vergiftungen führen kann. In der Homöopathie wird „Sarothamnus scoparius", wie der botanische Name des Ginsters auch lautet, bei Herzrhythmusstörungen und allergischen Hautkrankheiten mit Erfolg eingesetzt.

77. Gedicht: Das Blühen will nicht enden

Blütenträume unsrer Kindheit werden wach,
wenn wir einen bunten Blumenstrauß zusammenbinden.
Bring die Flora in das Brautgemach,
wenn die kalten Winde schwinden.

Die noch feuchte Erde haucht sich in den Wiesen aus,
süße, wonnigliche Düfte schwelgen rings ums Haus.
Neue Formen, bunte Farben
fließen in besond'rer Pracht,
flechten rosarote Garben,
wenn der Himmel wieder lacht.

Natur kann heilen,
wenn wir einen Augenblick verweilen.

Dieter Kremp

78. Himmelfahrtskränzchen und Bauernpelz

Das kirchliche Fest der Himmelfahrt Christi ist auf den vierzigsten Tag nach Ostern gelegt worden. In der Apostelgeschichte heißt es über Jesus: Den Aposteln hat er „nach seinem Leiden durch viele Beweise gezeigt, dass er lebt; vierzig Tage hindurch ist er ihnen erschienen und hat vom Reich Gottes gesprochen" (Apg. 1,3).
So begeht die Kirche – schon seit dem 4. Jahrhundert – am Donnerstag der fünften Woche nach Ostern den Tag der leiblichen Auffahrt des auferstandenen Christus in den Himmel. Die Erinnerung an dieses Ereignis wird in allen christlichen Kirchen gefeiert, weil sich hier die Auferstehung vollendet.

Viele Volksbräuche ranken sich um dieses Fest, von denen nur noch wenige bekannt sind. Am Himmelfahrtstag stand nach altem Glauben der Himmel weit offen. Unsere Ahnen baten deshalb an diesem Tag besonders um Segen für Haus und Felder, Schutz vor Unwetter und Abwehr aller Gefahr für Mensch und Tier oft in Prozessionen, Bittgängen und Flurumritten.
Beim Gottesdienst wurde Christi Himmelfahrt sehr bildlich dargestellt. So zog man im Gottesdienst eine Christusfigur nach oben und ließ sie durch eine Luke in der Kirchendecke verschwinden. Dabei achteten die Bauern darauf, in welche Richtung sich die Figur beim Hochziehen drehte: von dort her „wehte der Wind", kamen also die gefürchteten schweren Sommergewitter. Durch die geöffnete Luke regnete es anschließend Blumen, Heiligenbildchen und für die Kinder auch Gebäck herunter. An manchen Orten wurde sogar eine brennende Teufelsfigur herabgelassen, deren Fetzen die Bauern mit nach Hause nahmen und als Schutzzeichen auf die Felder steckten.

Als Mittel gegen Blitzschlag galten die „Himmelfahrtsblümchen", die morgens schweigend gepflückt und zu Kränzchen gewunden, in Haus und Stall aufgehängt wurden. Zu den „Himmelfahrtsblümchen" gehörten Katzenpfötchen, Rotklee, Ackerstiefmütterchen, Braunelle, Engelwurz, Gundermann, Kuckucksklee, Christophskraut und Ehrenpreis. Aber auch andere im Mai blühende Pflanzen wurden zu „Himmelfahrtskränzchen" gebunden. Im Gottesdienst wurden die Kränzchen gesegnet.

Da man auf dem Lande bis zum Himmelfahrtstag dem Wetter nie so recht traute, zog man sich bis dahin noch warm an: „Ein Bauer nach der alten Art, trägt seinen Pelz bis Himmelfahrt; und tut ihm dann der Bauch noch weh, so trägt er ihn bis Bartholomä" (24. August).

Oder es hieß: „Ein Bauer von der alten Art zieht aus den Pelz zu Himmelfahrt; und um Kosmos und Damian (26. September) zieht er ihn wieder an." Zog der Bauer am Himmelfahrtstag seinen „Pelz" aus, so wurde er in die Scheune gehängt und mit „Himmelfahrtsblümchen" bestickt.

Auch vor den Eisheiligen hatten die Bauern Angst, besonders dann, wenn sie am Himmelfahrtstag „regierten": „Wenn an Himmelfahrt noch eine Eisheilige kommt, so die Bohne im Garten verkommt." Damit meinten sie wohl die „Kalte Sophie": „Liebe Sophie, bleib' daheim, sonst frieren alle Blümelein."

Und die Wetterkundigen hatten an Himmelfahrtstagen einiges beobachtet, was sie zur Regel erhoben:

„An Himmelfahrt Regen, kommt dem Heu gelegen."
„Scheint an Himmelfahrt die Sonne, bringt der Herbst uns große Wonne."
„Um Himmelfahrt kommen die ersten Gewitter gezogen." „
„Mit Himmelfahrtsregen gibt Gott zum zweitenmal Segen."
„Wie das Wetter am Himmelfahrtstag, so auch der ganze Herbst sein mag."
„Himmelfahrt mit Sonnenschein verheißt viel Frucht und guten Wein."
„Regen an Himmelfahrt - vierzig Tag seiner Art."
„Wenn wir singen: Komm, heiliger Geist! gibt das Korn das allermeist."

79. Der Aronstab, die „Himmelfahrtswurzel"

„Himmelfahrtswurzel" wurde früher der Aronstab genannt. Er schützte nicht nur vor Blitzschlag, sondern brachte seinem Finder auch noch Glück und Schönheit. Zudem ließ sein Wuchs Rückschlüsse auf das zu erwartende Erntejahr zu: kräftige Pflanzen deuteten auf eine gute Ernte hin.

Im Badischen durften die jungen Burschen, die einen Aronstab im Wald fanden, hoffen, bald ein Mädchen zum Heiraten zu finden. Bald zu einem Bräutigam dagegen kamen die Mädchen, die sich beim Tanzen Aronstab-Blätter in die Schuhe legten. Kein Wunder, dass alle in den Besitz dieser Wunderblume kommen wollten. So drängten sie an Himmelfahrt, oft schon in der Dämmerung und mit Laternen versehen, hinaus in den Wald, um die Blume zu suchen und schweigend zu pflücken. Von schweigend ausgeführten Handlungen versprach man sich größere Wirksamkeit.

Im Mittelalter war der Aronstab (Arum maculatum), auch Pfaffenspint, Aronswurzel und vor allem Zehrwurzel genannt, ein Marienattribut. Weil diese Pflanze außerdem auf den grünen Stab Arons verweist, des älteren Bruders von Moses, steht sie, wie dieser, im Zusammenhang mit der Auferstehungssymbolik. Die Blüte wurde den Kindern mit in die Wiege gelegt, um sie vor Unholden zu schützen. Wurde sie unter einer Türschwelle vergraben, konnte nichts Böses ein- und ausgehen. Der Name Drachenwurz kommt daher, weil die Wurzel wie ein Drache zusammengerollt ist.

Mit einem rundlich-eiförmigen Wurzelstock, der „Knolle", von der zahlreiche dünne, fleischige Nebenwurzeln ausgehen, ist der Aronstab im Boden verankert. Der Aronstab ist in allen Teilen giftig, jedoch zersetzt sich das Gift beim Trocknen und Erhitzen. Daher dienten die stärkehaltigen Knollen früher in Notzeiten als Nahrung („Zehrwurzel").

Doch das Auffälligste an dieser Pflanze ist der lange Blütenstand, der von einer blattartigen Tüte umgeben ist. Die Blüten sind eingeschlechtlich. Sie sitzen direkt übereinander an einer violettbraunen, oben keulig verdickten Spindel („Stab"), dem Blütenkolben. Die weiblichen Blüten stehen unten. Dann folgt ein Ring von Borsten und darüber sind die männlichen Blüten angeordnet. Dieser so ausgebildete Blütenstand ist eine Kesselfalle für kleine Insekten, die am Abend – angelockt durch Duft und Wärme des Kolbens – in die Falle gehen, um dort die Bestäubung vorzunehmen.

Ist dies geschehen, welken die Kesselborsten; die „Tüte" wird trocken, so dass die Insekten wieder hinausgelangen können. Sehr bald nach der Befruchtung sterben Scheide und Blütenkolben ab, und es entwickeln sich die giftigen, roten Beerenfrüchte.

Beliebt in der Homöopathie ist das Homöopathikum „Arum maculatum". Man nimmt es in den Potenzen D 2 bis D 6 vor allem bei Schnupfen und Mundschleimhautentzündung. Aber auch bei Nasen- und Rachenkatarrh, Mumps, Scharlach und Masern ist es begehrt. Arum bringt auch Hilfe bei Heiserkeit. Die sehr stark verdünnte Tinktur kann man auch gurgeln.

„Höhengänge" nannte man die in der Morgenfrühe des Himmelfahrtstages unternommenen Spaziergänge auf eine Anhöhe oberhalb des Dorfes. Tanz, Gesang und Schmaus ließen sodann die rechte Festfreude aufkommen. Heute werden an diesem Tag gern Ausflüge und Wanderungen unternommen. Zum „Vatertag" wurde er seit 1939.

80. Unter dem blühenden Kirschbaum laden schöne Elfen zum Tanz

Unter dem blühenden Kirschbaum ist es nicht ganz geheuer. Unsere Vorfahren glaubten, dass dort bei Mondlicht allerlei Gestalten vorbeihuschten. Besonders wenn der Baum in voller Blüte steht, tanzen Elfen im Mondlicht um den schimmernden Stamm. Wehe dem, der ihrer Einladung folgt und mitmacht! Es wird sein letzter Tanz sein! Am anderen Morgen wird man ihn tot unter dem blühenden Kirschbaum auffinden.

Besonders Artemis war als Göttin des Todes bekannt, und gerade ihr war der Kirschbaum als heiliger Baum geweiht. Er galt als besonderer Mondbaum, vielleicht seiner silbrigen Rinde wegen. Auch germanischen Göttinnen war der Kirschbaum zugeordnet.

Mondbaum und Mondgöttin gehörten zusammen, und aus den Fährten der Göttin in die Unterwelt, aus den alten Einweihungsriten, die auf den Tod vorbereiten sollten, sind die Gespenstergeschichten geworden. Die christliche Symbolik hat die Kirsche, wie den Apfel, zu einer verbotenen Frucht gemacht. Auf einem Bild von Tizian, „Die Madonna mit den Kirschen", ist die Himmelsgöttin Maria mit Kirschen dargestellt. Gemäß der alten Kirchenlehrer bedeutet dies: Sie hat die Sünde auf sich genommen, um sie durch ihre Reinheit ins Gute zu wandeln.

Kirschzweige sind heute noch einer weiblichen Heiligen geweiht. Die „Barbarazweige" werden an ihrem Tag, dem 4. Dezember, geschnitten und in einer mit Wasser gefüllten Vase an einem warmen Ort aufgestellt. Bis Weihnachten sollen sie erblüht sein. Ist das nicht der Fall, so galt dies früher als schlechtes Ernte-Omen für das kommende Jahr. Dieses Orakel hatte aber nur seine Gültigkeit, wenn die Kirschzweige von einem jungen Mädchen gebrochen worden waren.

In Japan wiederum wird kein anderer Baum so verehrt wie der Kirschbaum. Die Japaner vergöttern ihn geradezu. Ihm zu Ehren wird ein eigenes Fest, das Kirschblütenfest, veranstaltet. Seit Jahrhunderten pflegen die Japaner diesen Brauch. Wenn die Kirschbäume Ende April/Anfang Mai in ihrer vollen Blütenpracht stehen, pilgern dort Tausende von Menschen hinaus aufs Land, um sich an der Pracht zu erfreuen.

In unzähligen Bildern und Gedichten ist die Pracht der Kirschblüten festgehalten. Seltsamerweise sind die Japaner, so hat es den Anschein, an den Früchten der Kirschbäume aber nicht sonderlich interessiert. Die Gärtner Japans haben eine sehr große Auswahl an Blütenkirschen gezüchtet, die keine Früchte tragen. Mitte des vorletzten Jahrhunderts ist die erste japanische Zierkirsche hier in Europa eingetroffen.

Die Süßkirschenbäume haben die Vogelkirsche als gemeinsamen Stammbaum. Dieser Baum kommt ursprünglich aus dem östlichen Persien. Die Römer haben ihn in Mitteleuropa verbreitet. Hier ist der Baum verwildert und in den Wäldern heimisch geworden. Gut, dass wir die Imker haben. Die Befruchtung der schneeweißen Blüten übernehmen die Bienen. Eine Befruchtung findet aber nur statt, wenn die Pollen von einem anderen Baum stammen. Deshalb tragen allein stehende Kirschbäume keine oder kaum Früchte. Das gelbbraune Holz des Kirschbaumes ist sehr begehrt, es wird zu Musikinstrumenten und Möbelfurnieren verarbeitet.

Allerlei Bauernregeln ranken sich um die Kirschblüten. Sie sagen auch voraus, dass eine gute Kirschblüte auch eine gute Roggen- und Weinblüte nach sich zieht:

„Eine gute Kirschblüte tut sagen, dass wir auch gute Wein- und Kornblüte werden haben."
„Verblühen nur die Kirschen gut, auch Roggen dann im Blühen was Rechtes tut."
„Wenn die Kirschen abblühen fein, so blüht auch Getreid' und Wein."
„Wie das Wetter in der Kirschenblüt, so ist es auch, wenn der Roggen blüht."
„Wie in der Kirschblüt', ist's Wetter auch in der Roggenblüt'."
„Wenn der Kirschbaum zwischen zwei Lichtern (an Neumond) blüht, gibt es keine Kirschen."

81. Als die „Kersche" noch „bockich" waren

Wenn „Kersche bockich" oder „wormich" sind, dann ist darin kein „Bock" (im Volksmund beinlose Insektenlarve) und auch kein „Wurm", sondern die Made der Kirschfruchtfliege. Also sind solche Kirschen „madig".
Unreife Kirschen heißen im Volksmund „Quake" oder „Quakerte". Wer noch „grün" hinter den Ohren ist, ist noch „unreif", eben noch nicht erwachsen. So sollte auch der Pfingst-Quak, der in Werschweiler im Ostertal noch heute nach uralter Tradition gefeiert wird, den noch jungfräulichen Sommer herbeilocken.

„Kirschen in Nachbars Garten" wurden früher von Jungen „gestrebbt" oder „gestranzt" („gestohlen"), weil sie eben besser schmeckten als die eigenen. Die „Spatze- und Molgekersche" schmeckten den Jungen am besten und eben die schwarzen hoch oben im Baum, die von der Sonne „gebrannt" waren: „Rote Kirschen ess' ich gern, schwarze noch viel lieber ..."
Dabei musste man immer auf der Hut „vorm Schitz" sein, der als Feldhüter die Fluren bewachte. Mit dem war „nicht gut Kirschen essen". Diese Redensart lautete im Mittelalter „wer mit Herren Kirschen essen will, dem werfen sie die Stiele in die Augen". Sie warnte davor, sich mit den hohen Herren einzulassen, weil es passieren konnte, dass diese beim Kirschenessen aus Hochmut oder Übermut dem Untergebenen die Kirschkerne und -stiele ins Gesicht warfen.
Wurde man dann vom „Schitz" erwischt, konnte man vor lauter Angst nur noch „quaken" (= undeutlich reden, heiser sprechen).

Reife Kirschen wurden „gebrochen", was pflücken bedeutet, aber „abbrechen" heißt. Und sicherlich war oben auf dem „Kerschbaam" (Kirschbaum) noch ein Vogelnest mit einem „Quakerchen" oder „Quakelchen", was das Jüngste der Nestjungen war.

Der Stein in der Kirsche ist im Volksmund der „Kerschekäare", obwohl er kein Kern ist. Dieser wurde „ausgepauzt" oder ausgespuckt. Es gibt heute noch in pfälzischen „Kerschedörfern" Wettbewerbe im „Kerschekäare-Weitspucken".

Die Kirschenreife fiel früher immer mit der Heuernte zusammen, die oft zum Leidwesen der Bauern von schweren Gewittern begleitet wurde: Dann regnete es „Heigawwele" (Heugabeln).

82. Blumengeschichte: Kirschbaum

Wenn alle Blütenträume schwinden

Es war Anfang Mai. Der alte Kirschbaum in Gärtnermeisters Kirschs Obstgarten präsentierte sich in seinem Festtagskleid. Der Kirschbaum freute sich über seine schneeweiße Blütenpracht: „Jetzt strahle ich meine süßen Düfte aus, um meine besten Freunde anzulocken." Natürlich dachte der Kirschbaum an die Bienen, die um diese Zeit immer ihre Hochzeit in seinen blühenden Zweigen hielten.

Gärtnermeister Kirsch, der auch ein leidenschaftlicher Imker war, zupfte eine Blüte ab und roch daran: „Jetzt sind die Blüten voll im Duft. Sie warten sehnsüchtig auf die Bienenmännchen."

Im Bienenstock hinterm Gartenzaun wartete alles auf den Ausflug. Die Bienenkönigin Bianca gab das Startzeichen: „Jetzt ist es soweit. Ihr Bienenmännchen, macht euch schnell auf die Reise! Sankt Petrus hat soeben das Zepter geschwungen und eitlen Sonnenschein für uns gebracht."

Billy, der Oberste des Bienenheeres, ließ sich das nicht zweimal sagen: „Wir haben alle einen Heißhunger. Kommt, macht euch auf die Socken!" Und schon schwärmten die Bienenmännchen aus, allen voran Billy, der noch vom vorigen Jahr wusste, wo der blühende Kirschbaum zur süßen Labe einlud.

„Endlich kommt ihr!" rief der alte Kirschbaum seinen Freunden zu.
„Guten Tag, Herr Kirschbaum! Wir sind bereit, deinen köstlichen Nektar zu trinken", antwortete Billy.

Das war ein Schmausen, ein Lecken, Schlecken und Schmecken!
„Hm, Herr Kirschbaum, in diesem Jahr ist dein Honigsaft noch besser als im letzten!" säuselte Billy, schon halbtrunken von der göttlichen Gabe.

Auch Gärtnermeister Kirsch hatte seine helle Freude am neckischen Spiel der Immen. Er setzte sich gemütlich auf die Ruhebank unter dem Kirschbaum und beobachtete das schwärmende Treiben der Bienen.
Bald hatten die Immen ihr wohlfeiles Mittagessen beendet. Billy schnaufte:
„Ich bin knüppelsatt. Mein Bauch ist gerammelt voll. Hab Dank, lieber Kirschbaum, für deine Speise!" Er kehrte mit seinem Schwarm in den Bienenstock zurück, wo sie ihre Honigfracht abluden.

Auch in den nächsten Tagen wiederholte sich das lustige Bienenschauspiel. Gärtnermeister Kirsch träumte schon von einer großen Kirschenernte, waren doch wohl alle Blüten bestäubt. Zufrieden kehrte er an seinen Bienenstock zurück und fragte die Königin, ob alles in Ordnung sei. Bianca war hoch zufrieden über die Kirschblütentracht:

„Hab Dank, Herr Kirsch, für deine Gabe! Richte dem Kirschbaum bitte einen schönen Gruß von mir aus!"

Inzwischen war es Mitte Mai geworden. Am späten Abend legte sich der alte Kirschbaum zum Schlafen nieder. Doch mitten in der Nacht wachte er höchst unsanft auf. Er rüttelte und schüttelte sich und zitterte an allen Gliedern: „Hier zieht es gewaltig. Mir ist schrecklich kalt. Hoffentlich ist nicht die kalte Sophie gekommen, um meine Blüten zu erfrieren!"

Doch leider war es so. Die Eisheilige hielt ihren Einzug und ließ über Nacht alle Blütenträume schwinden. Der alte Kirschbaum war sehr traurig.

Am anderen Morgen sah Gärtnermeister Kirsch die „schöne" Bescherung: Die Blüten sahen aus wie braun gebrannt. „O Gott, sie sind alle erfroren!", jammerte Herr Kirsch, „Da war der ganze Fleiß der Bienen umsonst."

83. Die drei „Lumpazi"

Die „gestrengen Herrn", wie die Eisheiligen schon im Mittelalter als „Kältebringer im Mai" genannt wurden, halten sich selten an ihre Namens- und Lostage vom 11. bis 15. Mai. Meist kommen sie zu früh, manchmal zu spät, des öfteren aber bleiben sie ganz aus. Nach manchmal schon vielen sonnendurchfluteten Wochen können sie die Natur plötzlich als frostiger Besuch überfallen und erheblichen Schaden unter Blüten und Pflanzen anrichten. Der Mai hat immer „den Schwanz des Winters zu spüren".

Auf alle Fälle habe „der Mai, zum Wonnemonat erkoren, den Reif noch hinter den Ohren", sagt ein altes Sprichwort. Auch viele andere zeugen von den Kaltlufteinbrüchen im Mai:

„Der heilige Mamerz (11.Mai) hat von Eis ein Herz."
„Pankratius (12. Mai) hält den Nacken steif, sein Harnisch klirrt von Frost und Reif."
„Servaz (13. Mai) voller Ostwind ist, hat schon manch Blümlein tot geküßt."

Auch andere Bauernregeln lassen an den drei „Lumpazi" kein gutes Wort:

„Mamertus, Pankratius und Servatius bringen noch Verdruß."
„Pankraz und Servaz sind böse Gäste – sie bringen oft die Maienfröste."
„Pankraz, Servaz, Bonifaz schaffen Frost und Eis gern Platz."
„Die drei Lumpazis sind strenge Herrn – sie ärgern Gärtner und Winzer gern."
„Mamerz, Pankraz, Servazi, das sind drei Lumpazi."
„Pankraz, Servaz, Bonifaz und dazu die kalte Sophie – vorher lache nie!"
„Wer sein Schaf schert vor Servaz, dem ist die Woll lieber als das Schaf."
„Kein Reif ohne Servaz, kein Schnee ohne Bonifaz."
„Gehen die Eisheiligen ohne Frost vorbei, singen Bauern und Winzer ‚Juchhei!'."

In „Normaljahren" werden in Norddeutschland die Eisheiligen vom 11. bis 13. Mai (Mamertus, Pankratius, Servatius) erwartet, in Süddeutschland vom 12. bis 15. Mai. Hier treten als Begleiter Bonifatius (14. Mai) und die „Kalte Sophie" (15. Mai) hinzu.

Die Zeitdifferenz des Eintretens erklärt sich aus dem Weg der aus Norden nach Süden vordringenden Kaltluft. Auch meteorologische Untersuchungen besagen eindeutig, dass die Eisheiligen keine deutliche Kalendergebundenheit zeigen.

Am häufigsten sind Kälterückfälle um den 9./10. Mai und um den 20./21. Mai, die sich bis Ende der Schafskälte in der Junimitte wiederholen können. Die Schafskälte tritt weitaus regelmäßiger ein als die Eisheiligen im Mai.

84. Die Eisheiligen, die „gestrengen" Herrn

Die Eisheiligen (11. bis 15. Mai)

11. Mai: Mamertus
12. Mai: Pankratius
13. Mai: Servatius
14. Mai: Bonifatius
15. Mai: Sophie

<u>Mamertus</u> ist der Patron der Ammen, Hirten und Feuerwehr, gegen Krankheiten der Brüste, Fieber und Dürre. Mamertus wird im Bischofskleid zu Füßen des Kreuzes abgebildet, manchmal auch mit einem brennenden Licht.

<u>Pankratius</u> ist der Patron der Erstkommunikanten, der Kinder, der jungen Pflanzen und Blüten, gegen Kopfschmerzen und Krämpfe und gegen Meineid. Pankratius wird immer jugendlich dargestellt, teilweise in bürgerlicher Bekleidung, manchmal in ritterlicher Tracht. Oft trägt er eine Krone und ein Schwert in der Hand. Im 20. Jahrhundert wurde er manchmal mit einem Rosenkorb abgebildet. Eine Statue zeigt ihn auch mit einer Palme und einer Herzscheibe.

<u>Servatius</u> ist der Patron der Schlosser, Tischler, gegen Rheumatismus, Fußleiden und Fieber, gegen Frostschaden, gegen das Lahmen bei Tieren, gegen Mäuse- und Rattenplagen.

<u>Bonifatius</u> ist der Patron des Klosters St. Bonifatius und Alexis auf dem Aventin in Rom. In östlichen Ländern ist Bonifatius meist als junger Mann zu sehen, in westlichen Ländern älter und bärtig. Abgebildet wird fast immer das Martyrium: Bonifatius stirbt in siedendem Pech.

<u>Sophia</u> ist die Patronin gegen späte Fröste und für das Wachstum der Feldfrüchte. Abgebildet wird Sophia als Märtyrerin, manchmal mit einem Schwert und einem Trog, was möglicherweise auf ihren Tod durch Enthaupten schließen lässt. Meistens jedoch ist sie mit einem Buch und einer Palme dargestellt.

85. Bauernregeln rund um die Eisheiligen

„Der heilige Mamerz hat von Eis ein Herz."
„Pankratius holt seine Pantoffeln wieder."
„Servaz muss vorüber sein, willst du vor Nachtfrost sicher sein."
„Sophie man auch die Kalte nennt, weil gern sie kaltes Wetter bringt."
„Wenn's an Pankratius gefriert, so wird im Garten viel ruiniert."
„Servaz muss vorüber sein, will man vor Nachtfrost sicher sein."
„Gehen die Eisheiligen ohne Frost vorbei, schreien die Bauern und Winzer juchhei."
„Pankrazi, Bonifazi, Servazi sind drei frostige Bazi; und zum Schluss fehlt nie die kalte Sophie."
„Servatius Hund der Ostwind ist, hat schon manch Blümlein tot geküsst."
„Mamertus, Pankratius und Servatius bringen immer noch Verdruss."
„Mamerz, Pankraz, Servazi, sind drei Lumpazi."
„Pankratius und Servatius bringen Kälte und Verdruss."
„Pankraz und Servaz sind böse Gäste – sie bringen oft die Maienfröste."
„Eh Pankraz und Servaz vorbei, ist nicht sicher vor Kälte der Mai; ja, auch St. Urbanus ist oft noch ein Grobianus."
„Pankraz, Servaz, Bonifaz schaffen Frost und Eis gern Platz."
„Pankratius, Servatius, Bonifatius – der Gärtner sie beachten muss; gehen sie vorüber ohne Regen, dem Weine bringt es großen Segen."
„Pankraz, Servaz, Bonifaz sind meist kalt und nass."
„Seht die drei Eispatrone an – sollten dem Winzer nicht im Kalender stahn."
„Pankraz, Servaz, Bonifaz, die machen erst dem Sommer Platz."
„Pankraz, Servaz, Bonifaz und dazu die kalte Sophie – vorher lache nie!"
„Die drei ...atius sind strenge Herrn – sie ärgern Gärtner und Winzer gern."
„Was die drei Wetterheiligen nicht verderben, wird nicht mehr an großer Kälte sterben."
„Wer seine Schaf' schert vor Servaz, dem ist die Wolle lieber als das Schaf."
„Vor Servaz kein Sommer – nach Servaz kein Frost."
„Vor Nachtfrost bist du sicher nicht, bis dass herein Servatius bricht."
„Nach Servaz kommt kein Frost mehr, der dem Wein gefährlich wär."
„Servaz und Sophie müssen vorbei sein, willst du vor Nachtfrost sicher sein."

„Kein Reif ohne Servaz, kein Schnee ohne Bonifaz."
„Sophie man die Nasse nennt, weil sie gerne Regen bringt."
„Sophie man die Kalte nennt, weil sie gern kalt Wetter bringt."
„Sophie bringt zum Schluss gern noch einen Regenguss."
„Manche Pflanze wird nicht alt, denn die Sophie liebt es kalt."
„Gehen die Eisheiligen ohne Frost vorbei, singen Bauer und Winzer juchhei."
„Was Pankraz ließ unversehrt, wird von Sophie oft zerstört."
„Pankraz, Servaz und Mamerz bringen im Frühling den Winter zurück."
„Was Pankraz ließ noch unversehrt, wird von Urban oft zerstört."
„Pankraz viel Sonnenschein – füllt die Fässer mit gutem Wein."
„Nach Pankraz und Servazitag, die Kälte nicht mehr schaden mag."
„Ist Pankraz schön, wird guten Wein man sehn."

86. Namenstage der Eisheiligen

Herkunft und Bedeutung der Namen

11. Mai: Ignatius, Gangolf, Joachim, Franz und Mahiertus:

Ignatius: Aus dem Lateinischen „ignius" (das Feuer). Als Vorname des Heiligen Ignatius von Loyola wurde der Name im 18. Jahrhundert in Süddeutschland gebräuchlich. Andere Form: Ignaz.

Gangolf: Der Name ist die Umkehrung zu Wolfgang. Durch die Verehrung des Heiligen Gangolf, der wegen seiner untreuen Frau zum Einsiedler und von ihr ermordet wurde, war der Name im Mittelalter verbreitet. Weitere Formen: Gangulf, Gangel, Wolfgang.

Joachim: Aus dem Hebräischen übernommener Vorname, eigentlich „den Gott aufrichtet". Andere Formen: Achim, Jochen, Joakim (slawisch), Kirn (englisch) und Jokum (dänisch).

Franz: Es ist die deutsche Form zu Francesco. Der Vater des Heiligen Franz von Assisi nannte seinen Sohn nach seine französischen Mutter „Francesco" (Französlein). Andere Formen: Frans, Franciscus (lateinisch), Francesco (italienisch), Francis (englisch), Francois (französisch).

12. Mai: Pankratius, Achilleus, Johanna, Simeon:

Pankratius: Aus dem Griechischen übernommener Vorname von „pan" (ganz) und „kratos" (Kraft, Macht). Nebenform: Pankraz.

Achilleus: Aus dem Griechischen übernommener Vorname, dessen Bedeutung unklar ist. In der griechischen Mythologie ist Achill der Held von Troja, der durch Paris fiel, obwohl er unverwundbar war – bis auf seine Ferse (daher der Begriff „Achillesferse"). Weitere Formen: Achill, Achilles.

Johanna: Weibliche Form zu Johannes. Biblischer Vorname von hebräisch „jochanan" (der Herr ist gnädig). Andere Formen: Hanna, Jo, Nanne, Jenni und Joan (englisch), Jana (slawisch), Jeanne und Jeanette (französisch), Joanna (polnisch), Ivanka (russisch), Giovanna (italienisch) und Juanita (spanisch).

Simeon: Aus der Bibel übernommener Vorname hebräischen Ursprungs, eigentlich „Gott hat gehört". Im Alten Testament ist Simeon einer der Söhne von Jakob. Andere Formen: Simon, Sim.

13. Mai: Servatius, Andreas, Hubert, Gerhard, Magdalena:

Servatius: Aus dem Lateinischen übernommener Vorname , eigentlich „der Gerettete" , Andere Formen: Servas und Vaaz (niederländisch), Servais (französisch) und Servazio (italienisch).

Andreas: Aus der Bibel übernommener Vorname griechischen Ursprungs, eigentlich „der Mannhafte, der Tapfere". In der Bibel ist der Apostel Andreas der Bruder des Petrus und wurde in Patras am Schrägbalkenkreuz hingerichtet (daher die Bezeichnung „Andreaskreuz"). Andere Formen: Andi, Andrea (italienisch), André (französisch), Andy (englisch), Andor (ungarisch), Anders (skandinavisch), Andres (friesisch), Anderi (österreichisch) und Andruscha (russisch).

Hubert: Es ist die neuere Form zu „Hugbert", aus dem Althochdeutschen „hugu" (Gedanke, Verstand) und „beraht" (glänzend). Andere Formen: Hugbert, Hubrecht, Hupp, Bert, Howard (englisch) und Hubertus (lateinisch).

Gerhard: Aus dem Althochdeutschen „ger" (Speer) und „harti" (hart). Andere Formen: Gerd, Gero, Qerrit (friesisch), Garrit (englisch), Gerard (französisch), Gellert (ungarisch), Gerardo und Galdo (italienisch, spanisch).

Magdalena: Aus der Bibel übernommener Vorname hebräischen Ursprungs (die aus Magdala Stammende). Maria Magdalena war nach der Bibel eine der treuesten Jüngerinnen Jesu; sie stand an seinem Kreuz und entdeckte als erste am Ostermorgen sein leeres Grab. Andere Formen: Lena, Lene, Leni, Lenchen, Magda, Madina, Magdalene, Mady, Maddy, Maud (englisch); Madeleine, Magalonne (französisch); Maddalena (italienisch); Madel, Malene (norwegisch); Madelena (spanisch), Lenka (slawisch), Madelina (russisch) und Alena (ungarisch).

14. Mai: Bonifatius, Christian, Iso, Michael:

<u>Bonifatius:</u> Aus dem Lateinischen übernommener Vorname, eigentlich „der Wohltäter". Mehrere Päpste trugen diesen Namen. Weitere Formen: Bonus, Bonifazius.

<u>Christian:</u> Aus dem Lateinischen übernommener Vorname griechischen Ursprungs, eigentlich „der Christ". Andere Formen: Karsten, Kersten, Kirsten, Chris (englisch) und Kristian (schwedisch). Weibliche Formen: Christiane, Christina, Christine und Christel.

<u>Iso:</u> Kurzform von Vornamen, die mit „Isen" gebildet werden.

<u>Michael:</u> Aus der Bibel übernommener Vorname hebräischen Ursprungs (Wer ist wie Gott?). Der Name war in der christlichen Welt seit dem Mittelalter als Name des Erzengels Michael weit verbreitet. In der Bibel besiegte Michael den Teufel und wurde deshalb als Schutzheiliger Israels und der Kirche gewählt. Andere Formen: Mike (englisch), Michel (französisch), Michele (italienisch), Mikael (dänisch), Michail (slawisch), Miguel (spanisch).

15. Mai: Sophie, Rupert, Isidor, Berta, Friedrich, Heinrich:

<u>Sophie (Sophia):</u> Aus dem Griechischen „sophia" (Weisheit). Im Altertum wurde die „hagia sophia" (heilige Weisheit) als Umschreibung für Christus gebraucht, danach für die Kirche selbst. Andere Formen: Sofia, Sofie, Soffi, Sophy (englisch), Sonja (russisch).

<u>Rupert:</u> Aus dem germanischen „hroth" (Ruhm, Ehre) und dem althochdeutschen „.beraht" (glänzend). Der Vorname war einst so weit verbreitet, dass seine süddeutsche Koseform „Rüpel" abgewertet wurde und seitdem als Bezeichnung für einen flegelhaften Menschen gebraucht wird. Andere Formen: Ruppert, Rupp, Ruprecht.

<u>Isidor:</u> Vorname griechischen Ursprungs von „Isidoros" (Geschenk der Göttin Isis).

Berta: Weibliche Form zu Bert. Bert kommt aus dem althochdeutschen „beraht" (glänzend). Im Ersten Weltkrieg wurde das Kruppgeschütz „Dicke Berta" genannt, und seitdem wird der Vorname heute selten gewählt. Andere Formen: Berte, Bertha, Bertel. Gerbert: Aus dem althochdeutschen „ger" (Speer) und „beraht" (glänzend).

Friedrich: Aus dem Althochdeutschen „fridu" (Friede) und „rihhi" (reich, mächtig). Der Name war im Mittelalter als Name vieler Kaiser und Könige weit verbreitet. Andere Formen: Frido, Fridolin, Friedel, Fritz, Frederic (französisch); Fred, Freddy (englisch); Feodor (russisch); Federico (italienisch); Federico (spanisch);Fredrik (schwedisch). Weibliche Formen: Friederike, Frederike.

Heinrich: Aus dem althochdeutschen „hagan" (Hof) und „rihhi" (reich, mächtig). Andere Formen: Hinrich, Hinz, Heinz, Heihi; Harry und Henry (englisch); Enrico (italienisch); Jendrik (slawisch); Heintje, Heino, Henner, Henning, Heinke (friesisch); Genrich (russisch).

87. Der Bischof Mamertus (11. Mai)

Mamertus, ein Bruder des Dichters Claudianus Mamertus, wurde im Jahr 461 zum Bischof von Vienne im heutigen Departement Isère gewählt.

Drei Jahre nach seiner Wahl legte er sich mit Papst Hilarius an, weil er gegen eine im Jahr 450 beschlossene Neueinteilung der Kirchenprovinz Vienne und Aries verstieß und einen neuen Bischof in Dienst einsetzte. Hilarius erteilte Mamertus deshalb einen scharfen Tadel.

Nachdem zahlreiche Feuer und Erdbeben die Stadt Vienne verwüstet hatten, führte Bischof Mamertus die sogenannten „Drei Bittgänge" vor dem Fest Christi Himmelfahrt ein, Prozessionen zur Erflehung göttlicher Hilfe oder zur Abwendung von Gefahren. Außerdem richtete er die schon vorher bestehenden Litaneien, die Wechselgebete und allgemeinen Bittprozessionen ein, die sich dann in Spanien und dem damaligen Gallien schnell verbreiteten.

88. Der Märtyrer Pankratius

Die Legende berichtet von Pankratius, dass er als Sohn eines vornehmen christlichen Römers um 290 in Kleinasien geboren wurde. Bald nach seiner Geburt starb sein Vater. Pankratius wurde von seinem Onkel Dionys aufgenommen und erzogen.

Um 303 zogen beide nach Rom. Zu jener Zeit herrschte der grausame Christenverfolger Diokletian als Kaiser; das Bekenntnis zum christlichen Glauben kam dem Todesurteil gleich.

Pankratius aber ließ sich nicht einschüchtern. Mit seinem ererbten Vermögen versuchte er, das Leid der Christen, insbesondere das Schicksal der gefangenen Gläubigen, zu lindern. Schon bald aber wurde er verraten und vom Statthalter des Kaisers verhaftet. Zuvor verschenkte er noch sein gesamtes Hab und Gut unter den Christen. Kaiser Diokletian versprach Pankratius alle Vorteile des Lebens, falls er dem Christenglauben abschwören würde.

Pankratius aber ließ sich nicht von seinem Glauben abbringen. Rasend vor Wut über diese Standhaftigkeit, ließ Diokletian schließlich das Todesurteil über Pankratius sprechen. Am 12. Mai des Jahres 304 – es war das schrecklichste Jahr der Christenverfolgung durch Kaiser Diokletian – wurde Pankratius öffentlich enthauptet. Bis zum letzten Augenblick pries der mutige Christ Jesus Christus.

Den Leichnam des jungen Märtyrers ließen die Schergen zum Fraß für die Hunde liegen. Eine Christin nahm unter Lebensgefahr den Körper von Pankratius auf und trug ihn zu den Katakomben, wo ihn eine Gruppe Gläubiger beisetzte. Über dem Grab errichtete Papst Symmachus im Jahr 500 eine Kirche zu Ehren von Pankratius.

89. Der Bischof Servatius

Über das Leben von Servatius gibt es nur wenige sichere Daten. Etwa um 340 wurde er zum Bischof von Tongern ernannt. Am 13. Mai 384 starb Servatius in Maastricht.

Die Legende erzählt, dass er seinen Tod kommen fühlte und deshalb nach Maastricht ging, da er dort begraben werden wollte. Eine andere Überlieferung berichtet, er sei den Märtyrertod gestorben. Die Verehrung für Servatius erlebte nach dem Einfall der Vandalen im Jahr 406, den der Bischof vorausgesagt haben soll, einen großen Aufschwung. Das Grab von Servatius in der Servatius-Kirche in Maastricht entwickelte sich im Mittelalter zu einer bedeutenden Wallfahrtsstätte. Besucht wurde die Kirche und die Grabstätte von Servatius auch von Karl dem Großen, Heinrich II, Karl Martell und dem Heiligen Bernhard von Clairvaux.

Ab Ende des 14. Jahrhunderts ist eine Reliquienverehrung im Sieben-Jahre-Rhythmus bezeugt. Ihre Blüte hatte diese Tradition Ende des 15. Jahrhunderts, als etwa über 100,000 Pilger dem Maastrichter Servatius-Fest beiwohnten. Danach geriet der Brauch rund drei Jahrhunderte so gut wie in Vergessenheit, bis er 1829 wieder aufgenommen wurde. Seither wird wieder alle sieben Jahre zur Heiligtumsfahrt eingeladen.

Bei der Prozession werden das Haupt, das Brustkreuz, der Bischofsstab, die Patene und der Kelch von Servatius durch die Straßen getragen. Den Mittelpunkt bildet der Goldschrein mit den Gebeinen des Stadtpatrons.

Servatius wird meist in bischöflichen Gewändern dargestellt, oft mit Brille und Buch als Zeichen für seine Gelehrtheit. Auch Holzschuhe sind ihm hin und wieder beigegeben, da er der Legende nach mit diesem Schuhwerk erschlagen wurde. Abgebildet wurde der Bischof auch, wie er mit seinem Stab einen Drachen tötet oder wie er, als Pilger in der Sonne schlafend, von einem Adler Luft zugefächelt bekommt.

90. Der Märtyrer Bonifatius

Der große Bonifatius ist der Apostel der Deutschen, hat er doch im 8. Jahrhundert in Deutschland missioniert. Über sein Leben und Wirken allerdings gibt es keine historischen Überlieferungen, die meisten Angaben stammen aus Legende

Danach soll Bonifatius im Auftrag einer reichen Römerin nach Tarsus in Kleinasien gekommen sein, um dort Reliquien von Märtyrern ausfindig zu machen. In Tarsus erlebte Bonifatius, bis dahin heidnischen Glaubens, wie mehrere Christen gefoltert und getötet wurden.

Unter dem Eindruck dieses Erlebnisses wurde er zum christlichen Glauben bekehrt, bekannte dies öffentlich und erlitt daraufhin das Martyrium. Er soll in siedendem Pech getötet worden sein.

91. Die Märtyrerin Sophia

Sophia, eine junge Frau in Rom, erlitt wegen ihres christlichen Glaubens während der Verfolgung unter Kaiser Diokletian im Jahr 305 den Martertod.

Um das Jahr 846 übertrug Papst Sergius II. die Reliquien der Martyrerin in die Kirche St. Martino ai Monti in Rom, wo sie unter dem Hochaltar beigesetzt wurde.

92. Sitten, Feste und Bräuche am Mamertustag

Am 11. Mai wird in England der „Blumentanz" gefeiert, ein Fest zum Winteraustreiben, das auf die Sachsen zurückgeht und ein ganzes Dorf in Bewegung bringt. Zwischen sechs und sieben Uhr in der Frühe findet der Arbeitertanz statt, danach wird kräftig gefrühstückt. Um zehn Uhr tanzen die Kinder, Punkt Mittag sind dann alle Erwachsenen dran, in festlicher Kleidung – die Männer mit Zylinder und Cut und einem Maiglöckchenstrauß im Knopfloch.

Die Tänzer müssen durch das ganze Dorf tanzen, immer durch die Vordertür eines Hauses hinein und zur Hintertür hinaus, wobei vorher ausgemacht wird, welche Häuser und Läden durchtanzt werden. Ausgewählt zu werden, ist eine große Ehre. Der Tanz dauert eine Stunde, dann haben die Tänzer zehn Minuten Verschnaufpause und schon geht's zurück. Zwei Kapellen an der Spitze und am Ende der jeweiligen Tanzschar sorgen für Musik. Zum Schluss gibt's ein großes gemeinsames Essen und ein Gartenfest.

Das klassische Essen nach dem Blumentanz ist ein Semmelpudding mit reichlich Rosinen, Korinthen und kandierten Früchten, den man mit Zitronensauce isst.

Früher gab es in Mitteldeutschland den Eichhörnchentag. Da ist man in die Tannenwälder gezogen und hat Eichhörnchen gejagt, die Tiere, die dem Wettergott Donar heilig waren. Heute sollte die Gelegenheit wahrgenommen werden, die Tiere zu beobachten und zu füttern.

93. Pankratius: Patron der jungen Pflanzen und Blüten

Holder und Schlehen, Getreide und Klee, Gras und Laub – das sind die am weitesten verbreiteten und aussagekräftigsten Wetterpropheten unter den Pflanzen – und sie weisen wie Wegweiser in zwei Richtungen: auf den Ertrag und auf die Art des Winters:

„Reifen die Früchte spät, so erwartet man einen warmen, freundlichen Herbst."

„Wenn Regen bevorsteht, schließt der Ackergauchheil seine winzigen roten Blüten. Man nennt ihn daher auch gern Regenblume, Gewitterblume, Schönwetterblume."

„Schön Wetter künden die Anemonen, wenn sie ihre Blüten weit öffnen; schlechtes, wenn sie ihre Kronen geschlossen halten."

„Blüht der Stock in vollem Licht, große Beeren er verspricht."

„Findest du die Birke ohne Saft, kommt bald der Winter mit voller Kraft."

„Fließt jetzt noch der Birkensaft, dann kriegt der Winter keine Kraft."

„Halten Birken und Weiden ihr Gipfellaub lang, ist ein baldiger Winter und gutes Frühjahr im Gang."

„Sitzen die Birnen fest am Stiel, bringt der Winter Kälte viel."

„Von wilden Blümchen die roten und Spechte sind Frühlingsboten."

„Wenn die Bohnen üppig geraten, geraten auch trefflich die Saaten."

„Fällt's Buchenlaub früh und schnell, wird der Winter streng und hell."

„Viel Buchnüsse und Eicheln, wird der Winter nicht schmeicheln."

„Wenn die Bucheckern geraten wohl, Nuss- und Eichbaum hangen voll, so setzt ein harter Winter drauf und fällt der Schnee im großen Hauf."

„Wenn das Buschwindröschen seinen weißen Blütenstern glockenförmig verschließt, die Sumpfdotterblume ihre Blätter zusammenzieht, so ist regnerisches Wetter zu erwarten."

„Blüh'n die Disteln reich und voll, ein schöner Herbst dir blühen soll."

„Eichäpfel früh und sehr viel, bringen vor Neujahr Schnee in Füll'."

„Hat die Eiche viele Eicheln, wird der Winter streng uns streicheln."

„Treibt die Eiche vor der Esche, hält der Sommer große Wäsche. Treibt die Esche vor der Eiche, hält der Sommer große Bleiche."

„Wenn die Eichen viel' Früchte tragen, wird der Winter lange tagen."

„Wenn die Erdbeeren geraten, so geraten auch die Trauben."

„Wenn der Flieder langsam verblüht, die Ernte sich lang hinzieht."

„Wie schnell oder langsam der Flieder blüht, es ebenso mit der Ernte geschieht."

„Um Korn und Wein wird schlimm es steh'n, je später wir Blüten am Schlehdorn sehn."

„Wenn die Kornhalme in der Blüte sind, so ist gut für sie der Wind."

„Viel Heu – wenig Korn."

„Werden früh die Wiesen bunt, labt ein edler Wein den Mund."

„So die Buben und die Mädchen in die Haselnüsse gehen, gibt es viele Kinder."

„Solange der Holunderbaum nicht ausschlägt, ist noch Frost zu befürchten."

„Wie der Holder blüht, Rebe auch und Lieb erglüht; blühen beid' im Vollmondschein, gibt's viel Glück und guten Wein."

„Wie der Holunder blüht, so blühen auch die Reben."

„Der Klee lässt bei nahendem Unwetter seine Blütenköpfe hängen und faltet seine Blätter zusammen."

„Wenn der Klee aufrecht steht, bald ein Sturm darüber geht."

„Lässt die Königskerze den Kopf hängen, steht schlechtes Wetter bevor."

„Wenn großblumig wir viele Disteln erblicken, will Gott gar guten Herbst uns schicken."

94. Servatius: Patron gegen Ungeziefer-, Ratten- und Mäuseplagen

Aus dem „Handbüchlein der Sympathie" von 1858:

„Um Ratten und Mäuse zu vertreiben, lege man abgezogene Köpfe von Ratten oder Mäusen hin."

„Dass Mäuse nicht Bücher anfressen, stelle man ein Glas mit Wasser dazu."

„Um Ratten vom Gehöft zu vertreiben, halte man einen roten Hahn."

„Um Hausgrillen los zu werden, bringe man Feldgrillen dazu; diese verjagen jene und bleiben selber nicht da."

„Dass keine Fliegen in das Haus kommen, hänge man einen Wolfsschwanz davor auf."

„Vor Mücken Ruhe zu haben, hänge man einen Rossschweif vor die Tür."

„Sperlinge von den Kirschbäumen abzuhalten, hange man in die Wipfel tote Sperlinge."

„Maulwürfe zu vertreiben: Man hänge tote über den Haufen."

„Um Bäume vor Ameisen zu schützen, wickle man Lumpen von alten gebrauchten Fischernetzen unten um die Stämme."

„Um Obstbäume von Raupen zu befreien, bohre man ein Loch schräg abwärts in den Baum, gieße Baumöl hinein und pfropfe es zu. – Man schüttele die Bäume am Karfreitag vor Sonnenaufgang."

„Um Pflanzen vor Raupen zu sichern, lasse man den Samen durch eine Schlangenhaut laufen."

„Um Raupen zu vertilgen, koche man Raupen in Wasser und besprenge mit diesem die Erde, nicht die Pflanzen selber."

95. Servatius: Patron gegen Rheumatismus

Sympathische Heilungen gegen Rheuma – Aus dem „Handbüchlein der Sympathie" von 1858:

„Suppe von Katzenfleisch essen."

„Kurzhaarige Hunde bei sich liegen haben."

„Eine Kreuzspinne in einer hohlen, mit Wachs verklebtem Ruß drei Tage am Hals getragen und dann verbrannt."

„Sieben Morgen hintereinander verbranntes und gepulvertes Menschenhaar in Wein genommen."

„Gedörrten und pulverisierten Menschenkot mit Honig gemischt unbewusst in Wein genommen."

„Trinke mehrere nacheinander des Morgens nüchtern von seinem Urin."

„Urin vom Patienten mit Hafermehl gekocht und den Brei einem hungrigen Hunde zu fressen geben."

„Ein reines leinenes Tuch in des Patienten Urin getaucht und an der Sonne getrocknet, und dies so oft wiederholt, bis das Tuch gelb ist."

„Speichel von einem Saugfohlen in Wein genommen."

„Den Saft aus frischem Pferdemist gepresst und eingenommen; das Pferd muss aber zuvor reinen Hafer gefressen haben und von dem Geschlecht des Patienten sein."

96. Keine Chance für die kalte Sophie

Die „kalte Sophie" (15. Mai) hat ein Herz aus Eis. Sie ist die letzte der Eisheiligen und lässt über Nacht alle Blütenträume schwinden. Es klingt ziemlich verrückt: Man kann die „kalte Sophie" mit ihren eigenen frostigen Waffen schlagen. Die zarten Obstblüten können durch Vereisung vor dem Tod durch Erfrieren geschützt werden. Das Prinzip ist einfach: Frostschutz durch Beregnen.

Kann Eis denn wärmen? Kann man den Teufel mit dem Beelzebub austreiben? Es funktioniert, wie man seit Jahren weiß.
Wenn eine Obstblüte in einer frostigen Maiennacht auf normale Weise einfriert, ist die Katastrophe dreifach vorprogrammiert. Die Eiskristalle zerbrechen die Zellwände. Sie entziehen der Zelle das Wasser, so dass sie austrocknet: Die Blüte wird „gefriergetrocknet". So sehen dann auch am nächsten Morgen die Blüten wie „braun verbrannt" aus. Und wenn es nach der Frostnacht am Tage wieder wärmer wird, strömt das frei werdende Schmelzwasser so schnell durch die Zelle, dass ihre Wände platzen.

Gefrorenes Wasser, das durch Beregnung auf den Blüten entsteht, hat eine umgekehrte Wirkung. Wenn es Wasserstaub regnet, entsteht ein schützender „Eismantel" auf der „Haut" der Blüten. Wie beim Verdunsten von Wasser Kälte erzeugt wird, entsteht beim Gefrieren von Wasser Wärme, die an die Blütenzelle abgegeben wird. Doch ist diese „Erstarrungswärme" nach kurzer Zeit verbraucht, so dass nur eine ständige Berieselung für einen sicheren Frostschutz sorgen kann. Die Gefrier- oder Erstarrungswärme des Eises hält die Blüte auf einer Temperatur von minus 0,5 Grad Celsius, bei der sich in der Zelle noch keine Eiskristalle bilden. Der „Eismantel" schützt vor Frostschäden bis minus sechs Grad. Tiefere Nachttemperaturen bringt wohl auch die „kalte Sophie" nicht. Sie hat also keine Chance, den Blütenflor zu zerstören – denn Eis hält warm!

97. Gedicht: Wenn Blütenträume schwinden

Das weiß die kalte Sophie nicht,
wenn sie des Gärtners Herz zerbricht.
Schneeflocken taumeln im Maienschein,
die Heilige schickt Eis herein.
Sie hat ein Herz von hartem Stein,
küsst tot die zarten Blümelein.

Ein kalter Tropfen fällt auf die Bohnen,
die im Garten drüben wohnen.
Sie sehen aus wie braun gebrannt,
in nackter Haut vom Beet verbannt.

So manches zartes Pflänzchen zittert,
wenn es den Frost der Nacht schon wittert.
Sie ducken sich ins tiefe Gras
und nehmen unter Schollen Maß.
Verschwunden ist die Blütenpracht
in einer kalten Maiennacht.

Dieter Kremp

98. Maiglöckchen: Glückskinder des Waldes

Unser erster Maienspaziergang führte immer in den nahen Buchenwald. Hier strecken die Maiglöckchen zart nickend ihre kirschblütenweißen Glöckchen aus dürrem Laub hervor, umgeben von einer Legion grüner Grashalme, die wie tapfere Ritter ihre jungen Frühlingskinder beschirmen.

Es sind die zierlichen Maiglöckchen, die unter all den vielen farbenfrohen Frühlingsboten eine besondere Rolle spielen. Die kleinen, zu wiegenden Trauben übereinander gereihten Blütenglöckchen, üben einen seltsamen Reiz aus. Maiglöckchen sind die wahren Glückskinder des Frühlings, Boten des Duftes, ungekrönte Königinnen.

Convallaria majalis, wie klangvoll lautet der botanische Name dieser so wundervoll duftenden und doch so bescheidenen Blume unter dem schattigen Laubdach des erwachenden Laubwaldes!

Ein Sträußchen Maiglöckchen ist so recht geschaffen als kleine, liebevolle Aufmerksamkeit für Menschen, die uns nahe stehen. Freundlich beglücken wir damit die Mutter an ihrem Ehrentag.

In der Duftmusik der Frühblüher gibt das poetische Aroma der Maiglöckchen unbestreitbar den Ton an. Die unbeschreibliche Süße des Wohlgeruchs der Maiblumenblüten inspirierte die Dichter der Romantik zu Liebeslyrik. „Ihr Duft bricht das Eis des Winters", meinte Heinrich Heine.
„Schon das tiefe Einatmen ihres wunderbaren Heildufts lindert die Atemnot, stärkt das alternde Herz und macht das Treppensteigen leichter", beschreibt ein Kräuterkundler zu Beginn des vorigen Jahrhunderts den wohltuenden Duft frisch erblühter Maiglöckchen.

Wie Versuche mit depressiven Patienten zeigen, scheint der Maiglöckchenduft auch „Seelenarznei" zu sein. Nach dem Einatmen der Blütendüfte bessert sich der seelische Zustand des Kranken: Maiglöckchenaroma als Heilmittel der Psychotherapie.

Das prächtige Duftjuwel ist nicht so empfindlich wie das wohlriechende Veilchen, hält es doch seine herzerfrischende Duftspende nicht zurück, wenn es gepflückt wird. Pflücken kann man einen Maiglöckchenstrauß im schattigen Buchenwald, wenn man das Glück hat, unter lichtem Buschwerk auf eine Kolonie blühender Maiblumen zu stoßen.

Sie stehen nie einzeln, lieben die Gesellschaft, in der sie um die Wette duften. Übrigens, ein natürliches Maiglöckchenparfüm wird industriell nicht hergestellt. Das französische „Muget" ist ein nach Maiglöckchen duftendes Extraktöl aus Freesia-Arten.

„Lilium convallium" hieß das Maiglöckchen ursprünglich in der Vulgata, der lateinischen Bibel: „Lilie der Täler".
Zur „Lilie des Waldes" ist sie in Deutschland erkoren. „Marienlilie", „ Maililie", „Marienglöckchen" und „Maienschelle" heißt die „Meyblome" auch bei uns. Letzterer war ihr erster deutscher Name im „Gart der gesuntheit" von 1485.

Die glockigen, nickenden, weißen Blüten stehen in lockerer, einseitswendiger Traube an kahlen Stängeln, die sich jeweils zwischen zwei Blättern entwickeln. Die Blüten sind ohne Nektar: Honigbienen und Hummeln, die sie besuchen, bieten sie nur Pollen. Wenn Fremdbestäubung ausbleibt, genügt auch Selbstbestäubung für einen Fruchtansatz. Will man Maiglöckchen in einem Schattenbeet im Garten bewundern, muss man sich die Wurzelstöcke in einer Gärtnerei besorgen. Das Ausgraben der Waldpflanzen ist verboten.

Im Schatten unter Bäumen und Sträuchern behaupten sich die Ausläufer des Maiglockchens auch gegen starken Wurzeldruck. Günstig ist feuchte, humusreiche Erde, die ihren ursprünglichen Standort entsprechend mit etwas saurem Laubkompost vermischt werden kann. Nach wenigen Jahren bilden sich blühende und duftende Gartenteppiche. Abweichend vom „Wald-Maiglöckchen" (Convallaria majalis), gibt es mit der großblumigen „Grandiflora" und der rosa tonenden „Rosea" auch zwei hübsche Zuchtsorten.

Doch Vorsicht! Die Duftperle ist in Kinderhänden gefährlich. Alle Teile der Pflanze enthalten hochgiftige Wirkstoffe. Die giftigen Inhaltsstoffe sind wasserlöslich und gehen in das Blumenvasenwasser über, in denen Maiglöckchen längere Zeit stehen. Tödliche Vergiftungen durch das Trinken des Blumenvasenwassers sind schon vorgekommen. Auch werden schwerste Vergiftungen durch den Genuss der scharlachroten Beeren oder durch das Kauen der Blütenstiele verursacht.

Infolge seiner Giftigkeit ist das Maiglöckchen als Teeheilpflanze nicht anzuwenden. Maiglöckchenpräparate sind nicht als Hausmittel verwendbar, sondern nur auf ärztliche Verordnung hin zu nehmen. Unsere Vorfahren kannten die stark wirkenden Herzgifte noch nicht.

So wurden noch im 19. Jahrhundert Maiglöckchenblätter als Tee zur Körperentwässerung gebraucht. Die Bedeutung des Maiglöckchens in der Volksmedizin früherer Zeiten war so groß, dass man glaubte jede Krankheit damit behandeln zu können.

Da hört sich die Rezeptur des Engländers Gerard um 1830 schon originell an: „Man tue die Maiglöckchen in ein Glas und setze dies in einen Ameisenhügel, lasse es dort einen Monat lang, und wenn man es dann herausnimmt, wird man darin eine Flüssigkeit finden, die Schmerzen und Gift beseitigt, wenn man sie äußerlich anwendet."

Als Arzneipflanze in der Hand des Arztes ist das Maiglöckchen in der Herztherapie heute nicht mehr wegzudenken. Die Herzglykoside haben eine ähnliche Wirkung wie die giftigen Inhaltsstoffe des Oleanders und des Roten Fingerhutes. Sie wirken herzmuskelstärkend, der Schlagrhythmus stabilisiert sich, die Auswurfleistung wird erhöht: Die „Pumpe" arbeitet wieder mit gewohnter Leistung.

99. Gedicht: Hehrer Maienduft

Maiglöckchen läuten mit hellem Klang
den holden Lenz in Heim und Haus.
Lerchen trillern ihren Sang
ins Blumenmeer hinaus.

Hehrer Duft erfüllt den Wald,
Vogelsang im Feld erschallt.
Veilchen strecken ihre Ohren
neugierig aus dem Moos hinaus.

Immen summen im Blütenduft
holdselig in der lauen Frühlingsluft.
Falter schwärmen um die Blumen,
Hummeln in den Wiesen summen.

Alles Leben neu erwacht,
Schwalben flieg'n in Hochzeitstracht,
junges Maid in Maientracht
circend in den Gärten lacht.

Bienen träumen schon,
wenn süßer Trank in Nektarlabe
Mutter Maya steigt auf ihren Thron,
tanzend voll von hehrer Gottesgabe.

Göttin Flora lädt zur Hochzeit ein,
taumelnd in des Maien Sonnenschein.
Immen trinken Honigwein
im Blütenrausch am Wiesenhain.

Dieter Kremp

100. Eine Maibowle aus Waldmeister

In den schattigen Säulenhallen der Buchenwälder, wo er im Mai oft einen sattgrünen Teppichbelag bildet, gedeiht der Waldmeister, im Volksmund auch „Maikraut", „Maiblume", „Waldtee", „Meisterkraut", „Maitrank", „Wohlgeruch", „Waldmännlein" und „Marienkraut" genannt.

Der Waldmeister mit den kleinen weißen Sternchenblüten blüht im Mai und Juni, verwelkt dann vorzeitig, um im nächsten Jahr aus einem dünnen, weithin kriechenden Wurzelstock erneut auszuschlagen. Es ist eine alte Heilpflanze, der in der nordischen Mythologie eine mystische Kraft zugeschrieben wurde. Im heidnischen Glauben unserer Vorfahren heilig, bekam der Waldmeister erst später auch christliche Namen: Marienkraut, weil er im Marienmonat Mai blüht. Seit alten Zeiten glaubte man, dass er die Geburt erleichtere, und band ihn an die Beine gebärender Frauen. Die zerdrückte Pflanze wurde auf frische Wunden gelegt.

Der Waldmeister duftet vor der Blütezeit besonders stark nach Cumarin, das sich im welken Zustand abspaltet, so dass der typische Waldmeisterduft entsteht, ein angenehmer, würziger Duft, der Limonaden, Liköre, Eis und Puddingpulver aromatisiert. Der Duftstoff ist so begehrt, dass Cumarin schon seit langem synthetisch hergestellt wird.

Im Garten ist Waldmeister als bodendeckende Pflanze leicht zu ziehen, wozu er aber die Nachbarschaft schattenspendender Sträucher braucht. Empfehlenswert ist ein stark humusreicher, feuchter Boden, leicht sauer, der jährlich durch eine Gabe Laubkompost ergänzt wird. Setzt man an solchen Stellen bewurzelte Pflanzenteile ein, breitet er sich schnell aus. Eine Vermehrung durch Samen ist nicht ratsam.

Die früher übliche Verwendung in der Volksheilkunde ist nicht ganz unproblematisch, da es durch die stark gefäßerweiternde Wirkung des Cumarin leicht zu inneren Blutungen kommen kann, besonders bei Magen- oder Darmgeschwüren. Eine Überdosierung ist streng zu vermeiden, da der überreiche Genuss auch zu Kopfweh, Schwindel und Erbrechen führen kann. Im Dauergebrauch oder kurmäßig genommen ist Waldmeistertee nicht zu empfehlen, da bestimmte Inhaltsstoffe der Pflanze unter Umständen krebserregend wirken können.

In der Medizin wird Waldmeister in Fertigpräparaten bei Venenerkrankungen und bei Durchblutungsstörungen mit Erfolg angewandt. Nehmen wir den Waldmeistertee als Aufguss des Krautes, so wirkt er sicher gegen starke Kopfschmerzen, Migräne und unregelmäßige Herztätigkeit.

Man halte sich jedoch bei der Zubereitung strikt an die Dosierung: Nur 1 Teelöffel des getrockneten Krautes pro ¼ Liter Wasser, das man nicht länger als fünf Minuten ziehen lässt. Nur so ist es wohlbekömmlich. Die Pflanze ist im Volksglauben auch als Wetterprophetin berühmt, da sich der Geruch bei kommender Wetteränderung jedes Mal verstärkt.

Mit dem Waldmeister oder Maikraut unzertrennlich verbunden ist die Maibowle, an der sich schon im Jahre 854 die Benediktinermönche erfreuten. Diese wussten bereits, dass man das Kraut zunächst antrocknen lassen soll, wodurch das Aroma erheblich verbessert wird. „Schütte den perlenden Wein auf das Waldmeisterlein!", reimten unsere Vorfahren schon im Mittelalter, wenn sie ihren Maitrank zubereiteten.

Man nimmt drei bis vier Kräutlein nicht ganz aufgeblühten Waldmeister (nicht mehr!), bindet ihn mit einem Zwirnsfaden zusammen, um das Bündelchen kopfüber in das Bowlengefäß zu hängen. Darüber gießt man einen halben Liter Weißwein und lasst es zwanzig Minuten (nicht länger!) zugedeckt stehen. Danach nimmt man die Pflänzchen wieder heraus und gießt mit Weißwein und Sekt (oder Mineralwasser) auf. Maibowle wird kalt getrunken.

Man kann auch eine alkoholfreie Maibowle zubereiten: Drei Kräutlein legt man in zwei Liter weißen Traubensaft oder Süßmost. Nach zwanzig Minuten entfernt man den Waldmeister und kühlt die Bowle im Eisschrank. Vor dem Servieren gießt man einen Liter eisgekühlten Kohlensäuretraubensaft hinzu. Auch bei der Zubereitung der Maibowle gilt: Bei Überdosierung gibt es Kopfschmerzen.

Mit einem Sträußlein Waldmeister lässt Josef Guggenmos „Zum Muttertag" grüßen: „Weiß und grün ist mein Strauß, hübsch bescheiden sieht er aus. Frisch vom Wald kommt er herein, rieche nur, er duftet fein! Nimm! Vom Frühling ist's ein Stück. Ich wünsche dir, Mutter, lauter Glück!"

101. Gedicht: Waldmeisterlein

Im Walde zieren hübsch und fein
Maikräuter sich im weißen Schein.
Die Sternchen blicken kühn ins Mondenlicht,
verzaubem sanft ihr Angesicht.

Ihr Duft betört die holden Immen,
die triebhaft in die Blüten klimmen.
Ihr Blümelein, so zart und rein,
strahlt Schönheit aus im Maienschein.

Die Blättchen schaukeln sanft im Wind,
sie strömen in der Lüfte lind
den Trank der Labe köstlich aus
und binden einen Blumenstrauß
für Mütterchen in ihrem Haus.

Maigöttin Maya lässt schon grüßen
und hehre Düfte durch die Stube fließen.

Dieter Kremp

102. Säen nach dem Blühkalender (Was Großvater noch wusste)

Für den Frühlingsanfang hat der offizielle Kalender lediglich den 21. März anzubieten, jedes Jahr wieder, so was Stures. Die Natur aber weiß es besser. Der sogenannte Hochfrühling mit dem Beginn der Apfelblüte beginnt in Deutschland je nach Lage zwischen dem 15. April und dem 30. Mai, also in einer Zeitspanne von rund sechs Wochen. Damit man mit der Gartenarbeit nicht zu früh beginnt, kann man sich an bestimmten Naturerscheinungen, wie zum Beispiel Schneeglöckchen- oder Apfelblüte, orientieren.

Aber nicht nur für das Frühjahr, auch für den Rest des Jahres kennt man solche Anhaltspunkte. Erstaunlich an der Beobachtung dieser Dinge ist, dass es sogar Unterschiede von bis zu zwei Wochen in benachbarten Gärten gibt.

Großvater richtete sich bei der Aussaat noch nach dem Blühkalender der Natur. Jeder konnte sich durch gründliches Hinschauen, Ausprobieren und Notieren mit der Zeit seinen persönlichen Naturkalender zusammenstellen. Sind die Schneeglöckchen voll aufgeblüht, kann man mit den ersten Aussaaten und Pflanzungen im warmen Frühling beginnen. Blüht der Huflattich, fängt die Zeit für das Freiland an: Schwarzwurzeln, Spinat, Puffbohnen, Möhren, Zwiebeln und Mairüben können ausgesät, Steckzwiebeln, Frühkohl und Schalotten gepflanzt werden. In schweren Böden sollte man damit warten, bis die Forsythien blühen.

Werden Gemüseaussaaten erst dann vorgenommen, wenn der Wein Blätter hat, wachsen die Pflanzen rasch heran und können die vorgezogenen Saaten durchaus noch einholen. Entfaltet die Stachelbeere ihre Blätter, fängt auch der Rasen wieder zu wachsen an. Dann können Kohl- und Salatsaaten im kalten Kasten vorgenommen werden. Zur Zeit der Magnolienblüte droht bei klarem Himmel noch Nachtfrost. Empfindliche Pflanzen müssen daher geschützt werden.

Im Mai orientiert sich die Gartenarbeit an den Eisheiligen (12. bis 15. Mai). Kohlarten, Porree, Kohlrabi, Wurzelgemüse und die verschiedenen Salate können vorher gesät und gepflanzt werden. Nach den Eisheiligen kommen auch empfindliche Kulturen wie Tomaten, Gurkengewächse und Bohnen ins Freiland. Blüht der Holunder, können Winterporree und Endivie ausgesät werden. Gepflanzt werden auch Winterkohl und verschiedene Salate. Blüht das Johanniskraut, ist es Zeit, letzte Saaten von Möhren, Salat und Buschbohnen vorzunehmen.

Den Beginn des Hochsommers zeigen die Blüte der Madonnenlilie und die Reifung der Roten Johannisbeere an. Das Spätgemüse wie Chinakohl und Knollenfenchel wird jetzt ausgesät und der Grünkohl gepflanzt. Blüht das Heidekraut und sind die Beeren der Eberesche reif, können Aussaaten für die Herbsternte von Feldsalat, Radieschen, Spinat und Herbstrüben in die Erde. Die Goldrutenblüte gegen Ende des Sommers zeigt die Zeit für den Heckenschnitt an. Die Brutzeit der Vögel ist auch vorbei, so dass eventuell vorhandene Nester in der Hecke nicht mehr gefährdet sind.

Spinat und Feldsalat für die Frühjahrsernte kann ausgesät werden, wenn Holunder- und Brombeeren reif sind. Um diese Zeit blüht auch die Herbstzeitlose. Jetzt gesteckter Knoblauch wächst besser als erst im Frühjahr in die Erde gebracht. Mit den ersten kalten Tagen ist zu rechnen, wenn die Zugvögel von Norden her über unsere Gärten fliegen. Sind die Kastanien und Walnüsse reif, können erste Fröste auftreten. Frostempfindliche Pflanzen müssen geschützt werden. Einlagerungsgemüse kann aber noch im Garten bleiben.

Verliert die Rosskastanie ihr Laub, wird der Garten für den Winter vorbereitet. Der letzte Rasenschnitt ist fällig. Wintergemüse kommt ins Vorratslager. Schwere Böden werden umgegraben, damit der Frost eindringen und die Erde sich lockern kann. Leichte Böden müssen nur gelockert und bedeckt werden.

103. Gebratene „Feigen" aus Scharbockskraut

Die jungen, zarten Blätter des Scharbockskrautes (Ficaria verna) waren für unsere Vorfahren die erste Frühjahrsmedizin nach dem langen Winter, enthalten sie doch reichlich Vitamin C. Mit Hilfe des Krautes konnte der gefürchtete Skorbut oder „Scharbock" erfolgreich bekämpft werden.

Der Name Scharbockskraut wird als „Skorbutkraut" gedeutet. Allerdings sollten die herz- bis nierenförmigen Blätter im zeitigen Frühjahr als Wildsalat geerntet werden, bevor die Pflanze ihre sonnengelben Blütenblätter entfaltet. Denn während der Blütezeit im April/Mai steigt ein sogenannter Scharfstoff, das Protoanemonin, in den Blättern an, das fast alle Ranunkelgewächse enthalten.

In unseren Wäldern zeigt das Scharbockskraut, im Volksmund auch „Mangelkraut" genannt, schon im März die oberseits fettig-glänzenden Blätter, die ausgedehnte Blätterteppiche bilden. Die acht bis zwölf glänzend-gelben Blütenblätter öffnen sich dann Ende April, Anfang Mai und bilden wahre Sonnensternmeere oft an den gleichen Stellen, wo vorher schon Buschwindröschen blühten. Da die Blüten ultraviolettes Licht stark reflektieren, wirken sie für Bienen, die diese Wellenlängen wahrnehmen, nicht wie für unser Auge gelb, sondern purpurfarben.

Fliegen und Bienen besuchen zwar die Blüten, dennoch setzt das Scharbockskraut selten Frucht an. Dafür vermehrt es sich leicht durch Brutknöllchen, die sich nach der Blütezeit in den Blattachseln als getreidegroße Gebilde entwickeln. Durch heftige Regenschauer werden sie weggespült, so dass man das Gefühl hat, hier habe es „Getreide geregnet". So heißt das Scharbockskraut im Volksmund auch „Gerstenkorn".

An den Wurzeln entwickeln sich im späten Frühjahr kleine Stärkeknöllchen, die ähnlich aussehen wie kleine Feigen. So kam das Scharbockskraut auch zu seinem Namen „Feigwurz". Die Stärkeknöllchen werden in Butter gebraten und ergeben eine köstliche Delikatesse als Gemüsebeilage.

Im Aberglauben unserer Vorfahren spielten die Wurzeln des Scharbockskrautes mit ihren Knöllchen eine große Rolle: Man hing sie im Kuhstall auf, weil sie ähnlich wie Kuhzitzen aussehen und die Blüten der Pflanze die Farbe von fettreicher Butter haben („Butterblume").

In der Medizin verwendet man aus dem Scharbockskraut hergestellte Heilmittel gegen Hämorrhoiden. Aus der getrockneten Pflanze stellt man einen Teeaufguss her. Zwei Teelöffel der Droge werden mit ½ Liter kochendem Wasser übergossen und zehn Minuten ziehen gelassen. Den Tee trinkt man gegen Hautunreinheiten, schluckweise über den Tag verteilt und macht in Verdünnung mit derselben Menge Kamillentee warme Waschungen auf den befallenen Hautstellen.

Im Wildgarten lässt sich das Scharbockskraut als Frühlingsbodendecker zwischen den Wurzeln von Laubbäumen und Laubsträuchern pflanzen, die während der Zeit, in der es blüht, noch keine Blätter tragen. Hat es sich dort erst einmal angesiedelt, wird man es allerdings nur schwer wieder los.

104. Der Polterabend vor dem Hochzeitsfest

Der Polterabend ist als Polterfest älter als unsere christlichen Hochzeitszeremonien. Schon in altgermanischen Zeiten glaubte man, mit dem Geklapper und Geklirr zerschellender Amphoren und Krüge die bösen Geister vom Hochzeitshaus fortscheuchen zu können. In Deutschland ist es Sitte, vor den Häusern der Verlobten alte Töpfe und Tassen entzwei zu werfen. Die Polterer sind früher oft maskiert gewesen, auf jeden Fall schließt sich nach dem Lärm ein Fest an, zu dem Braut und Bräutigam ihre Freunde einladen.

Die Polterscherben müssen auf jeden Fall aus Steingut oder Porzellan bestehen; Glas würde in diesem Fall Unglück bringen, weil Glas das Symbol für Glück ist, das ja gerade in der künftigen Ehe heil bleiben soll. Es gilt hier und da als Zeichen des künftigen Ehefriedens, wenn das Brautpaar gemeinsam am Ende des Festes die Scherben zusammenkehrt. Es gibt auch Landschaften, wo der Bräutigam allein und sofort die Schaufel als Sinnbild des Eheruders ergreift.

Geschwister und gute Freunde der Brautleute überraschen diese gern mit einer „Hochzeitszeitung" oder einem Stück, das sie gemeinsam aufführen. In beiden Fällen werden lustige und wichtige Ereignisse aus dem bisherigen Leben des jungen Paares in Gedichtform dargestellt. Zum Schluss dieser Darbietungen werden der Braut vielerorts der Brautschleier und der Myrtenkranz von den besten Freundinnen überreicht, und der Bräutigam erhält ebenfalls feierlich den Myrtenstrauß.

In manchen Gegenden ist es üblich, dass die Kinder, vor allem die Jungen der Nachbarschaft, im Lauf des Polterabends alle auf einmal angestürmt kommen, ihr Gepolter, Geschrei und Gelächter vollführen und dann gesittet auf ein Stück Kuchen warten.

105. Glöckchen vertreiben die Hochzeitsgeister

Überall hat man früher geglaubt, dass das Brautpaar bis zur Hochzeit von bösen Geistern und Mächten bedroht sei, die ihm sein Glück missgönnen. Deshalb wand man der Braut bestimmte schützende Kräuter in den Strauß, auch rote Bänder, weil die rote Farbe das Übel abwehren kann. Daher schlang sich die Braut ein rotes Seidenband um den Hals.

Das Brautpaar ging auch nicht allein zur Kirche, sondern war von Brautjungfern und Brautführern schützend umgeben. Deshalb tragen der alten Sitte nach auch die Brautjungfern die gleiche oder zumindest eine ähnliche Kleidung wie die Braut selbst, damit die Geister über die wahre Braut im Ungewissen bleiben. So durfte die Jungfrau auch nicht die Türschwelle ihres neuen Heims mit den Füßen berühren, sondern musste darüber springen oder getragen werden, damit sie nicht mit den ihr noch fremden Geistern des Hauses in Berührung kam, die unter der Schwelle leben. In manchen Gegenden saß die Braut während des ganzen Hochzeitsmahles in der geschützten Ecke des Herrgottswinkels.

In Brandenburg hat man die Stuhllehne der Braut mit Glöckchen und Spiegelscherben geschmückt, weil der Glockenklang die Geister vertreibt und ihr Spiegelbild sie abschreckt. Auch die Kerzen auf dem Hochzeitstisch sollen die bösen Geister vertreiben und die Segenswünsche zum Himmel tragen. Segen brachte es nach der Meinung unserer Vorfahren auch, wenn die Trauung bei zunehmendem Tageslicht, also am Vormittag vollzogen wurde.

106. Brot – glücksbringendes Hochzeitsessen

Das Brot spielt beim Hochzeitsessen eine große Rolle. Es bringt immer Glück, wenn andere vom Hochzeitsbrot, dem Heilbrot, mitessen. Die Reste des Brotes werden oft an Kinder oder an die Bettler verteilt. Wenn Braut und Bräutigam gemeinsam ein Stück Brot mit Salz aßen, so hat das in vorchristlicher Zeit bedeutet, dass das Paar in der Sippe, die einen gemeinsamen Seelen- und Totenkult hatte, aufgenommen worden ist. Oft bekommen auch die Pferde vorm Brautwagen ein Stück vom Brautbrot.

In Schlesien, wo die Schwiegermutter Bestmutter genannt wurde, hat sie das junge Paar mit Salz und Brot im neuen Haus begrüßt. Sie hat das Brot angeschnitten und das erste Stück gegessen. Das übrig gebliebene Brot haben die Armen erhalten. Beim Hochzeitsessen isst jeder Gast zuerst ein Stück Brot, das in einen hölzernen Teller mit Salz getunkt wird. In Hessen empfängt die Braut das gesalzene Brot von den Brautjungfern.

Brotbrechen wurde als Zeichen der Gemeinsamkeit und der Zugehörigkeit betrachtet. „Hochzeitsbrocken" ist in manchen Gegenden die Bezeichnung für die ganze Brautmahlzeit. Oft wird eine Suppe aus Scherzeln (Brotanschnitten) gekocht, teils wird das Scherzel in den ersten Brotteig der jungen Frau gebrockt, teils wird das ganze Hochzeitsbrot ehrfürchtig aufgehoben. So lange das Hochzeitsbrot hält, fehlt kein Brot im Haus.

Das Hochzeitsessen selber war nach heutigem Geschmack recht bescheiden. Es gab eine Suppe aus frischem Fleisch oder eine Graupensuppe, danach Stuten, also Hefegebäck. Reis mit Zimt und Zucker war oft der Nachtisch, und dazu wurden Schnaps und Bier aus Krügen angeboten.

107. Tänze bei der Hochzeit

Die Tänze bei der Hochzeit verliefen in den verschiedenen Gegenden nach bestimmten Ritualen und hatten zeremonielle Bedeutung. Immer wird nach dem Essen getanzt, immer gibt es Ehrentänze: Die Braut muss der Reihe nach mit allen Männern der eigenen und der angeheirateten Familie tanzen, selbst mit den Buben und dem alten Großvater. Nach einem kurzen Rundtanz fordert der jeweilige Tanzpartner eine Brautjungfer oder eine andere Partnerin aus der eigenen oder der neuen Familie auf, so dass schließlich alle Angehörigen der beiden Familien auf dem Tanzboden sind. Erst dann tanzt der Bräutigam mit seiner Braut.

In vielen Gegenden gab es den Lichtertanz nach dem Essen oder Kaffee. Drei Brautjungfern tanzten zuerst allein, jede mit einer großen Kerze. Dann fordert eine einen Partner auf und tanzt mit ihm die Runde.

Der Kesseltanz verursacht einen Höllenlärm, der die Geister vertreiben soll. Er findet meist um Mittemacht des Hochzeitstages statt. Die Frauen verstecken dann die Braut und vertauschen ihren Kranz gegen die Frauenhaube.

Bei einer Hochzeit ist früher unaufhörlich getanzt worden. Das Hochzeitsmahl dauerte vom Mittag bis zum Sechs-Uhr-Läuten, und zwischen jedem Gang – es sind immer sieben gewesen – wurde getanzt.

108. „Auf zwei Hochzeiten tanzen" – Sprichworte

Allerlei sprichwörtliche Redensarten gibt es über Heirat und Hochzeit. Dass man nicht in die eigene Verwandtschaft hinein heiraten soll, sagt das Sprichwort „Heirat ins Blut tut selten gut". Daran hat sich die Landbevölkerung in früheren Zeiten oft nicht gehalten. Die Folge war, dass geistig behinderte Kinder zur Welt kamen.

„Auf zwei Hochzeiten tanzen" kann keiner; das heißt, man kann nicht zugleich an zwei Veranstaltungen teilnehmen. Abgewandelt ist das Sprichwort „Auf allen Hochzeiten tanzen."

„Das ist nicht meine Hochzeit" bedeutet, dass mich etwas nicht angeht. „Frühe Hochzeit, lange Liebe" heißt so viel wie „Jung gefreit, selten bereut."

Andere sprichwörtliche Redewendungen:

„Hochzeit gehen ist eine Ehr, macht den Beutel aber leer."
„Hochzeit halten ist besser als Tote begraben."
„Eine Hochzeit wird nicht leicht vollbracht, eine andere wird dabei erdacht."
„Eine Hochzeit macht die andere."
„Nach der Hochzeit erkennt man die Weiber."
„Es ist nicht jedermann auf die Hochzeit geladen."
„Heiraten ist nicht Kappentauschen."
„Zum Heiraten und Seefahren muss man die Worte sparen."
„Heiraten in Eile bereut man mit Weile."
„Übereilte Heirat tut selten gut."
„Wer heiratet tut wohl, wer ledig bleibt tut besser."
„Heiraten ist leicht, Haushalten schwer."
„Heirate über den Mist, so weißt du wer sie ist."
„Die erste Heirat ist ein Eh', die zweite ein Weh, die dritte nichts mehr."
„Es trägt Manche ihr Heiratsgut unter den Augen."
„Heirat macht mündig."
„Die Heirat ist die erste Dummheit, die man begeht, wenn man gerade vernünftig geworden ist."

„Heirate ein schönes Weib, und du heiratest Verdruss."
„Heirate – und du lachst dich tot."
„Heiraten ist kein Pferdekauf."
„Wer ehrlich ist, heiratet früh; wer klug ist, aber nie."
„Freien ist wie Pferdekauf; Freier tu die Augen auf."
„Freien ist so süße wie gebratene Lämmerfüße."
„Freien zu Morgen bringt zu Abend Sorgen."
„Freien und Backen gerät nicht immer."
„Wer freien will, hat vier Scheffel über dem Gesicht."
„Auf Freiersfüßen gehen."

109. Der Schritt ins Glück

Romantische Bräuche rund um den Brautschuh

Holzstämme zersägen, ein Seil durchschneiden, die Braut durch ein aus einem Bettlaken ausgeschnittenen Herzen tragen – an ihrem Hochzeitstag haben Brautpaare alle Hände voll zu tun. Denn eine rosige Zukunft will man schließlich nicht dem Zufall überlassen.

Auch um den Schuh der Braut ranken sich zahlreiche Bräuche und Mythen, die dem Glück auf die Sprünge helfen sollen. Damit Geldangelegenheiten zu keiner Zeit ein Problem werden, legt die Braut am Hochzeitstag ein Geldstück in den Schuh.

Um Unglück aller Art abzuwenden, sollte die Braut nach altem schottischem Brauch am Morgen der Hochzeit zuerst den linken und dann den rechten Schuh anziehen. Geschenkte Schuhe gelten im Aberglauben als böses Omen und weisen daraufhin, dass die Liebe zertreten wird. Besser spart die Braut ihre Schuhe nach altem Brauch Cent für Cent zusammen – damit beweist sie ihrem Zukünftigen gleichzeitig ihr Geschick in finanziellen Fragen.

Damit der neue Schuh nicht drückt und seine Trägerin am „schönsten Tag ihres Lebens" quält, gilt es rechtzeitig vorzusorgen: Die Schuhe sollen zwei Wochen vor dem großen Tag eingetragen werden. Dabei reicht es schon, sie täglich für eine halbe Stunde anzuziehen.

Wenn die Braut beim Brauttanz am Hochzeitstag Rosmarin in den Schuhen trägt, verheißt das eine lange glückliche Ehe.

110. Pflanzen als Hochzeits- und Liebessymbole

Viele Pflanzen spielten bei den Hochzeiten unserer bäuerlichen Vorfahren eine große Rolle. Der Leinsamen galt als Liebesorakel und Symbol der Fruchtbarkeit. In Bayern wurde das „Leinsäen" gepflegt. In der Thomasnacht (21. Dezember) streuten sich die heiratswilligen Mädchen Leinsamen über den Kopf und sprachen dabei bestimmte Sprüche, um den Zukünftigen zu „sehen".

Um zu erfahren, ob der Schatz auch treu bleibt, werden in der Johannisnacht (24. Juni) neun Blütenknospen des Johanniskrautes in ein weißes Taschentuch gelegt und gepresst. Wenn das Tuch durch den Pflanzensaft rot gefärbt wird, bleibt der Geliebte treu. Bekommt das Tuch nur grüne Flecken, wird der Geliebte untreu. Wer durch Zufall ein vierblättriges Kleeblatt findet, wird noch im gleichen Jahr heiraten.

Rosmarin ist die beliebteste Hochzeitspflanze. Das Brautpaar, der Pfarrer und die Hochzeitsgäste werden damit am linken Jackenrevers und am Hut geschmückt. In Schwaben wurde der Rosmarin in eine Zitrone oder Orange gesteckt und nach der Trauung dem Pfarrer geschenkt. Oft wurde zur Hochzeit ein Rosmarinstängel in die Erde gesteckt. Verwelkte dieser, war dies ein schlechtes Zeichen für die Ehe.

Die Raute war nach altem Volksglauben den Hexen zuwider und wurde von der Braut bei der Trauung im rechten Schuh getragen. Baldrian galt als Schutzkraut gegen Elfenneid, der sich gegen Brautleute richtete. Um potent zu bleiben, steckte sich der Bräutigam am Hochzeitstag eine Baldrianwurzel in die Tasche. Die Bräute naschten die in Zucker eingelegten blauen Blüten („Himmelssterne") des Borretsch zur „Stärkung des Herzens". Damit war nichts anderes gemeint, als dass sie der Liebe besser gewachsen sein sollten.

Öffnen sich am Barbaratag (4. Dezember) geschnittene Kirschzweige zu Weihnachten, gehen Liebeswünsche in Erfüllung. Die Kirsche gilt heute noch als erotisches Symbol. Wird Liebstöckel als „Badekraut" benutzt, können Mädchen leichter die Gunst der Männer gewinnen. Eine Liebstöckelwurzel in der Tasche fesselt den Erwählten für immer an sich. Verlobte säen Petersilie in Form ihrer Vornamen aus. Werden die Pflanzen stark, wird es auch die Ehe. Wird die Ringelblume in die Spur des davongegangenen Geliebten gepflanzt, kann man sicher sein, dass er bald wieder zurückkommt.

Ein Mädchen kann ihrem Geliebten ihren Willen aufzwingen, wenn sie drei Rosenblüten drei Tage und drei Nächte am Herzen trägt und sie dann ebenso lange in Wein legt, den sie ihm zu trinken gibt. Durch ein dreifach durchbohrtes Salbeiblatt werden Haare des oder der Geliebten gezogen und unter der Türschwelle vergraben. Dies gilt als Garantie ewiger Zuneigung. Die Mädchen warfen Stöcke in den Walnussbaum. Diejenigen, deren Stöcke oben hängen blieben, heirateten übers Jahr.

Die Quitte gilt seit Karl dem Großen als Symbol für Fruchtbarkeit und reichen Kindersegen. Dazu gab es einen Liebeszauber aus Quitten. Ein Tropfen Blut aus dem kleinen Finger und ein zerkleinertes Haar vom Allerliebsten wurden mit einem Pflanzenbrei aus Quittenkernen gekocht und zur Vollmondzeit besprochen. Das Ganze wurde dem Liebhaber an den Kittel gerieben, dann war die Ehe ihr sicher.

Damit der Braut in der Ehe nichts „Unrechtes an den Leib komme", trug man einen Zweig Thymian bei sich. Er sollte auch eine gute Schwangerschaft symbolisieren. In Bayern reißt man, um zu erfahren, „wohin man heiratet", eine Wegwarte aus. Wohin die längste Seitenwurzel zeigt, dorthin wird man heiraten.

111. Jung gefreit, selten bereut – die „Jahres-Hochzeiten"

Wer das „verflixte siebente Ehejahr" heil übersteht, hat Aussicht auf ein langes trautes Zusammenleben. Wie aber gerade die Glückszahl Sieben in den Verruf kommt, Ehen zum Scheitern zu bringen, liegt im Dunkeln früheren Volksglaubens verborgen. Oder liegt es an der Bibel, die auf „Sieben gute Jahre, sieben schlechte Jahre" folgen lässt? Heute gilt dieser Spruch nicht mehr. Laut einer Bundesstatistik wird heute jede zweite bis dritte Ehe in Deutschland geschieden, viele davon schon vor dem „verflixten siebenten Jahr".

Einer Ehe, die mit der „grünen" oder „weißen" Hochzeit beginnt, können bis zu 18 eigene Hochzeiten folgen. Die Farben Grün und Weiß beziehen sich dabei auf das Wachsen und Blühen zur „Hoch-Zeit" der Vegetation im Frühling: „Gib, dass sie ewig grünen bliebe, die schöne Zeit der jungen Liebe!"

Ehemännern sei gesagt, dass man zu allen Hochzeiten Blumen schenken soll: Tulpen als Zeichen der Verehrung, Lilien als Zeichen der harmonischen Eintracht, Nelken als Sinnbild der Dankbarkeit und Rosen als Zeichen der immer noch brennenden Liebe.

Den ersten Jahrestag der Eheschließung feiert man als „baumwollene" oder auch „papierne" Hochzeit. Der schlichte Alltag ist eingezogen, man schenkt sich ein „Tuch" oder ein „Buch".

Nach fünf Ehejahren begeht das Paar die „hölzerne" Hochzeit. Die Ehe ist nun härter und fester geworden, stabil und solide. Man kann sich aufeinander verlassen. Zum Zeichen des gewachsenen Ehestandes schenkte man sich früher Schüssel und Töpfe aus Holz geschnitzt.

So kurz vor dem „verflixten siebenten" Ehejahr ist es Zeit, die Gemeinsamkeit etwas „aufzupolieren". Mit sechseinhalb Ehejahren steht die „zinnerne" Hochzeit an. Zinnerne Haushaltsgefäße werden geschenkt.

Es folgen nach sieben Ehejahren die „kupferne" und mit acht Ehejahren die „blecherne" Hochzeit. Dazu werden als Geschenke ein Kupferpfennig und Kuchenformen empfohlen.

Die „Rosenhochzeit" nach zehn Ehejahren soll an die junge Liebe von einst erinnern. Wie die Rosen den ganzen Sommer über, so steht die Ehe jetzt in voller Blüte, entfaltet sich Tag für Tag zu neuer Pracht.

Nach zwölfeinhalb Ehejahren wird die Ehe mit der „Nickelhochzeit" wieder aufgefrischt. Sie hieß auch „Petersilienhochzeit". Grün und frisch – wie am ersten Tag – erscheint die Ehe, aber zugleich würzig, gesund und belebend.

Glas war immer ein Symbol des Eheglücks, doch „Glück und Glas, wie leicht bricht das": Damit das Eheglück nach 15 Jahren Zusammenleben nicht zerbricht, wird die „gläserne" Hochzeit gefeiert. Entsprechend sind die Geschenke aus Glas. Durchsichtig und klar wie Glas sind die Eheleute jetzt geworden. Aber zugleich strahlt und funkelt die Ehe, ist fein geschliffen und vielleicht auch etwas empfindlich.

Mit neuem Geschirr wird auch nach 20jähriger Ehedauer die „Porzellan-Hochzeit" gefeiert. Das Porzellan, das zur Hochzeit geschenkt wurde, hat manchen Sprung hinnehmen müssen – wie die Ehe bisher. Aber sie hält, im Alltag und in besonderen Zeiten.

Die „Silberhochzeit" steht nach 25 Jahren an: die ersten Silberstreifen im Haar von Braut und Bräutigam sind wohl erschienen. Aber die Ehe ist solide und verlässlich – wie gutes, altes Silber.

Die „Perlenhochzeit" feiert das Ehepaar nach 30 Jahren. Eine Perlenkette ist eine kostbare Angelegenheit, nichts Alltägliches mehr. Zugleich reihen sich die Perlen zu einem unendlichen Band, in dem es keinen Anfang und kein Ende zu geben scheint. Und jede einzelne Perle hat Glanz und eine geheime Wärme in sich wie viele Tage im bisherigen Eheleben.

Nach 35 Jahren folgt die „Leinenhochzeit". Die Aussteuer ist längst aufgebraucht, aber wie gutes, festes Leinen hält die Ehe unzerreißbar.

Es schließt sich die „Aluminium-Hochzeit" nach 37½ Ehejahren an.

Die „Rubinhochzeit" wird dann mit 40 Jahren gefeiert. Das glutrote Funkeln des Rubins erinnert an das Feuer der Liebe. Aber es ist ein warmes, mildes Glühen tief im Innern.

Mit der „Goldenen Hochzeit" nach 50 Ehejahren ist die Ehe in ein edles Alter gekommen. Sie trägt ihren Wert wie das Gold in sich: beständig kostbar, mit einem leichten Funkeln. Der „Goldenen Hochzeit" schließt sich nun der Reigen der seltenen Feste an.

Es folgt die „Diamantene Hochzeit" nach 60 Jahren. Der Diamant ist das Symbol für die größte Härte und für Unzerstörbarkeit. Aber er ist auch ein so wertvoller Edelstein, dass ihn jeder gern besäße – die Eheleute haben sich gleichsam einen Diamanten geschaffen.

Nach 65 Ehejahren feiert man die „Eiserne Hochzeit". Rost und Zeit haben an der Ehe genagt, aber sie nicht zerstören und zerbrechen können.

Nach 67½ Jahren wird die „steinerne" Hochzeit gefeiert.

Statistisch gesehen kann nur ein Ehepaar unter 50.000 seine 70jährige „Gnadenhochzeit" feiern. Nur wenigen ist die Gnade eines so langen, bewegten und allmählich ruhiger werdenden glücklichen Zusammenlebens vergönnt. Still wird sich das Jubelpaar einander ansehen und Gott danken.

Nur durchschnittlich einmal im Jahr kann in Deutschland mit 75 gemeinsamen Ehejahren eine „Kronjuwelenhochzeit" gefeiert werden.

112. Warum der Storch die kleinen Kinder bringt

„Storch, Storch, guter, bring mir einen Bruder! Storch, Storch, bester, bring mir eine Schwester!" Dieser fromme Kinderwunsch, geschrieben oder gemalt, wurde früher abends auf das Fensterbrett gelegt, zusammen mit einem Stückchen Zucker. War die süße Lockung am nächsten Morgen weg, bedeutete das allerbeste Aussichten für den Kindersegen.

Viele, noch heute erhaltene Bräuche und Sitten, die den Wunsch nach Kindern oder die Geburt begleiten, stammen aus vorchristlicher Zeit. Warum gerade Meister Adebar, der Klapperstorch, für den Kindersegen zuständig ist, weiß man nicht genau. Vielleicht weil Storcheneltern dafür bekannt sind, so aufmerksam und zärtlich mit ihren Jungen umzugehen. Sie kümmern sich außerdem auch um ihre alt gewordenen, schwachen Eltern – echte soziale Vorbilder aus dem Tierreich also. Eine andere mögliche Erklärung: der im Sumpf herumstolzierende und nach Fröschen suchende Storch erinnert am meisten an das Bild des „Kinderfischers".

Wie nahe steht uns der Storch, dem wir im Lied und in der Sage seit alten Zeiten so viel Menschliches zuschreiben? So nimmt er auch in alten bäuerlichen Wetterregeln unserer Vorfahren einen gebührenden Platz ein:

„Ein Storch, der viel klappert, verkündet einen warmen Frühling."
„Der Storch kehrt zurück und bringt Vesperbrot."
„Siehst du den Storch viel waten, kannst du auf Regen raten."
„Wo der Storch nistet auf dem Dach, kommt weder Blitz noch Ungemach."
„Wenn der Storch schwach ankommt, gibt es ein nasses Jahr und umgekehrt."
„Wenn die Störche zeitig reisen, kommt ein Winter hart wie Eisen."

Der Storch galt zusammen mit der Schwalbe überall als Symbol für Wohlergehen, Glück und Erfolg von Haus und Hof. Seine regelmäßige Rückkehr zur schönen Jahreszeit, seine Treue zum Nest mögen der Grund für diese Vorstellungen sein. Er war das vom Volk verehrte Tier schlechthin; man schützte ihn und half ihm, sich auf dem Dach niederzulassen. Das Storchennest auf dem Kirchturm sollte dem Dorf eine gute Ernte bescheren.

Dem Storch sagte man nach, dass er um jeden Preis die Tugend der Hausfrau schützt, wenn es sein muss, auch gegen ihren Willen. Der Storch symbolisiert so auch die soziale Eintracht, die Dauerhaftigkeit der Beziehung des Paares.

Wenn eine Frau ein Kind erwartete, ist sie früher mit ähnlichem Aberglauben umgeben gewesen wie die Mutter Erde, der die neue Saat anvertraut war und die dann vor Dämonen und Unwettern geschützt werden musste. Deshalb durfte sich eine Schwangere nachts nicht aus dem Haus begeben, denn die Nacht war die Zeit der Hexen und bösen Geister. Die Schwangere sollte auch nichts Hässliches sehen, durfte nie über Kreuzwege gehen, weil das die Geburt hätte erschweren können. Sie durfte auch nicht unter einer Stange hindurchgehen, weil sich sonst das Kind mit der Nabelschnur umwickeln könnte. So hat man mit allem, was man hatte, für den Segen und das Heil der Schwangeren gesorgt: mit christlichen Amuletten und Kreuzen, Gebeten und geweihten Gegenständen.

Man hat aber auch die alten Hexenabwehrmittel benutzt: Schlüssellöcher wurden verstopft, damit keine Hexen hindurchschlüpfen konnten, Türen wurden geschlossen. Es durfte aber auch kein Schloss zugesperrt sein, das hätte auch den Geburtsweg versperrt.

In vorchristlicher Zeit wurde das Neugeborene auf den Stubenboden gelegt. Der Vater hob es zum Zeichen der Anerkennung auf, und dann wurde das Kind mit einem Namen versehen und mit Wasser begossen: Ein alter Fruchtbarkeits- und Segensritus, der in der christlichen Taufe weiterlebt.

113. Geschichte: Der Storch Adebar und seine Freundin Adelinde

Adelinde sitzt am Fenster und schaut seit Tagen ungeduldig auf die große Flussaue unweit ihres Elternhauses. Ihre Mutter Adelgunde weiß, worauf sie so sehnsuchtsvoll wartet:
„Drück dir nicht die Nase an der Fensterscheibe platt! Er wird schon noch kommen. Es ist doch erst Mitte März."

Auf wen wohl die sechsjährige Adelinde so ungeduldig wartet, Tag für Tag Ausschau hält? Es ist ihr Freund Adebar, der Storch:
„Wahrscheinlich ist er noch in Afrika. Der Weg hierher ist ja sehr weit."
„Mutter, ich habe einen großen Wunsch an Adebar", sagte Adelinde.
„Ich kenne deinen Wunsch. Probiere ihn mal aus, wenn dein Freund mit dem langen, roten Schnabel kommt! Ich bin sicher, in diesem Sommer wird er deinen Wunsch erfüllen."

Von ferne hörte Adelinde zum ersten Mal den Kuckuck rufen.
„Im vorigen Jahr kamen da auch die Störche. Mutter, ruft der Kuckuck den Storch herbei?"
„Nein, der Ruf des Kuckucks soll ein Weibchen anlocken."

Als Adelinde am anderen Mittag von der Schule heimkam, lachte ihre Mutter über das ganze Gesicht: „Schau mal hinunter ins Wiesental!"
„Mutter, die Störche sind da! Hurra, jetzt kann ich ihnen meinen Wunsch vortragen: Storch, Storch, bester, bring mir eine Schwester! Storch, Storch, guter, bring mir einen Bruder!" Gleich dreimal rief sie ihren Spruch lauthals hinunter auf die Wiese.

Am Abend streute Adelinde etwas Zucker auf die Fensterbank - und siehe, am nächsten Morgen war der Zucker weg! Ein gutes Zeichen für Adelinde. Jetzt beobachtete sie jeden Tag das Storchenpaar, das wieder das alte, große Nest auf dem Dach einer alten Scheune bezogen hatte. Das wurde fleißig mit Stroh und Reisig ausgebessert.
„Mama, was haben die für einen Hunger!" rief Adelinde. Adebar und seine Frau Adelheid wateten den ganzen Tag durch die feuchte Wiese und am Wassergraben vorbei.
„Jetzt hat Adebar einen Frosch gefangen. Ach, das tut mir aber leid!"
Die Störchin Adelheid stocherte mit ihrem langen Schnabel im Graben herum; sie zog eine Blindschleiche heraus, die sich noch in der Schnabelspitze wand.

Nach fünf Wochen klapperten die beiden Störche besonders laut, so als wollten sie den anderen Tieren in der Wiese etwas ansagen. Mit ihren hohen, roten Beinen, dem weißen Federkleid und den schwarzen Schwingen stolzierten sie in der Wiese einher und plapperten:

„Seht nur aufs Dach, wir haben Nachwuchs!"
Im Nest kugelten sich drei Junge, die von den Eltern abwechselnd gefüttert wurden. Jetzt waren alle beide auf Insektenjagd. Und da es sehr heiß war, trugen beide Störche in ihren Schnäbeln Wasser herbei und übergossen damit ihre Jungen.

Auch in Adelindes Haus hatte sich einiges verändert. Mutters Bauch wurde immer dicker, und da ahnte Adelinde etwas, denn in der Schule hatte sie schon über Babys gehört. Und Mutter Adelgunde klärte Adelinde auf: „Du wirst bald nicht nur ein Geschwisterchen bekommen, sondern gleich zwei: ein Brüderchen und ein Schwesterchen."

„Siehst du, Mutter, da wird mein Wunsch an den Storch doch in Erfüllung gehen. Adebar, mein Freund, hat mich erhört."

„Ja, Adelinde. Deshalb darfst du unseren Zwillingen auch Namen geben!"
Adelinde schlug im Vornamenbuch nach – sie konnte ja schon lesen – und suchte zwei weitere „Storchennamen" aus: „Adele und Adelbert sollen sie heißen! Dann sind wir eine richtige Storchenfamilie."

114. Zur Hochzeit einen Apfelbaum

Einen bunt geschmückten Hochzeitsbaum haben früher die Freunde des Bräutigams vor dem Hochzeitshaus aufgestellt. Der Hochzeitsbaum bestand aus einer Stange, an der ein großer grüner Kranz hing, der an eine Brautkrone erinnerte, und der mit roten Blumen und roten Schleifen verziert war. Einen grünen Weg hat man in Norddeutschland gepflanzt: der Weg zur Kirche war rechts und links mit Wacholder, dem nördlichen Immergrün, gesäumt, und der Weg wurde mit bunten Papierschnitzeln bestreut.

Der Brautwagen, auf dem die Braut die Aussteuer ins neue Heim brachte, wurde mit Ilex und Efeu geschmückt. Efeu war ein Symbol des ewigen Glückes. Das Hochzeitshaus wurde mit Tannenreisern oder Tannenkränzen dekoriert; der Schmuck auf dem Hochzeitstisch bestand früher nur aus Grün. Der Bräutigam musste nach der Hochzeit mehrere Bäume pflanzen. Das diente dem ganzen Dorf, erinnert aber auch an den Sympathiezauber: ein Hochzeitsbaum soll wie die Ehe gute Früchte bringen.

Apfelbäume wurden vom Bräutigam gerne gepflanzt, symbolisieren sie doch die Fruchtbarkeit der Frau und einen reichen Kindersegen. Auf dem Dorfplatz wurde vom Bräutigam auch eine Linde gepflanzt, um die das Brautpaar nach der Pflanzung tanzte. Die Linde symbolisierte die Fröhlichkeit in der Ehe.

Der Kuss, den sich die Brautleute vorm Altar geben, ist der alte Friedenskuss, den der Ehemann früher im Lauf der Messe vom Priester entgegennahm und an seine Frau weitergab. Wenn das Ehepaar im Rahmen einer Brautmesse die heilige Kommunion empfing, so brach der Priester eine Hostie und gab jedem der Brautleute eine Hälfte. In manchen Gegenden war es auch Brauch, dem Ehepaar in der Messe nicht nur Brot, sondern auch Wein zu geben, um damit anzudeuten, dass den Eheleuten jetzt alles gemeinsam ist. Diesen symbolischen Schluck auf die beginnende Hausgemeinschaft hat das Ehepaar früher stehend entgegengenommen.

115. Rosmarin bringt der Braut Liebesglück

Rosmarin, das klingt ein wenig verstaubt, ein wenig großmütterlich. Der Name erweckt vielleicht Erinnerungen an einen feinen, fernen Duft, der in der Nähe des Lavendel liegt. Es könnte auch sein, dass uns der Vers unserer Kindheit „Guten Tag, Herr Gärtnersmann, haben Sie Lavendel, Rosmarin und Thymian, und ein wenig Quendel ...?" einfällt, an den wir lange nicht gedacht haben.

„Tau des Meeres" heißt die Pflanze, wenn wir ihren Namen vom lateinischen „ros marinus" ableiten. Darin steckt eine poetische Beschreibung der Feuchtigkeit, die sich an den Küsten des Mittelmeeres während der Nacht niederschlägt oder als leichter Sprühnebel vom Meer herüberweht. Küstenregionen eignen sich besonders gut für den Rosmarin (Rosmarinus officinalis), ein aromatischer immergrüner Lippenblütler mit typisch mittelmeerischer Verbreitung.

Die Pflanze war schon in der Antike bekannt und wurde sowohl in die Siegeskränze zusammen mit Myrte und Lorbeer gewunden als auch medizinisch gebraucht. Bei den Griechen war Rosmarin vornehmlich Kultpflanze. Sie glaubten, den Göttern gefalle ein Rosmarinkranz besser als einer aus Gold. Die Pflanze mit dem kampferartigen Duft war Aphrodite geweiht, der griechischen Göttin der Liebe.

Auch in der Geschichte unseres Volkes hatte die „Rosemarie", das „Brautkraut" oder der „Hochzeitsmaien", wie die Pflanze im Volksmund auch genannt wird, eine besondere Stellung. Sie fand einerseits als Heilpflanze und Küchengewürz, andererseits als Brautpflanze und im Liebeszauber vielfache Anwendung.

Noch heute sind Rosmarin wie Myrte Sinnbilder der Jungfräulichkeit („Marienkraut"). Und tatsächlich waltet hier eine gewisse Symbolik. Rosmarin ist, wie neue medizinische Forschungsergebnisse zeigen, ein typisches Frauenmittel, das eine hormonartige Wirkung hat und gerne bei Zyklusstörungen und Regelbeschwerden verordnet wird.

Rosmarin, die alte Hochzeitspflanze, taucht aber auch bei Taufe und Begräbnis auf. Bei der Hochzeit wurde sie für den Brautkranz verwendet, Bräutigam und Braut schmückten sich mit Rosmarinsträußchen.

Rosmarin, Symbol der Liebe, der germanischen Göttin Hulda heilig, gehörte zu den Lebensruten, galt des starken Geruchs wegen als ein vorzügliches Mittel, Hexen zu vertreiben. Das Wachsen und Welken des Rosmarinstokkes, der für die Hochzeit gepflanzt wurde, bedeutete Gedeih oder Verderb in der Zukunft. Oft wurde das bei der Hochzeit getragene Rosmarinzweiglein nach dem Fest in einen Blumentopf gepflanzt. Schlug es Wurzeln und blühte weiter, so galt das als gutes Zeichen für eine lange Ehe. Der Rosmarinkranz mit seinen immergrünen Zweigen, Symbol von Segen und Lebenskraft, wurde auch als Advents- und Weihnachtsschmuck verwendet.

Im österreichischen Alpenland trugen sogar beide Brautleute den Rosmarinkranz, und mit ihm machte man gleich nach der Trauung eine bedeutsame Probe. Gelang es der Braut, dem Herrn und Gebieter den Kranz vom Kopf zu nehmen, dann war das für seine Hausherrenschaft ein schlechtes Omen.

Die abwehrenden Kräfte des aromatischen Krautes wurden nicht nur gegen böse Geister oder zum Schutz der Ehe eingesetzt. Vielmehr traute man ihnen auch zu, solchen Geschehnissen entgegenwirken zu können, die an sich gut, nur eben nicht zu allen Zeiten erwünscht sind. Solches Zutrauen war Grundlage verbreiteten Brauchtums, sinnbildhafter Verwendung, wie wir sie nicht zuletzt aus vielen Versen kennen. Sogar Kinderlieder sprechen aus, was ein Mädchen, das dem Geliebten gegenüber nicht immer standhaft bleiben konnte, von Thymian und Rosmarin erwartete:

„Rosmarin und Thymian
Wächst in meinem Garten.
Jungfer Ännchen ist die Braut,
Kann nicht länger warten.
Roter Wein und weißer Wein,
Morgen soll die Hochzeit sein."

In Belgien gilt der Rosmarin als Symbol des Lebens; hier bringt nicht der Storch die kleinen Kinder zur Welt, sondern sie werden aus einem Rosmarinstrauch geholt. Auch in Zukunftsfragen konnte man sich an dieses Pflänzchen wenden: In Böhmen stellten sich die Burschen an fließendes Wasser und warfen Rosmarinzweige hinein; etwas tiefer am Bach standen die Mädchen. Wer nun mit viel Geschick ein Zweiglein auffing, wurde die künftige Braut. Nur träumen durfte man nicht davon: „Ich hab' die Nacht geträumt wohl einen schweren Traum, es wuchs in meinem Garten ein Rosmarinbaum."

Kräutermönche haben die Pflanze einst aus dem Mittelmeergebiet zu uns gebracht. Karl der Grosse forderte den Anbau der Heilpflanze, doch sie wurde auch wild gesammelt. Der Jesuit Friedrich von Spee (1591-1635), der als Moraltheologe mutig den Hexenwahn bekämpfte, verewigte den Rosmarin und seine Kraft in seiner Sammlung geistiger Lieder: „Nur wenige Kräuter kommen ihm gleich." Und August Friedrich Christian Vilmar (1809-1868) dichtete: „Wir haben sie gekränzet mit Rosmarin, weil sie soll Braut und Jungfrau sein ...". Vielleicht sollte der zugleich beruhigende und belebende Effekt der Pflanze das Liebesglück der Braut beständig halten.

Ein spätes Liebesglück mit Hilfe des Rosmarins fand angeblich auch Elisabeth, Königin von Ungarn. Nach einer Legende aus dem 16. Jahrhundert gab ihr ein Engel ein Rezept, das aus in Alkohol destillierten Rosmarinzweigen bestand. Man nannte es später das „Wasser der Königin von Ungarn". Mit seiner Hilfe soll es der 72jährigen Elisabeth gelungen sein, temperamentvoll „wie eine Junge" den König von Polen zu verführen, der sie daraufhin – leidenschaftlich verliebt – zur Frau nahm. Das „Aqua Reginae Hungariae" hat angeblich auch dazu beigetragen, die Königin von Gelenkschmerzen zu heilen.

Leider kann die frostempfindliche Pflanze in unseren Breiten nur während des Sommers draussen sein. Vor dem ersten Nachtfrost müssen die Töpfe oder Kübel zur Überwinterung ins Haus. Sie sollten sehr hell und möglichst kühl, bei Temperaturen über zehn Grad, stehen. Manchmal eignet sich ein heller Kellerraum zur Aufbewahrung, wo man die Pflanzen dicht ans Fenster stellt. Wahrend des Winters nicht düngen und nur sparsam giessen.

Rosmarin hat viele kulinarische Verwendungsweisen. Die Blätter und jungen Triebe sind voller Aroma. In Südeuropa ist es eines der verbreitetsten Küchenkräuter. Frisch oder getrocknet, verfeinert es Lammbraten, Wild, Geflügel, Kaninchen, Fisch, Muscheln, Kalb- und Hackfleisch. Es passt aber auch zu Pizza, Pilzen, Gemüse, Tomaten, Saucen, Suppen und Kartoffeln. Das ätherische Rosmarinöl wird besonders in der Kosmetikindustrie zur Parfümherstellung verwendet.

Zur medizinischen Anwendung werden die Blätter und Triebspitzen während des Blühens gesammelt. Den Tee als Aufguss der Blätter nimmt man bei nervösen Herzbeschwerden, bei Stress, Appetitlosigkeit, Kreislaufschwäche, niedrigem Blutdruck, bei Regelbeschwerden und allgemeiner körperlicher Schwäche. Überdosierungen mit Rosmarin sind zu vermeiden, sie können zu Rauschzuständen und Krämpfen führen.

Rosmarintinktur nimmt man äußerlich zum Einreiben bei Rheuma, Nervenschmerzen und Migräne, innerlich bei Kreislaufschwäche und nervösen Herzbeschwerden. Bei allen Schwächezuständen, nach schweren Krankheiten und im hohen Alter zeigt Rosmarin seine anregende und belebende Wirkung. Nach Pfarrer Kneipp ist es das Tonikum für alte Menschen.

Rosmarin findet man auch in Präparaten für die Mund- und Zahnpflege. Hier wird die antiseptische und desinfizierende Wirkung seines ätherischen Öles besonders geschätzt. Dieses ist übrigens auch Bestandteil des Kölnischen Wassers.

Auch Rosmarinwein ist geschätzt. Man nimmt dafür auf einen Liter Weißwein eine kleine Hand voll Rosmarinblätter, lässt beides einige Tage unter gelegentlichem Umrühren stehen und filtriert dann ab.

Einen beruhigenden und belebenden Effekt zugleich haben Rosmarinbäder. Dazu wird ein Aufguss von 50 Gramm Blättern auf einen halben Liter Wasser gemacht und dann dem Bad zugesetzt.

Die Astrologen ordnen den Rosmarin dem Planeten Sonne zu, von ihr wird sie regiert. Von daher wird der wärmende Einfluss auf das Herz verständlich, die anregende Wirkung auf Geist und Nerven.

116. Gedicht: Rosmarin – Rose des Meeres

Rosmarin, Tau des südlichen Meeres,
Liebesengel des himmlischen Heeres!
Du bist wohl einer Circe gleich,
betörend, duftvoll und im Herzen reich.

Rosmarin, lass mich träumen von ewiger Liebe,
schenk' mir hehre Gefühle und Triebe!
Ich atme den Duft deiner Blüten ein,
du labest mich mit Rosinen und Wein.

Aromatisch wie die stolzen Rosen,
lass ich mich von deinem Flair liebkosen.
Schamhaft wie eine Braut in der Hochzeitsnacht,
verzückst du meine Seele sacht.

Dieter Kremp

117. Ein Brautkranz aus Myrten

Seit dem 17. Jahrhundert dient die Myrte in Deutschland als Brautschmuck. Jakob Fuggers älteste Tochter war die erste, die Myrte statt Rosmarinzweigen als Brautschmuck verwendet hat. Der Myrtenkranz ist mit seinen immergrünen Blättern ein Symbol von Segen und Lebenskraft. Deshalb wird nicht nur das Aufsetzen des Myrtenkranzes feierlich begangen, auch seine Abnahme wird bei einer „Hüllenmahlzeit" gefeiert.

Das ist eine üppige Mahlzeit im Haus der Braut, mit der ein Übergang gefeiert wird. In manchen Gegenden wird der Braut nachts um zwölf der Myrtenkranz abgenommen. Stattdessen bekommt sie die Frauenhaube aufgesetzt. Die unverheirateten jungen Mädchen schließen dann einen Kreis um die Braut, die die Augen verbunden bekommt und den Kranz hält. Die Mädchen beginnen um die Braut herumzutanzen, und diese versucht, einer den Kranz auf den Kopf zu drücken: das wird im nächsten Jahr die „Myrtenbraut" sein.

„Zieht hinaus ins Gebirge und holet Zweige vom edlen und vom wilden Ölbaum, von Myrten und Palmen, dass man Laubhütten mache." So steht es in der Bibel in Nehemia 8, Vers 15. Und in Jesaja 41, Vers 19, steht: „Ich setze Zedern in die Wüste, Myrten und Ölbäume; ich pflanze Zypressen in der Steppe und Buchsbäume dazu."

Die Myrte zählt zu den vier Arten, die den Israeliten am ersten Tag des Laubhüttenfestes zu sammeln befohlen wurden. Die Myrte war bei der Bevölkerung des Heiligen Landes in biblischer und nachbiblischer Zeit beliebt; nach ihr wurden sowohl Männer als auch Frauen genannt. Ihre Zweige dienten vielfältigen Zwecken. Sie fanden Verwendung bei Verlobungszeremonien und sogar als Medizin, da ihre Blätter zwischen den Palisadenzellen ölabsondernde Drüsen aufweisen.

Im alten Griechenland spielte die Myrte eine wichtige Rolle im Ritual, in Kunst und Dichtung. Sie war der Liebesgöttin Aphrodite geweiht. Kein Wunder, dass die Priester Myrtenzweige im Tempel weihten, die dann den Bräuten als Kranz um die Stirn gewunden wurden.

Die Myrte ist im Gartenbau auch heute noch von Bedeutung: einmal als Ziergewächs wegen der dunkelgrünen Blätter, dann auch als Umzäunung wegen der dichten Verästelung ihrer Zweige.

Die Myrte erblüht im Sommer. Ihre Blüten bestehen aus einem kugeligen Kelch, aus dem eine weiße, fünfzipfelige Krone mit vielen weißen Staubgefäßen herausragt. Die Frucht ist eine schwärzlichblaue Beere.

Im Gegensatz zum Lorbeer, der den Sieger nach blutigem Kampf schmückte, war der Myrtenkranz ein Symbol für den auf unblutige Weise errungenen Sieg. Die Bräute in der Antike schmückten sich mit Kränzen aus Rosen und Myrten mit Bezug auf die Liebes- und Ehegöttin Aphrodite. Heute noch gilt ein Brautkranz aus Myrten häufig als Symbol der Jungfräulichkeit.

118. Wie der Phönix aus der Asche – Der Hochzeitsbaum Ginkgo

Die Atomexplosion in Hiroshima am 6. August 1945 markiert ein schreckliches Datum in der Geschichte der Menschheit: Über 300.000 Menschen fanden sofort oder infolge von Verbrennungen und Verstrahlungen den Tod. Die gesamte Flora und Fauna wurde vernichtet. Nichts wuchs mehr auf dem verbrannten Boden. Eine einzige Ausnahme war ein ehemals imposanter Ginkgo-Baum, der wie ein Strohhalm gebrannt hatte. Mit ungläubigem Staunen beobachtete man, wie im nächsten Frühjahr der Ginkgo einen neuen Spross inmitten der total zerstörten Vegetation hervorbrachte. Dieser Spross ist heute wieder ein schöner Baum, der die Hoffnung in die Zukunft symbolisiert. So wurde der Ginkgo in Europa auch zum Hochzeitsbaum.

Der Ginkgo überlebte nicht nur die Atombombe von Hiroshima. Seine Ursprünge reichen 300 Millionen Jahre zurück. Seit dem erstmaligen Auftauchen des Ginkgo erlebte die Erde zahlreiche Katastrophen. Er hat sie alle überlebt. Charles Darwin nannte den „Urvater aller Bäume" ein „lebendes Fossil".

Die imposantesten und ältesten Ginkgos stehen in China – geheimnisvolle, über 40 Meter hohe Exemplare, die über 4.000 Jahre alt sein sollen. Wenn auch ursprünglich kein heimischer Baum, so hat der Ginkgo inzwischen doch schon rund 300 europäische Jahre auf dem Buckel.

So begehrt war noch kein „Fremdling" vor ihm: Als dekorativer Schmuckbaum mit den fächerförmigen Blättern, die in der Herbstsonne goldfarben leuchten, als unverwüstlicher Alleebaum in Industriestädten, der gegenüber schädlichen Industrieabgasen völlig immun ist, als „Hochzeitsbaum" und als „medizinischer Wunderbaum", der heute in Plantagen zur Gewinnung von Medikamenten bei Mangeldurchblutung der Gewebe angebaut wird. 1996 wurde der Ginkgo zur „Heilpflanze des Jahrhunderts" erklärt.

Schon Goethe war beeindruckt von der seltsamen Schönheit und Fremdartigkeit des Baumes, dessen zweilappige Blätter den greisen Dichter inspirierten, seiner jungen Freundin im „Suleika" des „West-östlichen Diwans" ein Liebesgedicht zu widmen:

Dieses Baumes Blatt, der von Osten
Meinem Garten anvertraut,
Gibt geheimen Sinn zu kosten,
Wie's den Wissenden erbaut.

Ist es ein lebendig Wesen,
Das sich in sich selbst getrennt?
Sind es zwei, die sich erlesen,
Dass man sie als eines kennt?

Solche Frage zu erwidern,
Fand ich wohl den rechten Sinn:
Fühlst du nicht an meinen Liedern,
Dass ich eins und doppelt bin?

Im Heidelberger Schlosspark steht der Goethe-Ginkgo, der im deutschen Sprachgebrauch so poesievolle Namen wie „Fächerbaum", „Entenfußbaum", „Elefantenohrbaum" und „Fächertanne" trägt. Nach den Blattnerven nennt man ihn auch „Mädchenhaarbaum", nach den Früchten „Silberaprikose" und aufgrund seiner Herkunft „japanischer Tempelbaum".

Der Ginkgo ist zweihäusig. Es gibt also männliche und weibliche Bäume. Bis man allerdings feststellen kann, wer Herr oder Frau Ginkgo ist, vergehen viele Jahre. Deshalb nennt man den Ginkgo auch „Großvater-Enkelbaum", denn erst der Enkel kann sehen, was der Großvater gepflanzt hat. Im Alter von 40 Jahren kommen die Ginkgos zur ersten Blüte.

Ende der 80er Jahre des 19. Jahrhunderts entdeckte man, dass sich der Ginkgo hervorragend für die Bepflanzung von Städten und Parkanlagen eignet, da er eine außergewöhnliche Widerstandskraft gegenüber Abgasen und anderen schädlichen Umwelteinflüssen aufweist. In New York gehört er inzwischen zu den am häufigsten gepflanzten Baumarten. Neben dieser Unempfindlichkeit gegenüber der modernen Umweltverschmutzung besitzt der Ginkgo eine erstaunliche Immunität gegenüber Schädlingen. Befall durch Insekten, Pilze, Bakterien und Viren ist äußerst selten.

Der Ginkgo gehört heute auch bei uns zu den am meisten gepflanzten Zier- und Parkbäumen. Gepflanzt werden vornehmlich die männlichen Bäume, da die „Weibchen" wegen des unangenehmen Geruchs ihrer Samen, die fälschlicherweise auch als Früchte bezeichnet werden, nicht beliebt sind.

In gegrillter Form indessen gelten die Ginkgo-Nüsse als eine Delikatesse. Sie spielen im Fernen Osten die gleiche Rolle wie bei uns die Pistazien. Einfacher wird die Geschlechtsbestimmung des jungen Ginkgos, wenn Bäume beiderlei Geschlechts nebeneinander gepflanzt werden. Im Frühjahr entfalten nämlich die weiblichen Bäume ihre Knospen zwei bis drei Wochen später, im Herbst setzt der Laubfall entsprechend verzögert ein. Die weiblichen Bäume sind jedoch im Gegensatz zu den schmalen und hochstrebenden männlichen Bäumen runder und breiter ausladend.

Durch die moderne Wissenschaft wurden die Wirkungen des „Ginkgo biloba" genauestens untersucht. Vor allem auf Gewebs-Mangeldurchblutungen haben Ginkopräparate einen guten Einfluss. In den Blättern des Ginkgo hat die Natur eine Vielzahl von Wirkstoffen angelegt, die die Ordnung von Blutstrom und Stoffaustausch in den Gefäßen wieder herstellen. Und auch die im Alter vermehrten Beschwerden wie Schwindel, Ohrgeräusche, Verschlechterung der Sehschärfe, Nachlass der Merkfähigkeit oder Gehschmerz in den Beinen werden durch Ginkgo-Präparate gelindert.

119. Gedicht: Die liebestolle Blume

Die Blume lacht in Himmelsblau
und ihre stolzen Farben brennen,
sie neigt sich in dem Morgentau
und lernt den Strahl des schwülen Mittags kennen.

Ihr zarter Blütenkelch gleicht einem Frauenmunde,
an dessen Rand die fleiß'gen Bienen schwitzen,
in einem Becher Lab im süßen Grunde,
wo Ameisen am trächt'gen Nektar sitzen.

Die Lilie strahlt in rosarotem Sonnenlicht,
sie wirbt mit ihrem hellen Angesicht
um bunte Schmetterlinge weit in Sicht.
An den Gefäßen schwillt der goldne Staub,
am Abend neigt sie sich erschöpft ins Laub.

Die Lilie ist der holden Minne satt,
sie duckt sich ahnungsvoll ins grüne Blatt.
Schau her, ich bin geschwängert voll!
Du Lilie, warst von Sinnesliebe toll!

Dieter Kremp

120. Weißdorn, der „Baldrian des Herzens"

„Wenn der Weißdorn blüht im Hag, wird es bald Sommer auf einen Schlag", lautet eine alte Bauernregel. Dass der blühende Weißdorn oder Hagedorn den „Sommer zu Tisch bittet", den Bienen süßen Nektar im Überfluss bietet, wussten auch unsere Vorfahren. Bei ihnen spielte der stark duftende Strauch eine magische Rolle. Liebende, die sich in der Johannisnacht unter dem blühenden Weißdorn fanden, blieben das ganze Leben treu vereint. Wenn man in der Hochzeitsnacht den Blütenduft des Weißdorns einatmete, versprach das der Braut reichen Kindersegen.

Diese Zauberwirkung wird verständlich, wenn man weiß, dass die beiden bei uns vorkommenden Weißdornarten in ihrem Blütenbau einander täuschend ähnlich sind und den gleichen Standort an Wegrändern haben. Sie gehören eben wie Zwillingskinder oder wie Mann und Frau zusammen. Die Weißdornzwillinge tragen in ihren Blüten einen oder zwei Griffel, und beide sind herztherapeutisch gleichermaßen wohltuend wirksam.

Auch heute noch erweckt der Weißdorn, der ähnliche Rosenblüten wie Kirsche und Apfel besitzt, bei den meisten Menschen mehr poetische als pharmazeutische Gedankenverbindungen. Von den Dichtern der Antike wird immer wieder die Schönheit des Weißdorns gepriesen, und Shakespeares König Lear zog seinen „süßen Schatten" dem Bett eines Königs vor.

In den Kultvorstellungen früherer Zeiten spielte der Weißdorn eine wichtige Rolle bei magischen Alltagsbräuchen. Die Bauern pflanzten ihn dicht beim Haus, um es gegen Blitzschlag zu schützen. Seine Wirkkraft gegen Krankheit und Hexerei galt als nahezu unbegrenzt. Der Kranke brachte ihm ein Opfer dar, sprach dazu ein Gebet oder eine rituelle Formel, mit der er seine Fieberschauer an den Strauch weitergab. In manchen Gegenden glaubte man, er könne den Teufel und die Schlangen vertreiben.

„Einen Weißdorn pflanzen" hieß im Volksmund soviel wie „ein Feld eingrenzen". Als die Römer Gallien und England besetzten, benutzten sie Weißdorn wegen seines dichten Wuchses für die Hecken um die Felder, und noch heute zeigt er in der Bretagne und in Norddeutschland nicht nur Besitzergrenzen an, sondern wirkt in den „Knicks" auch als Windbremse.

Der berühmte Weißdorn von Glastonbury stand beim Volk im Ruf, in der Christnacht auszuschlagen und am Christtag über und über zu blühen. Dieser Weißdorn war nach der Tradition ein Sprössling des Stabes, den Josef von Arimathäa am Christabend selbst in die Erde steckte und der sofort Wurzeln und Blätter trieb, um am nächsten Tage mit hellweißer Blüte bedeckt zu sein. Eine lange Reihe von Jahren blühte der Weißdorn im Kirchhof der Abtei von Glastonbury in der Christnacht und zahlreiche Menschen strömten herbei, das Wunder zu schauen.

Das Holz des Weißdorn wird bei Zaubereien gebraucht; besprochenes Wasser wird mit einem Stöpsel aus diesem Holz in der Flasche verstopft. Um größere Warzen zu entfernen, steckt man einen Dorn dieses Strauches möglichst tief hinein und lässt die Warze auseitern, worauf die Wunde vernarbt. Weißdorn soll auch gegen Vampire und sonstige Gespenster ein Schutz sein.

Der Weißdorn ist der „Baldrian des Herzens". Seine Hauptwirkung zielt auf die Herzberuhigung und Erweiterung der Herzkranzgefäße. Weißdornpräparate sind angebracht bei Herzstörungen des alternden Menschen, bei Durchblutungsstörungen der Koronargefäße des Herzmuskels. Anders als die starken Herzmittel Strophantin und Digitalis (Fingerhut) ist die Wirkung des Weißdorns nicht in erster Linie auf die Förderleistung des Herzens gerichtet, sondern auf seine Ernährung, auf die Erhaltung der Funktion jeder einzelnen Zelle, auf seine Energiebevorratung, kurz: auf das gesamte Stoffwechselgeschehen. Die Herzkranzgefäße führen dem Herzen unter der Wirkung des Weißdorns eine größere Blutmenge zu. So wird der Herzmuskel besser mit Sauerstoff versorgt. Herzschmerzen, oft ein Ausdruck von Sauerstoffnot, verschwinden. Darüber hinaus hat der Weißdorn einen günstigen Einfluss auf die Merk- und Konzentrationsfähigkeit älterer Menschen und hilft auch durch seine beruhigende Wirkung, leichtere Schlafstörungen zu beseitigen.

Der Weißdorn muss allerdings regelmäßig über einen längeren Zeitraum eingenommen werden. Erst dann kommen seine Eigenschaften, die sich auf den ganzen Menschen erstrecken, voll zur Geltung.

Zur Teebereitung nimmt man die Blüten (und Blattspitzen) und im Herbst die roten, hagebuttenähnlichen Früchte, die „Mehlbeeren". Einen Teelöffel der getrockneten Blüten überbrüht man mit einer Tasse Wasser. Der Tee wird schluckweise tagsüber getrunken.

Aus den Beeren stellt man auch Tinkturen, Liköre und Konfitüre her. Auch die Kosmetik hat die Blüten, Blätter und Beeren des Weißdorns entdeckt. Durch ein Weißdornbad wird die Haut mit köstlichen Naturstoffen belebt, massiert und gereinigt, was gleichzeitig auch der Herzstärkung und Kreislaufanregung dient.

Der Rotdorn, eine wunderschön blühende Abart des Weißdorns, der als Alleebaum in Anlagen zu finden ist, wird zu medizinischen Zwecken nicht genutzt. Der Hagedorn heißt auch Hundsrose.

121. Was Urgroßvater noch wusste: Historische Gartentipps

„Der praktische Ratgeber im Obst- und Gartenbau – Illustrierte Wochenschrift für Gärtner, Gartenliebhaber und Landwirte" war die 1887 in Deutschland einzige Gartenzeitschrift, die 52 Wochenausgaben mit 622 Seiten in einem Jahr umfasste. Ein Jahrgang kostete im Abonnement vier Mark. Herausgeber war die Königliche Hofdruckerei in Frankfurt an der Oder. Blättern wir heute in dieser uralten Gartenfachschrift, kommt auch der Hobbygärtner von heute noch auf seine Kosten. Manche Beiträge laden zum Schmunzeln ein, andere stimmen nachdenklich. Anzeigen der chemischen Industrie sucht man vergeblich, weil es eben noch keine künstlichen Schädlings- und Unkrautvernichtungsmittel und keine synthetischen Dünger gab.

Uralte Obst- und Gemüsearten, heute zum Teil gänzlich unbekannt, werden in Fachberichten vorgestellt: Wer kennt noch den Speierling und die Mispel, die Haferwurzel und die in „herrschaftlichen Gärten" angebaute Kerbelrübe, die Rohkambole (Schlangenknoblauch) und den Palmkohl oder die Rapontikawurzel, die ein Feinschmeckergemüse war? Die Tomate hieß noch „Liebesapfel", die Schattenmorelle noch „Nordkirsche" und der Schorf noch „Grind". Fledermausguano galt als vorzüglicher Dünger, auf Obstdiebstahl standen harte Strafen und die „Haupt-Todfeinde" der Blattläuse waren schon damals die Marienkäfer.

Die gefährlichsten Obstbaumschädlinge waren die Ohrwürmer, denen eifrig nachgestellt wurde. Heute gelten sie als wertvolle Nützlinge im Kampf gegen die Blattläuse. Latrinendung und Ruß waren vortreffliche Dünger, Heringslake galt als ein Mittel zur Unkrautbekämpfung. „König Albert von Sachsen" war die beste Erdbeersorte, von denen zehn Stück zu 50 Pfennig angeboten wurden. Andere „bewährte Sorten" werden in verschiedenen Anzeigen angeboten, 100 Stück zu 1,50 Mark: Deutsche Kronprinzessin, Superintendent Overdiek, Lucida perfecta, Ornement des Tables und Duke of Edinbourg. Sie alle sind längst in Vergessenheit geraten.

„Aepelbäume, bekannte starke Prima-Ware, in hiesiger freier Gebirgslage, 400 m ü. Ostsee gezogen und nur in bestbewahrten vom deutschen Pomologenverein empfohlenen Sorten, als: Wintergoldparmäne, Kgl. Kurzstiel, Kaiser Alexander und Pariser Rambour versenden wir 10 Stück zu 10 Mark, 25 Stück zu 20 Mark", heißt es in einer weiteren Anzeige. Gut, dass heute wieder eine Nachfrage nach alten Apfelsorten besteht: den „Kgl. Kurzstiel" gibt es leider nicht mehr.

Über „Stiefmütterchen" teilt ein Leser aus München mit: „Große und immer größere Blumen erziele ich durch das öftere Versetzen der jungen Stiefmütterchen. Gute Gartenerde mit Chausseestaub, guter Mistjauche, Schlamm aus dem Senk- und Spulloch und dergleichen gedüngt, ist der Boden, auf dem Stiefmütterchen am schönsten gedeihen."

Latrinendung galt als besonders wertvoll: „Die Abfallstoffe und Fäkalien der Menschen sind für die Stadt eine große Last, für die Landwirtschaft und Gärtnerei und dadurch für den Nationalwohlstand jedoch von großem Wert. Es ist geboten, diese Stoffe mit ihrem großen Düngewert zur Ernährung unserer gesamten Kulturpflanzen unverändert zu erhalten."

Ein altes Hausrezept erscheint im „Leserforum" vom 9. Oktober 1887: „Ruß ist ein vortrefflicher Dünger für Bäume, Rosen etc., namentlich der Ruß der Holzfeuerung. Er wird mit siedendem Wasser aufgebrüht und nach dem Erkalten damit gegossen." Dort wird auch ein Unkrautvernichtungsmittel vorgestellt: „Um Gras und sonstiges Unkraut von Wegen und Kiesplätzen zu vertreiben, resp. fernzuhalten, wird häufig Heringslake in Anwendung gebracht. Gras und Unkraut, welches mit dieser Flüssigkeit begossen wird, verschwindet bald darauf und kommt nicht leicht wieder zum Vorschein. Der widerwärtige Geruch der Heringslake vergeht schnell."

Auch Kompost spielte bei unseren Vorfahren schon eine große Rolle: „Zeige mir Deinen Komposthaufen, so will ich Dir sagen, wie Du die Gärtnerei betreibst!" Kompost war also schon 1887 die „Sparbüchse des Hobbygärtners".

122. Gärtnern macht Kindern Spaß

Kleine Kinder sind „zarte Pflänzchen", die behutsam zu hegen und zu pflegen sind. Mit dem „grünen Daumen" kann man auch die anspruchsvollsten Pflanzen zum Wachsen und Gedeihen bringen, doch das „grüne Herz", die Liebe zum Garten und die Lust am Gärtnern wird in der Kindheit angelegt.

Den Bauerngärten früherer Zeiten trauern wir heute nach. In ihnen waren immer kleine Beete für Kinder reserviert. Und so mancher von uns erinnert sich der fernen Tage, wo manch glückliche Kinderstund' am sonnigsten Plätzchen des Gartens verbracht wurde.

Den meisten Kindern macht es großen Spaß, wenn unter ihren Händen etwas wächst, blüht und gedeiht. Die Beobachtung des Keimens, des Wachsens, des Blühens und Fruchtens vom Frühjahr bis zum Herbst gehört zum positiven Naturerlebnis der jungen Gärtner. Säen, Jäten und Gießen, Hegen und Pflegen führt zu einem innigen Verhältnis zum Boden und seinen selbst gezogenen Pflanzen. Das erste Radieschen schmeckt besonders gut, die ersten Blumen im Frühling aus dem eigenen Beet erfreuen Kinderherzen. Gründe genug, ein Stück des Gartens in einen Kinder-Garten zu verwandeln.

Wir sollten wieder zurückfinden zu jener Einrichtung im Garten, wo eine Rabatte aus Vergissmeinnicht ein kleines, von Kinderhand angelegtes und betreutes Beet, abgrenzte. Auch wenn Kinder heute vielleicht etwas ungeduldiger sind. Ein Stück selbst bebautes Land vermittelt ihnen Besitzerstolz. Und Geduld lässt sich hier üben. Gärtnern macht unseren Kleinen in vielen Fällen genauso Spaß wie den Erwachsenen. Es ist deshalb nichts verloren, sondern eher sehr viel gewonnen, wenn man ihnen im Garten ein eigenes Beet gibt, das sie weitgehend selbständig betreuen dürfen und müssen. Sie sollen dabei freilich nicht ohne Anleitung bleiben. Es hätte nicht viel Sinn sie ohne jeden Ratschlag und praktische Hilfestellung säen und pflanzen zu lassen. Dann wachsen nur kümmerliche Pflanzen, es gibt kaum etwas zu ernten, und sie würden sehr bald alle Lust verlieren.

Doch nicht nur Beratung und Anleitung ist notwendig. Ganz wichtig ist auch die richtige Pflanzenauswahl. Man sucht solche Pflanzen aus, die wenig Anfälligkeit zeigen, die auch mal eine rauere Behandlung vertragen. Damit den Kleinen die Zeit von der Saat bis zum Blühen oder bis zur Ernte nicht zu lang wird, wählt man schnellkeimende und raschwüchsige Pflanzen aus.

Die Ernte muss sicher und überschaubar sein, weil Kinder nur kurze Zeiträume überblicken können. Feuerbohnen, Gartenkressen und Radieschen kann man fast beim Wachsen zuschauen. Es sollte viel Blühendes, aber auch einiges Essbares und zudem Schmackhaftes auf dem Kinderbeet zu finden sein. Mit selbstgezogenem Rettich, Erdbeeren oder auch mit frischen Möhren erntet man im Familienkreis garantiert die nötige Anerkennung.

Viele Einjahresblumen machen auch Kindern kaum Schwierigkeiten. Ringelblumen zum Beispiel dürfen in einem Sommerblumenbeet nicht fehlen. Und sie sollen riechen, duften und Bienen und Schmetterlinge anlocken, um so tiefer wird das Erlebnis um Zusammenhänge zwischen Mensch, Pflanze und Insekt. Sonnenblumen, Maßliebchen, Tagetes und Levkojen vertragen allemal auch einen Puff. Selbstgezogenes Löwenmaul ziert in einem bunten Sträußchen das eigene Zimmer. Was selbst umsorgt wird, darf auch gepflückt werden. Hier sollte man wenig verbieten.

Einjahresblumen mit Vorkultur, die im Zimmer auf der Fensterbank ausgesät werden müssen wie Begonien und Petunien, sind für Kinder viel zu zeit- und arbeitsaufwendig. Wenn möglich, besorgt man sich Saatpillen. Das sind Samen, die künstlich mit einer Substanz umgeben werden, die sich später in der Erde auflöst. Dadurch sind die einzelnen Samenkörner viel dicker, die kleinen Finger können damit besser umgehen als mit den feinen Samen aus der Tüte.

Kürbisse und Sonnenblumen kann man auch in Eierkartons vorziehen lassen, damit das Wunder der Keimung und die Bedeutung der Keimblätter erklärt werden können. Eine ganz großartige Kinderpflanze ist der Zierkürbis mit seinen lustig geformten gelben, grünen oder bunt gestreiften Früchten. Kinder dürfen auch einen Speisekürbis pflanzen, am besten vor dem Komposthaufen, wo er das Sickerwasser aufnehmen kann, niemals aber auf dem Kompoststapel, was gerne von Eltern gemacht wird, wenn von den örtlichen Gartenbauvereinen Kürbiswettbewerbe ausgeschrieben werden. Natürlich soll ihr Kind den dicksten und schwersten Kürbis ernten.

Apropos Sonnenblume: Spaß macht Kindern auch eine Sonnenuhr, an der man die Zeit ablesen kann – natürlich nur an Sonnentagen. Dazu braucht man eigentlich nur einen Stab, dessen Schatten je nach Sonnenstand im Kreis herum wandert. Lustiger wird es, wenn man eine einzelne hohe Sonnenblume in die Kreismitte setzt.

Wichtig ist, dass die Kleinen sehr bald „Beikräuter" – früher sagte man Unkräuter – von Nutzpflanzen unterscheiden können. Das regelmäßige Jäten und Rupfen der Unkräuter aus den Kulturen muss erlernt werden. Chemische Mittel gehören sicherlich nicht in Kinderhände! Hinweise auf biologische Schädlingsbekämpfung sind angebracht: Marienkäfer sammeln und auf dem Kinderbeet ausgesetzt macht sicher einen Riesenspaß. So sollte man mit dem Kind zusammen auch mal auf den „Elternbeeten" Kohlraupen absammeln, Schnecken unter Rhabarberblättern fangen und erklären, warum die Ameisen den Blattläusen nachstellen.

Die jungen Gärtner sollten nur mit organischen Düngern arbeiten. Mineralische Dünger gehören nicht in Kinderhand. Steinmehl, Knochenmehl, Hornmehl und Guano können auch von ihrer Entstehung her erklärt werden. Ein eigener Abfallhaufen als Kompostbereiter kann für Humusnachschub sorgen. Und man erkläre den Kindern die große Bedeutung des Regenwurms für eine gesunde und fruchtbare Gartenerde. Die Kinder sollten alle Vorgänge verstehen können, dann wird von selbst ein Verantwortungsgefühl entstehen und der Eifer wird den ganzen Sommer über anhalten. So kann auch der Erwachsene viel Interesse für den „Minigarten im Garten" zeigen.

Die Größe des „Minigartens" richtet sich nach der Größe des Gartens und nach dem Alter des Kindes. In der Regel sollte das Kinderbeet drei mal ein Meter in der Fläche betragen. Kürbisse und Sonnenblumen dürfen im Garten der Eltern gepflanzt und betreut werden. Das Kinderbeet sollte ein sonniges Plätzchen erhalten und nicht im hintersten Winkel des Gartens versteckt werden.

Folgende Nutzpflanzen dürfen nicht fehlen: Radieschen, Rettiche, Möhren und Gartenkresse, Kerbel, ein paar Zuckerrüben und Rote Beete, eine aromatische Gewürzpflanze und natürlich Sommerblumen als Randbepflanzung. Schließlich sollte das Kind die Pflanzreihen mit „Kennkarten" auszeichnen. Die einfachste Methode ist, die leeren Samentütchen am Ende der Reihe mit einem Hölzchen in den Boden zu stecken. Nicht immer aber bleiben die Tütchen von Wind und Regen verschont. Mit Plastik überzogene Kärtchen sind besser geeignet.

Die Arbeits- und Pflegegeräte müssen in der Größe und Handhabung dem Alter des Kindes angepasst sein. Das können schon Gartenspielgeräte sein.

Zur Grundausstattung gehören ein kleiner Spaten, eine Hacke, ein Rechen, eine kleine Gießkanne, ein Eimerchen, eine kleine Schaufel und ein Kinderschubkarren. Diese Geräte sind oft schon vom Sandkastenspiel vorhanden. Kinder wünschen sich auch einen Strauch oder sogar einen richtigen Baum, der mit ihnen zusammen groß wird. Man pflanzt ihn – wenn das jahreszeitlich möglich ist – am besten zum Geburtstag, gibt dem Bäumchen einen Pfosten mit Plakette, auf dem das Pflanzdatum eingraviert ist.

Giftige Pflanzen aber gehören nicht in einen Kindergarten. Vor allem kleinere Kinder probieren nun einmal alles aus. Alles kommt in den Mund, auch wenn es bitter schmeckt. Maiglöckchen, Wolfsmilch, Eisenhut, Lupine, Rittersporn, Schlafmohn, Fingerhut, Kaiserkrone und Adonisröschen haben in der Nähe eines Kinderbeetes nichts zu suchen.

123. Pfingstregen kommt ungelegen – Bauernregeln

Einst zogen sich in der Zeit um Pfingsten noch einmal all jene Bräuche zusammen, deren gemeinsames Motiv im Begrüßen des Frühlings, im Wecken der Natur und in der Bitte um Segen für Feld und Flur liegt. Ein wenig davon kommt auch heute noch im „Pfingstquak" und im „Pfingstmain" zum Ausdruck.

Seit dem Jahr 425 feiern die Christen fünfzig Tage nach Ostern das Pfingstfest und zugleich die Gründung ihrer Kirche. Theologischer Inhalt des Festes ist die Ausgießung des Heiligen Geistes über die Apostel an Pentecostes, dem griechischen Wort für den 50. Tag nach Ostern. Symbol ist die Taube, durch die sich der Heilige Geist herabsenkte. In den Gotteshäusern wurde einst das Pfingstwunder durch von der Kirchendecke herabgelassene Blumen, brennendes Werg oder eine Taube dargestellt.

Volkstümliche Feste zu Pfingsten sind neben dem kirchlichen Bezug schon früh belegt, so seit dem 14. Jahrhundert Schützenfeste und Brunnenfeste. Flurnamen wie Pfingstwiese und Pfingstanger weisen auf alte Festplätze hin. Beim Adel waren Ritterspiele und Turniere angesagt.

Für viele war Pfingsten der schönste Festtag im Kreislauf des Jahres, aber nur, wenn er schönes Wetter brachte, denn:

„Regnet's am Pfingsttag – so bringt's alle Plag."
„Wenn es an Pfingsten regnet, wird keine Frucht gesegnet."
„Wenn wir Regen an Pfingsten bekommen, wird uns die ganze Ernte genommen."
„Pfingsten mit Regen kommt der Ernte ungelegen."
„Der Regen auf einen Pfingsttag mehr Regen denn schön Wetter sagt."
„Wenn es am Pfingsttag regnet, ist das Weinfass und das große Fass leer."
„Pfingsttage sollen schön sein, sonst regnet es sieben Sonntage und den dritten Teil der Frucht ab."
„Wie an Pfingsten das Wetter, soll es in der Ernte auch sein."
„Regnet's am Pfingsttag, so regnet's einundzwanzig Tag."

Es war also für den Bauern so, dass Pfingstregen höchst ungelegen kam. Anders sieht es aus, wenn am Pfingsttag die Sonne scheint:

„Wenn wir singen: Komm heiliger Geist! Gibt das Korn das allermeist."
„An Pfingsten Sonnenschein verheißt viel Frucht und guten Wein."
„Pfingsten mit Sonne bringt dem Bauer Wonne."

Das Pfingstwetter zeigte aber auch das Wetter für das ganze Jahr an:

„Es folgt für uns ein gutes Jahr, wenn es ist an Pfingsten klar."
„Helle Pfingsten – dürre Weihnachten."

124. Grenzumgänge und Brunnenfeste

Als es noch keine Katasterämter gab, wurde zur Pfingstzeit die Eigentumsgrenze abgegangen oder umritten. Dies geschah auf behördliche Anordnung und fand in jährlichen Abständen statt. Kinder und Jugendliche, als die zukünftigen Eigentümer der Flurstücke, wurden bei diesen Gängen mitgenommen. Sie sollten von jung an die Grenzverläufe kennen, um später vom richtigen Verlauf Zeugnis geben zu können. Die Erwachsenen gingen manchmal sogar so weit, die Kinder an besonders markanten Stellen zu ohrfeigen, um den Grenzpunkt auf diese Weise stärker einzuprägen. Zuweilen bekamen sie nach diesem Gang Gebäck oder ein Geldstück. Bei den Begehungen schlichtete der Dorfvorsteher auch eventuelle Grenzstreitigkeiten.

Als dann Flurkarten und Grundbücher eingeführt waren, hielten manche Gemeinden dennoch an den Grenzumgängen fest und ließen sie zu gemeindlichen Festen mit Flurumritten werden.

Unzählige Pfingstbräuche verbinden sich auch mit dem Wasser. Das Wasser und seine Lebenskraft wird in vielen Religionen verehrt. In den Volksmärchen tritt uns immer wieder die reinigende, verbindende und trennende Macht des Wassers entgegen. Stetig fließendes, reines Wasser galt unseren Vorfahren nicht als Selbstverständlichkeit, sondern war ein Segen, für den sie dankbar waren. Um Pfingsten, wenn die mühevolle Arbeit des Brunnen- und Bächereinigens abgeschlossen war, gaben sie in Brunnenfesten dieser Dankbarkeit Ausdruck. Dafür wurden die Brunnen mit Girlanden und allerlei Blumenzier festlich geschmückt. Auch „Pfingsteier" wurden dazu verwendet.

Das bekannteste der noch gefeierten Brunnenfeste ist wohl das in Wunsiedel im Fichtelgebirge. Alle alten Brunnen der Stadt – nahezu 20 an der Zahl – werden aufs Schönste von den „Brunnengemeinschaften" geschmückt und nacheinander in einem Umzug aufgesucht, begleitet von Musik und Gesang.

125. Der „Pfingstquak" im Ostertal

Alljährlich zu Pfingsten findet in Werschweiler im Ostertal (Saarland) auch heute noch der uralte Brauch des Pfingstquakes statt. Was bedeutet „Pfingstquak" und woher stammt dieser Brauch?

Sehr wahrscheinlich war der „Quak" ursprünglich ein Vegetationsdämon. Die Germanen glaubten, in diesem sei der Dämon selber und er würde so das Wachsen und Gedeihen der Natur günstig beeinflussen. Sie hüllten jemanden aus ihrer Mitte in das grüne Laubwerk des jungen Frühlings und schmückten ihn mit den ersten Blumen. Durch das Herumtragen von Haus zu Haus sollte er Segen spenden. So war wohl unseren Vorfahren dieses Umhertragen des Quakes eine sehr ernste, aber auch feierliche Angelegenheit.

Heute ist der Pfingstquak in Werschweiler nur noch ein Kinderbrauch. Das Wort „Quak" wird unterschiedlich ausgelegt. Der Quak kommt außer in einigen Gegenden des Saarlandes noch im Hunsrück, im Elsass und in der Pfalz vor. Man bringt damit etwas Junges, noch Unentwickeltes zum Ausdruck. Der Jüngstgeborene ist der Nestquak, unreife Kirschen werden ebenfalls als „Quaken" bezeichnet. Der Pfingstquak wäre demnach das junge frische Maiengrün, die erste Gabe der überreichen Natur.

Jedes Jahr, wenn um Pfingsten die Natur sich zu entfalten beginnt, sich im Walde die ersten zarten Blätter zeigen, der Ginster am Waldrand und auf den Höhen seine goldenen Farben erstrahlen lässt und der Frühling sich in seiner schönsten Pracht zeigt, dann schenkt er der dörflichen Schuljugend den herrlichen Laub- und Blumenschmuck zum Pfingstquak.

Schon zehn oder auch vierzehn Tage vor Pfingsten, wenn die Rotbuchen ihr erstes zartes Grün zeigen, ziehen die älteren Jahrgänge der Schulbuben unter Führung des Abschlussjahrganges – das sind die „Quakherren" – mit zwei Handwagen hinaus in den Wald. Die Quakherren dürfen in den Handwagen Platz nehmen und werden in den Wald und später auch wieder nach Hause gefahren.

Im Wald angekommen, werden nun junge Buchen ausgesucht und die Äste, die sich gut zum Flechten eignen, abgeschnitten. Damit werden die beiden Handwagen voll geladen und noch ein Dach darüber geflochten, unter dem die Quakherren Platz nehmen.

Bei dem zweitältesten Quakherren zu Hause wird dann der Quak hergerichtet. Die Buchenreiser werden jetzt nochmals zurechtgeschnitten und damit das Gestell des Quakes umflochten. Das Gestell ist etwa 80 cm hoch, oben ist ein rundes Brett mit etwa 40 cm Durchmesser, am Rande sind 12 Löcher im gleichen Abstand gebohrt, in welche Haselnussstöcke gesteckt werden. Am unteren Ende sind die Stöcke an einem Blechreifen befestigt, der einen Durchmesser von 50 cm hat.

Ist das Gestell bis auf ein kleines Guckloch vollständig umflochten, wird der Quak bis zu seiner Vollendung in den Keller gestellt, damit er sich frisch hält. An Pfingstsonntag schon in aller Frühe sieht man ein emsiges Treiben der gesamten Schulbuben. Die gehen von Haus zu Haus und sammeln Blumen, die in den Dorfgärten wachsen. Die so gesammelten Blumen werden nun zum Quak getragen, denn mittlerweile haben die Quakherren den Quak auf einen provisorischen Tisch aufgebaut und jeder von ihnen ist mit einem kleinen Holzspieß bewaffnet, mit denen Löcher in das Quakgeflecht gebohrt werden. In diese Löcher steckten dann die Buben die Blumen hinein.

Ist das Flechtwerk nun vollends mit all den bunten Blumen behangen, kommt als Abschluss ein kleines Fichtenkrönchen obendrauf, das in dem runden Brett befestigt wird. Dieses kleine Krönchen wird nun ebenfalls mit Blumen und bunten Bändern geschmückt. Der nun fertige Quak strahlt die ganze Kraft der bäuerlichen Blumengärten aus; besonders herrlich wirkt er, wenn Pfingstrosen, Flieder und Schneeball verwendet worden sind.

Am Nachmittag ziehen die vier ältesten Jahrgänge noch einmal in den Wald, aber diesmal ohne Handwagen. Jetzt werden die letzten Vorbereitungen für den nächsten Tag getroffen, die Anfertigung der „Taratschen" (Schalmeien). Dazu müssen die Erlen herhalten, die sich besonders dafür eignen und an Waldbächlein gut gedeihen. Für jeden Schulbuben wird ein solches Instrument von den Erlen abgeschält.

Sobald sie mit ihren „Taratschen" im Dorf erscheinen, stehen schon die jüngeren Buben, die nicht mitgehen durften, um ihre „Taratschen" in Empfang zu nehmen. Nun sind alle Vorbereitungen getroffen, den Quak nach alter Sitte den Dorfbewohnern aufs Neue vorzustellen. Die beiden ältesten Jahrgänge bewachen in der Nacht den Quak, damit er nicht gestohlen wird.

Am zweiten Pfingsttag, schon früh beim Morgengrauen, werden alle Schulbuben des Dorfes durch den Klang einiger „Taratschen" geweckt. Die Töne, die man diesem Rindeninstrument entlocken kann, sind kaum zu beschreiben, den Dorfbewohnern aber bleiben sie ewig in Erinnerung. Wenn sich die Buben alle bei den Quakherren versammelt haben, dann geht das Konzert richtig los. Einer trägt jetzt den Quak von Haus zu Haus, gefolgt von den „Taratschenmusikanten".

Vor dem Zuge, aber hinter dem Quak, marschieren die Quakherren mit einem Eierkorb, einem Eimerchen für Speck und Butter und der Zigarrenkiste, die zum Aufbewahren des gespendeten Geldes benötigt wird. In diesen Geräten werden die Gaben eingesammelt. Es wird vor jedem Hause so lange musiziert, bis die Hausfrau oder der Hausherr an die Haustür kommen und ihnen etwas Essbares oder Geld geben.

Manchmal lehnt sich der Bauer neugierig über die Stalltür hinaus, da um diese Zeit das Vieh gefüttert wird und sagt mit einem ernsten Gesicht: „ Ihr Buwe, es langt mit dem Krach". Dabei kann er aber ein Lächeln kaum verbergen und denkt an seine eigene Schulbubenzeit zurück. Der Bauer nebenan, dem der Schalk schon von weitem aus dem Gesicht lacht, sagt: „Ihr Buwe, aber jetzt mal ordentlich geblasen".

Sind die Buben mit ihrem Umzug durch das Dorf fertig, so geht es zum Haus des ältesten Quakherren. Hier werden jetzt die Eier entweder mit Butter oder mit Speck gebacken und von sämtlichen Quakbuben verspeist. Das Geld und den Rest des Speckes und der Eier teilen sich die Quakherren untereinander auf. Zu einem gewissen Ritual gehört auch das Zerstören der „Taratschen" nach dem Umzug.

Das Quakgestell bleibt erhalten. Der nächstjährige Quakherr nimmt es mit nach Hause und bewahrt es auf. So endet jedes Jahr mit dem Eieressen an Pfingstmontag der schöne Brauch des Werschweiler Pfingstquakes.

126. Der „Pfingstbutz" holt den Sommer rein

An Pfingsten wird der Sommer ins Dorf geholt. Es war Sache der Burschen, die Pfingstspiele zu organisieren und durchzuführen. Je nach Landschaft, hatten diese Spiele ihre eigene Note; es wurden aber immer wieder dieselben Mittel benutzt: Feuer, Lärminstrumente, Stroh, Tannen- oder Birkengrün, blühende Ginsterzweige und Blumen.

Auch die Figuren stellten, unter verschiedenen Namen, immer wieder dasselbe dar. Da ist die Hauptfigur der „Pfingstbutz", der auch „Pfingstlümmel", „Pfingstel", „Pfingstnickel" oder auch „Pfingstbloch" heißen kann. Er steht immer für den Letzten, den Faulen, der nun endlich auch da ist und in den Sommer einzieht.

Mit Tannengrün oder Birkenlaub umhüllt und mit Blumen geschmückt, wird der „Pfingstbutz" in einem Umzug aus dem Wald geführt. In diese Rolle schlüpft meist ein Junge, der auch im täglichen Leben nicht zu den Schnellsten gehört. Nach der Ankunft im Dorf wird in kleinen Spielszenen dargestellt, dass nun der Sommer kommt und die Macht des Winters endgültig gebrochen ist. Mancherorts deutet dabei eine strohumhüllte Gestalt den vergangenen Winter an. Höhepunkt des Spiels ist, wenn der „Pfingstbutz" ins Wasser gestoßen wird – ein Sinnbild dafür, dass hemmende Kräfte nur überwunden werden können, indem man sie beherrscht.

Da und dort schlossen sich, ähnlich wie an der Fastnacht, Heischegänge an: „Pfingstbutz bin ich genannt, Eier und Schmalz ist mir wohl bekannt, lauter gute Sachen, dass man daraus einen Eierkuchen kann machen."
So oder ähnlich riefen die Burschen, wenn sie von Haus zu Haus zogen, um Eier, Milch, Mehl und Schmalz zu erhalten. Daraus wurden in einem gastlichen Haus oder in der Wirtschaft Pfannkuchen gebacken und gemeinsam verzehrt.

Im Erzgebirge ist der „Pfingstlümmel" ein Junge, der als letzter auf dem Dorfplatz eintraf, wo der am ersten erwachte Hütebub anfing, mit der Peitsche zu knallen, um alle Hirten zu versammeln. Der „Pfingstlümmel" wurde das ganze Jahr über so genannt und mit seiner Langschläferei gehänselt. „Pfingstlümmel" kann auch jemand in der Großstadt werden, der als letzter am Frühstückstisch auftaucht.

„Bunter Junge" heißt der „Pfingstlümmel", wenn es sich um einen Pferdejungen handelte, der sein Pferd zuletzt hinaustreibt, und er wird vom Kopf bis zu den Füßen mit Girlanden aus Feldblumen umwickelt.

Der „Tauschlepper" ist sein Gegenpart, er ist als erster auf dem Sammelplatz gewesen und hat dabei den Tau vom Grase abgeschleppt. „Tauschlepper" und „Bunter Junge" sind am Nachmittag von Hof zu Hof gezogen und haben miteinander Gaben eingesammelt.

Der „Pfingstbloch" ist ebenso wie der „Pfingstlümmel" der schon bekannte Langschläfer des Dorfes. Die Hüte- oder Pferdejungen versuchen ihn am Pfingstmorgen zu überlisten; klettern heimlich in seine Schlafkammer, binden Schnüre an seine Zudecke. Auf einen Befehl hin wird die Decke weggezogen, und der „Pfingstbloch" wird mit Wasser begossen. Wenn der „Pfingstbloch" aber pfiffig ist, so hat er nur so getan, als ob er fest schliefe, und in dem Augenblick, indem alle unter seinem Kammerfenster stehen, begießt er sie selber mit kaltem Wasser.

127. Von Pfingstochsen und Hütejungen

An Pfingstmontag hat man früher in Österreich und Bayern die Pferde und das Vieh zum ersten Mal auf die Weide oder auf die Alm getrieben, angeführt von einem festlich mit einer Blumenkrone geschmückten Pfingstochsen. Das endete in einem Fest der Hirten, die dazu alle einluden, die mitmarschiert sind.

Kinder feiern den Almauftrieb auch ohne Vieh. Ein Kind wird als Pfingstochse verkleidet, und alle miteinander ziehen durch die Nachbarschaft. Oder sie verkleiden ein Mädchen als Pfingstbraut mit Blumen, Grün, Primeln, Wermut und Lichtnelken und Bändern, ziehen singend von Haus zu Haus und sammeln Pfingstkuchen, Speck, Eier und Backobst ein, was dann abends gemeinsam verspeist wird.

In manchen Gegenden findet am Pfingstmontag auf dem Land ein Pferderennen statt, in den Städten war es der Tag für die Schützenzünfte, die ein Vogelschießen veranstalteten.

Am ersten Pfingsttag war das Fest der Hütejungen. Sie machten Umzüge, ließen sich Pfannkuchen backen, kochten Biersuppe, wobei sie von ihren Bauersfrauen die Zutaten einsammelten. Manchmal spannten die Hütejungen einen Strick quer über die Landstraße, und jeder, der vorüber fuhr, musste sich mit einem Pfennig Lösegeld freikaufen.

Die Pferdejungen wählten als Festkomitee fünf aus ihrer Mitte, von denen jeder sein Amt hatte. Der eine trug die Butter, der zweite die Eierkiepe, der dritte den Speck, der vierte den Mehlbeutel, der fünfte musste mit der Peitsche die Hunde fernhalten. Alle miteinander wanderten aufs Feld, wo ihnen die Mädchen aus all den guten Zutaten Pfannkuchen backten.

128. Die Pfingstrose, ambrosischer Duftspender im Bauerngarten

Die Päonie oder Pfingstrose (Paeonia officinalis), auch Benediktenrose genannt, entfaltet im Mai ihren lieblichen Wohlgeruch. Ihr Duft ist ambrosisch, weder aufdringlich, noch flüchtig, fast rosenhaft. Die Blüten sind von imposanter Größe, Pracht und Leuchtkraft. Sie haben verschiedene Farbnuancen, die sich von der ursprünglichen Milchfarbe über gelbliche und rosa Tönungen bis zum dunkelsten Rot erstrecken. Feine Nasen merken auch Duftunterschiede, die sich bis zu einem leichten Nachtschattenduft abschwächen, wie ihn die einfach und hellrot blühende einheimische Wildart besitzt.

Einmal an ihren Standort eingewöhnt, kann die Pfingstrose bei genügender Nahrung zehn bis zwölf Jahre stehen bleiben, ohne an Wuchs und Blühfreudigkeit nachzulassen. An sonnigem Standort blüht sie reichlicher als im Halbschatten. Die Kronblätter der Blüte, die ganzrandig oder unregelmäßig gebuchtet sind, haben eine seidenartig schimmernde Innenfläche.

Alle in Europa gezüchteten Strauch-Päonien stammen von der Chinesischen Pfingstrose (Paeonia suffruticosa) ab. Einige der vielen Hybriden japanischen Typs haben phantastische Namen: Asahi-Minato („Sonnenaufgang im Hafen"), Shikoden („Palast violetten Lichtes"), „Souvenir de Maxime" und Saigyo-Sakura („Kirschen von Saigyo").

Schon Plinius zählte die Pfingstrose zu den medizinischen Wunderpflanzen. Von ihrer Kraft und Wirkung heißt es: „Die Wurzeln von den roten Paeonien gedorrt, gestoßen und einer Mandel groß mit Wein eingegeben, reinigt die Weiber nach der Geburt und stillet ihre Bauchschmerzen." Eine griechische Legende erzählt, wie man die Wurzeln der Pfingstrose ausgraben soll: „Der Wurzelgräber muss sich hüten, vom Specht gesehen zu werden, sonst droht ihm Gefahr, dass dieser ihm die Augen aushackt."

Gegen epileptische Anfälle soll man die Päonienwurzel auf dem Herzen tragen. Die Wurzel muss bei abnehmendem Mond an einem Sonntag in der Mittagsstunde ausgegraben werden.

Für die Chinesen war die Pfingstrose das Symbol des Reichtums und der Ehre. Das Altertum verwendete die Pfingstrose als Schutz gegen den Schabernack von Satyrn und Faunen. Im Mittelalter als Heil- und Zauberpflanze bekannt, diente ihr Samen als Schutzamulett. Als „Rose ohne Dorn" ist sie ein beliebtes Mariensymbol auf mittelalterlichen Tafelbildern.

129. Tiermärchen: Pirol (Singvogel)

Der Kirschendieb Pirol

Päonia, die hübsche Pfingstrose, erstrahlte in ihrem purpurnen Blütenkleid. Seit Tagen schon wartete sie mit Sehnsucht auf die Rückkehr ihres Namensvetters aus dem Reich der Singvögel: „Wo bleibt nur in diesem Jahr der Pfingstvogel, mein Freund Pirol?"

Die Kinder sangen in der Schule schon das Vogellied „Alle Vögel sind schon da, alle Vögel, alle: Amsel, Drossel, Fink und Star ..." Sogar die Schwalben waren schon aus dem Süden zurückgekehrt. Nur der Pirol war immer noch nicht da.

Päonia sagte zu ihrem Nachbarn, dem lilafarbenen Flieder, mit dem wunderschönen Namen Syringa: „Syringa, die anderen Singvögel haben schon Nester gebaut und Junge aufgezogen."
„Ich weiß, worauf der Pfingstvogel wartet", antwortete Syringa, der gerade seinen vollen Blütenduft in die Luft strömte: „Er wartet auf die ersten reifen Maikirschen." Und Syringa hatte wohl auch Recht. Bei den Menschen war der Pirol vor allem der „Kirschendieb", waren doch die saftigen Maikirschen seine Lieblingsspeise.

Päonia rauschte mit ihrem Blütenflor und horchte gespannt auf den Gesang der Vögel. Und da auf einmal hörte sie den charakteristischen Ruf des Pirols, das flötende „Didlioh". Der Ruf kam vom nahen Auenwald her, wo Männchen und Weibchen ihr Brutrevier absteckten.

„Didlioh", flötete das Männchen wieder und machte damit allen Leuten kund, dass der „Vogel Bülow" wieder zurück war. So nannten ihn die Menschen auch wegen seines lautmalerischen Gesangs.
„Wir haben ein so auffallendes, zitronen- bis goldgelbes Gefieder, und trotzdem verbergen wir uns meist im Blattwerk der Bäume vor den Blicken der Menschen. Wir können doch stolz auf unsere Gefiederfärbung sein. Die anderen Singvögel beneiden uns", pfiff das Männchen Pius zu Piroschka, dem Weibchen, das gerade dabei war, ganz oben in der Krone einer Erle ein napfförmiges Nest zu erbauen.
„Pius, hilf mir bitte, damit das Nest bald fertig ist! Wir sind sowieso in diesem Jahr später dran", bat Piroschka.

So wickelten beide mit großem Geschick Halme von Gras, Bastfäden, Teile von Schlingpflanzen, sogar Schnüre, Plastiktütenfetzen und Papier um einen der beiden Zweige einer Astgabel, speichelten sie tüchtig ein und flochten sie am gegenüberliegenden Zweig fest, bis ein freihändiger Napf entstanden war.

„So, Pius, die letzte Spucke! Unser Kunstwerk ist fertig. Das kann uns kein anderer Vogel nachbauen", strahlte Piroschka.

Pius und Piroschka wechselten sich bei der Aufzucht der jungen Pirole ab, die einen heißen Appetit auf Raupen, Beeren und Kirschen hatten. Geschickt waren die beiden Pfingstvögel, die selbst an senkrechten Ästen akrobatisch auf und ab kletterten: „Wir können sogar wie ein Kleiber an senkrechten Ästen kopfunter laufen. Das soll uns mal einer nachmachen!"

Da setzte plötzlich ein starker Regen ein: „Hm, ich habe Durst! Jetzt saugen wir wie Tauben das Wasser in den Rinden und Blättern."
„Piroschka, wollen wir mal wie Fledermäuse kopfunter im Geäst duschen?", fragte Pius, der genau wusste, dass Piroschka eine „Wasserratte" war.
„Ach, tut der Regen wohl!", turtelte Piroschka, die genau wusste, dass die Menschen die Pirole auch „Regenkatzen" nannten.
„Viel Zeit haben wir ja nicht. Schon Ende Juli müssen wir wieder den weiten Flug nach Afrika antreten. Lass uns noch kurz zu unserer Freundin Päonia, der Pfingstrose, fliegen!", bat Pius seine Piroschka.

Doch, oh Graus! Päonia hatte längst ihren hübschen Blütenflor verloren und schämte sich ihres unschönen Blätterkleides: „Ihr beide kommt zu spät. Ich schäme mich vor euch. Mit eurem farbigen Gefieder kann ich jetzt nicht mehr konkurrieren."
Da versprachen Pius und Piroschka, im nächsten Jahr früher zu Besuch zu kommen.

„Auf Wiedersehen!", riefen die beiden Pirole, „heute beginnt unser großer Herbstzug." Pius und Piroschka freuten sich schon auf Weintrauben, Maulbeeren, Feigen und Oliven auf dem Weg durch den Süden: „Da fressen wir uns wieder die Bäuche voll."

130. Borretsch – „Kein Kind von Traurigkeit"

„Blauhimmelsstern" und „Augenzier", „Gurkenkönig" und „Liebäuglein", „Herzfreude" und „Wohlgemütsblume" sind volkstümliche Bezeichnungen, mit denen unsere Vorfahren die Eigenschaften des Borretsch als Zier-, Gewürz- und Heilpflanze der Bauerngärten früherer Zeiten vortrefflich charakterisierten.

Wie kleine Sterne leuchten die himmelblauen, fünfzipfligen Blüten im Kräutergarten und erfreuen Auge und Herz. Die ornamentalen Blausternchen ließen die Borretschblüten zu einem beliebten Motiv bei Stickereien werden. Zur Dekoration werden sie gerne Salaten beigegeben. Hummeln besuchen mit Vorliebe die nektarträchtigen Blüten. Den dicht mit Haaren bedeckten Stängeln und Blättern entströmt ein zwiebelähnliches Gurkenaroma.

Der Borretsch hatte einst einen ausgezeichneten Ruf als eine Art pflanzlicher Mutmacher. Man verwendete die Sprosse, um Melancholische zu beleben, verzweifelte Studenten aufzumuntern und Katzenjammer zu vertreiben. Die Volksnamen „Herzfreude" und „Wohlgemütsblume" weisen daraufhin, dass dem blauen Kraut die Fähigkeiten zugeschrieben wurde, traurige Menschen wieder aufzuheitern. In der Tat hat sich herausgestellt, dass nach dem Genuss von Borretsch das Hormon Adrenalin verstärkt gebildet wird.

„Ego borago gaudia semper ago": „Ich, Borretsch, bringe immer Freude!" Dies war eine Empfehlung des römischen Schriftstellers und Naturwissenschaftlers Plinius. Er gab dem Borretsch den Namen „Euphrosinum", was soviel heißt wie „das Kraut, das fröhlich und ausgelassen macht".
Und John Gerard, berühmter Kräuterkundler am englischen Königshof (1545-1612) vermerkte: „Die Blätter und Blüten vom Borretsch, in Wein eingelegt, machen Männer und Frauen lustig, treiben die Traurigkeit, Melancholie und Betrübnis fort."

Problemlos vermehrt sich der „Mutmacher" ohne menschliches Zutun von selbst im Kräuterbeet, wenn man einige Pflanzen zur Samenreifung stehen lässt. Von Pilzen und Blattläusen wird er leider gerne befallen, vor allem, wenn er zu dicht steht. Auch welkt er leicht, so dass er in Trockenzeiten ausgiebig gewässert werden muss. In Mischkulturen von Kohlpflanzen und Kohlrabi, bei Zucchini und Erdbeeren, deren Wachstum er fordert.

Als Küchenkraut verwendet man ausschließlich die jungen Blätter, entweder frisch oder eingefroren. Durch Trocknung wird Borretsch für die Küche völlig wertlos. Die in Essig eingelegten Blätter riechen nach Gurken und werden als Vorspeise gegessen. Sie passen gut zu Yoghurt und Käsecreme. Die kleingeschnittenen Blätter nimmt man zu Salaten, Tomaten, Kräutersuppen, Rahmsauce, Mayonnaise, Pilzen, Spinat und vor allem zu Gurkensalat.

In der Naturheilkunde verwendet man den gepressten Saft aus den Blättern zur Anregung des Stoffwechsels. Der Tee als Aufguss des Krautes wirkt bei Rheuma und nervösen Herzbeschwerden. Eine Gesichtskompresse mit Borretschblättern wirkt gegen welke, müde und schlecht durchblutete Haut.

131. Schöllkraut und Schwalben kündigen den Frühling an

Das Aufblühen der kleinen gelben Mohnblüten des Schöllkrautes Ende April, Anfang Mai war für unsere Vorfahren ein sichtbares Zeichen für den endgültigen Sieg des Frühlings über den Winter. Für die Mönche im Mittelalter, in deren Klostermauern das Kraut gerne wuchs, verband sich mit dem Aufblühen des Schellkrautes, wie es auch genannt wird, gleichzeitig die Rückkehr der Schwalben aus dem fernen Afrika. Beide waren Frühlingskünder.

Kein Wunder, dass man den botanischen Namen des Mohnkrautes, wie es im Volksmund auch heißt, „Chelidonium", mit dem griechischen Wort „chelidon" (= Schwalbe) in Verbindung bringt. Und Aristoteles, der als Vater der Naturgeschichte gilt, berichtet, die Menschen seien auf die Heilkraft des Schöllkrautes aufmerksam geworden, als sie beobachteten, wie die Schwalben ihren noch blinden Jungen den Milchsaft der Pflanze in die Augen träufelten, so dass diese sehend wurden. Im Wappenschild dieser uralten Heilpflanze steht eine Schwalbe.

Andere Sprachkundler behaupten, der Schöllkrautname „Chelidonium" leite sich vom griechischen Wort „ kalido" (= beflecken) ab, denn alle Teile der Pflanze enthalten einen orangegelben Milchsaft, der die Haut braun färbt. Wie auch immer: Das deutsche Wort „Schöll- oder Schellkraut" kommt von „Chelidonium".

Die verschiedenen Volksnamen der heilkräftigen Pflanze bezeichnen Standort, Beschaffenheit, Aussehen und Anwendung: Mauerkraut, Schuttkraut, Gelbkraut, Warzenkraut, Mohnkraut, Schwalbenkraut, Augenkraut, Teufelsmilch, Gelbmilch, Leberkraut, Gallenbalsam und Geschwulstkraut.

Die zur Familie der Mohngewächse gehörende Pflanze enthält in allen Teilen einen stark klebrigen, ätzenden, gelben Milchsaft, der an der Luft sehr schnell eintrocknet und allmählich rotbraun wird. Der Milchsaft, das Alkaloid Chelerythrin, ist ein starkes Reizgift und beseitigt Warzen. So ist auch der Gebrauch des Saftes seit alters her zur Abheilung von Warzen in der Volksmedizin bekannt. Ein einmaliges Betupfen der Warzen hilft wenig. Die tägliche Anwendung des ätzenden Milchsaftes jedoch bewirkt nach ein bis zwei Wochen eine Beseitigung der Warzen. Aber Vorsicht! Der klebrige Saft darf nicht an Schleimhäute oder in die Augen kommen.

Die Pflanze ist bei uns, auf Schuttplätzen und in altem Gemäuer wachsend, weit verbreitet. Aus der Mohnblüte entstehen Schotenfrüchte mit schwarzen Samen, die fleischige Anhängsel tragen. Diese locken ihres süßen Duftes wegen Ameisen an, die die Samen verschleppen und zur Verbreitung der Pflanze beitragen. Oft wächst das Schollkraut aus zerbröckeltem Mauerwerk mit sandigen Ameisennestern am Wurzelbereich.

Arzneilich werden Kraut und Wurzelstock genutzt. Neben dem „Warzen-Alkaloid" ist das Chelidonin am bekanntesten. Es wirkt krampflösend auf die glatte Muskulatur, ist daher gallensafttreibend und hilft bei Magen-, Darm- und Gallenkoliken. Das Galle- und Leberkraut, das auch eine blutdrucksenkende Wirkung besitzt, wird als Teeaufguss bei Gallenblasenentzündungen und Leberleiden genommen, wobei man den Tee am besten mit etwas Pfefferminze mischt. Pro Tasse Tee nimmt man einen Teelöffel der Schöllkraut/Pfefferminz-Mischung.

Höhere Dosierungen muss man vermeiden: Schöllkraut in großen Dosen kann zu leichten Vergiftungen führen! Allerdings geht beim Trocknen der Pflanze ein Großteil des Giftes verloren. Die pharmazeutische Verarbeitung zu Warzenmitteln steht heute im Vordergrund.

Das Schöllkraut hat seit jeher wegen seines auffällig gefärbten Milchsaftes das Interesse der Menschen erregt und ihre Fantasie beflügelt. Die Alchimisten nannten diese Pflanze eine Himmelsgabe, weil sie in dem gelben Saft alle vier Elemente und den Stein der Weisen, die Kunst des Goldmachens, vermuteten.

132. Spinat aus den Blättern der Schlangenwurz

Meine Urgroßmutter störte sich nicht daran, dass am 1.April „die Wiesen zugingen". Mit einem Körbchen machte sie sich auf die Suche nach „Kehl". Unter „Kehl" verstand man früher auf dem Dorf „Kohl". Gemeint waren die jetzt zarten Blätter des Schlangenknöterichs (Polygonum bistorta).

Der Schlangenknöterich, im Volksmund auch „Wiesenknöterich", „Natternwurzel", „Schlangenwurz", „Otternzunge" und „Wiesenfuchsschwanz" genannt, wächst in feuchten Wiesen, an Gräben und Bachufern.

Der Name Schlangenknöterich leitet sich von den durch mehrere Knoten untergliederten Stängeln ab, die sich aus einer schlangenförmig gewundenen, daumendicken, außen braunen Hauptwurzel mit vielen dünnen Nebenwurzeln entwickeln. Die Blätter sind länglich-eiförmig, am Grund zumeist herzförmig. Am Ende trägt der Stängel eine schlanke, walzige, lockere Scheinähre mit kleinen rötlichweißen Blüten.

Als wir Kinder waren, bezeichneten wir den Wiesenfuchsschwanz als "Zahnbürste", weil der Blütenstand dieser so ähnlich war. Der Kräuterfreund erntet außerhalb der Vegetationszeit die Wurzel, die zu Hause sauber gewaschen, zerkleinert und getrocknet wird. Als Wirkstoffe sind in der Wurzel Gerbstoff, Stärke, Eiweiß, Schleim, Gallussäure, Emodin, Oxalsäure und viel Vitamin C zu finden. Diese Stoffe haben für den menschlichen Organismus stopfende, entzündungshemmende und tonische Eigenschaften.

Die Volksmedizin verwendet die Abkochung des Wurzelstocks gegen Verdauungsstörungen, bei Durchfall mit Gärungserscheinungen und Koliken, als Gurgelmittel bei Heiserkeit, Mund- und Rachenentzündungen und bei Mundfäule. Hierzu brüht man einen Teelöffel der Droge in einer Tasse mit kochendheißem Wasser an, lässt gut fünf Minuten ziehen, seiht ab und süßt mit Honig. Der Tee wird schluckweise getrunken. In der homöopathischen Anwendung nimmt man Polygonum bistorta in den Potenzen bis D 6 bei Blutungen und Durchfall.

In der Wildkräuterküche werden die jungen zarten Blätter im April und Mai zu Spinat, Gemüsesuppen und Kräutersalaten verwendet. Ähnlich wie der Schlangenknöterich sieht der Wasserknöterich (Polygonum amphibium) aus. Auch er hat rosarote walzenförmige Blütenstände. Auch von ihm kann man die Blätter nehmen, um daraus im Frühjahr einen Spinat zu bereiten.

Frisch gehackter Wiesenknöterich mit Kräutern ist eine Delikatesse:
Wir brauchen etwa 150 g Schlangenknöterichblätter, 50 g Kräuter wie Borretsch, Dill, Petersilie, Estragon, Thymian und Knoblauch, 30 g Zwiebeln, 2 Esslöffel Öl und etwas Salz, Essig, Pfeffer, Curry und Koriander. Die gewaschenen Blätter des Schlangenknöterichs und die Kräuter werden fein gehackt, die Zwiebeln werden in Würfelchen dazugegeben und mit Essig, Öl und den Gewürzen abgeschmeckt. Das Gericht ist eine delikate Beilage zu Kartoffeln oder auch zu Fisch- und Fleischgerichten.

133. Auf dem Bauernhof ständig auf der Pirsch – die Katze

Ein völlig ungerechtfertigtes Schattendasein in der offiziellen Landwirtschaftsberatung führt seit langem ein Haustier, das nicht nur reinlich und schön anzusehen ist, sondern einen in der Regel kaum registrierten wirtschaftlichen Vorteil bringt. Die Rede ist von der Hauskatze, bei unseren bäuerlichen Vorfahren auch gerne als „Scheunenkatze" bezeichnet.

Während die Zahl der Hundehalter in den letzten Jahrzehnten ständig gestiegen ist, nahm die Zahl der Hauskatzen mit dem Schwinden der bäuerlichen Struktur rapide ab. Dabei ist es doch auch als „Schmusekätzchen" bei kleinen Kindern beliebt. Mit dem Anlockruf „Heimsje" oder „Heimiche" verband man die enge Beziehung der „Miezekatze" zu Haus und Hof.

Milchleistung steigern, Erträge verbessern, Qualitätsgetreide erzeugen, Technik rationeller einsetzen, neue Marktnischen suchen … Der Landwirt von heute hat wahrlich genug um die Ohren. Dabei übersieht man schon leicht einmal, wo noch die echten Leistungsreserven stecken, nämlich in einer richtigen Katzenhaltung. Wer sich einmal genauer damit befasst, was Kater Tom oder Mieze Minka so alles leisten, der kann am Jahresende leicht zusammenrechnen, dass sich der Einkauf von Katzenfutter durchaus lohnt.

Das fängt schon beim Getreide, einem der Haupteinsatzgebiete des Wächters an. Von großen Weizen-, Gerste- und Roggenhaufen werden Mäuse und andere Nager geradezu magisch angezogen. Ganze Heerscharen tun sich oft an den Körnerbergen gütlich, solange keine Samtpfote einen Abschreckungseffekt erzielt. Mehr noch: Der Mäusekot und die schimmelnden Essensreste gelten als höchst ungesunde Beimischungen für den Getreideschrot, der schließlich an Rinder und Schweine verfüttert werden soll.

Was das mit der Beratung zu tun hat? Nun, die konnte den Landwirt durchaus einmal darauf aufmerksam machen, dass es sich lohnt, Katzen zu halten und dies nur Sinn macht, wenn der Mäusevertilger nicht überfüttert ist. Reichen Hunger und Jagdfieber aus, dann ist die Katze dem Landwirt in vielen Bereichen dienlich. Sie bewacht die Futterrübenhalde vor Mäusen und größeren Nagern, verscheucht Ratten schon alleine durch die geschickt platzierten Duftmarken vorm Komposthaufen und hält zuweilen sogar im Gemüsegarten Wacht, um beispielsweise Amseln von den Beeten fernzuhalten.

Auch kundige Obstbauern wissen die Arbeit des Schnurrers zu schätzen. Wer schon einmal beobachtet hat, wie so ein kräftiger Kater in der Dämmerung in einer Obstanlage auf Pirsch war, mucksmäuschenstill vor dem Eingang ins Reich einer Wühlmausfamilie verharrte und an einem Abend gleich drei der Schrecken jeder Obstbaumanlage erwischte, weiß, dass sich „Tom" allein an diesem Tage schon bezahlt gemacht hat.

Die Katzen haben jedoch noch einen weiteren unschätzbaren Vorteil neben der Bewachung von Speisekammern, Getreideböden, Obstbäumen und Kartoffelkellern: Sie sind durchaus auch als Marketinginstrument einsetzbar. Gerade Betriebe mit Direktverkauf landwirtschaftlicher Produkte wissen genau, dass nur dann die Kundschaft in Massen strömt, wenn man es gleichzeitig schafft, rund um die Wurstkonserven, das selbstgebackene Brot, die Salatkartoffeln, Käse und den Räucherschinken auch"Atmosphäre" zu schaffen.

Da kommen die possierlichen Katzen, mit denen die Kinder der Kunden vor dem Verkaufsladen spielen und mit etwas Glück dabei auch umherspringende Katzenjunge beobachten können, als Lockmittel gerade recht. Die wenigen nächtlichen „Gesangsarien" von Kater Tom und Katze Minka sind doch leicht verziehen.

Welche Aufmerksamkeit die Katze bei unseren bäuerlichen Vorfahren genoss, zeigen alte Bauernregeln. Dabei war sie auch Wetterprophet:

„Es wird regnen - die Katze sitzt am Ofen."
„Siehst du die Katze gähnend liegen, weißt du, dass wir Gewitter kriegen."
„Die Katze kratzt den Wind um: wohin sie kratzt, daher weht der Wind am anderen Tag."
„Wenn die Katzen prusten, gibt es schlecht Wetter."
„Wenn die Katze sitzt am Feuer, ist der Regen nicht geheuer."
„Wenn sich die Katzen putzen, gibt es gutes Wetter."
„Wenn die Katze miaut, wird ein heißer Sommer."
„Wenn sich die Katzen putzen, kommt bald Besuch."

134. Wenn der Maulwurf nervt

Manchmal wird es einem – Tierliebe hin, Naturschutz her – doch zu bunt: Die Maulwurfshügel nehmen überhand, und außerdem üben die Maulwurfsgänge große Anziehungskraft auf die Wühlmäuse aus. Alle Ausrottungsmethoden sind jedoch verboten, der Maulwurf steht unter Naturschutz!

Eigentlich ist er gar kein „Maulwurf", sondern ein „Mullwurf", was so viel wie „Erdwerfer" bedeutet. Mull ist feine, krümelige Erde, und die stößt er in manchem Winter schon recht früh an die Erdoberfläche. Vielerorts sind damit dann die Wiesen schon vorzeitig übersät. Bei andauerndem Frost graben die Maulwürfe nämlich Kessel und Gänge in tiefere Erdschichten, wohin sich auch ihre Nahrung – zu 80 Prozent Regenwürmer – verkriecht: „Gräbt der Maulwurf tief den Bau, wird's in Bälde kalt und rau." Umgekehrt aber heißt es in alten Bauernregeln: „Stößt der Maulwurf viele flache Haufen auf, ist es mit dem Winter aus." Oder: „Wenn an Dreikönig die Maulwürfe stoßen, uns bald der Frühling wird liebkosen."

Im Aberglauben unserer Vorfahren spielte der Maulwurf eine große Rolle. Das „Handbüchlein der Sympathie" von 1858 rät zur Entfernung eines Kropfs: „Lasse einen Maulwurf in der Hand, durch Druck derselben, sterben. Das Tier wird nachher geröstet und gepulvert und dem Patienten, ohne dass er es weiß, in eine Erbsensuppe gegeben. So vergeht der Kropf in neun Wochen." Weiter heißt es: „ Man umspanne mit der Hand einen Maulwurf und lasse ihn so sterben. Damit heilt man selbst einen Krebsschaden." In demselben Büchlein wird den Bauern geraten: „Maulwurfshaufen sind bei abnehmendem Monde zu zerstören."

Früher haben die Landwirte die Maulwurfshaufen auf den Wiesen mit dem Rechen abgerechelt. Maulwurfshaufen in den Garten hat man fein säuberlich abgeschaufelt und die lockere Erde über die Beete gestreut. Andere haben die Mull-Erde als Anzuchterde verwendet. Und wie viele Löwenzahnsammler suchen im Frühjahr ihren „Bettseicher" im Maulwurfshaufen, weil er dort zart und gelb gebleicht wächst.

Für die einen ist der Maulwurf ein Schädling in Feld und Garten, für die anderen ein Nützling. Auf jeden Fall steht der Fleischfresser mit dem Insektenfressergebiss heute unter Naturschutz; man darf ihn nicht töten, wohl aber vertreiben.

Dort, wo viele Maulwurfshaufen vorkommen, gibt es auch viele Regenwürmer. Neben Regenwürmern vertilgt der Maulwurf Engerlinge, Larven, Puppen, Asseln, Schnecken und Drahtwürmer.

Es gibt viele Möglichkeiten den Maulwurf aus seinem Garten zu vertreiben, ohne ihn zu töten. Man legt einige in Seifenlauge (Kern- oder Schmierseife) gekochte Nüsse in die Gänge; das soll er gar nicht mögen. Wenn man petroleumgetränkte Lappen in die Gänge legt, werden die Maulwürfe ebenfalls vergrault. Sehr gut wirken Mottenkugeln, die man in die Gänge legt. Heringslake und Knoblauchzwiebeln sollen die gleiche Wirkung entfalten. Wirksam zur Maulwurfsvertreibung sind auch wiederkehrende Geräusche. Bekannt ist das halbhohe Eingraben von Weinflaschen in direkter Nähe der Gänge. Hierbei erzeugt ein über die Flaschenöffnungen streichender Wind Brummgeräusche. Sud von abgekochten Holunderzweigen gießt man in die Gänge, um die Tiere damit zu vertreiben. Wirksamer sind Brühen aus Thujaschnitt und Walnussblättern. Die Brühe wird zehn Minuten gekocht und dann in die Gänge gegossen, wo sie eine Neubesiedlung des Gangsystems verhindern.

Die Zeiten, in denen man dem Maulwurf wegen seines Felles nachstellte, sind vorbei. Früher waren die Felle ein beliebtes Material für die Pelzbekleidung. An die tausend der kleinen Felle brauchte man für einen Pelzmantel. Um das Jahr 1900 wurden in Deutschland jährlich etwa fünf Millionen Maulwurfsfelle verarbeitet.

135. Vom lästigen Fluch der fliegenden Pollen

Rund sechs Millionen Bundesbürger sehen dem Erwachen der Natur nicht nur mit freudiger Erwartung entgegen. Die Vorfreude auf das Hochfest der Blüten im Mai, das Anfang März mit dem Stäuben der Erle und Hasel beginnt, sich im April mit den blühenden Palmkätzchen und im Mai mit der gelben Löwenzahnwiese schmückt, löst bei diesen Geplagten schon lange keine poetischen Gefühle mehr aus. Und ein „Bett im Kornfeld" wird im Sommer zur Qual, wenn nach dem Schäferstündchen das Niesen und Tränen beginnt. Sie weinen nicht aus Liebe, denn Pollenallergiker reagieren sehr empfindlich.

Alljährlich, wenn der Frühlingsherold seinen Einzug hält, wird der Pollenflug zum „Fluch der Pollen". Wenn der Wind den Pollenstaub von blühenden Bäumen und Sträuchern, von Gräsern und Getreide über die Lande verstreut, fangen sich diese Allergiker ihren jährlichen Heuschnupfen ein. Dann werden sie von dauerndem Niesen und triefender Nase, von tränenden und brennenden, verquollenen Augen, qualvollem Husten und Atemnot, Kopfschmerzen und Schlafstörungen geplagt. Und es ist schwer, dem bedrohenden Blütenstaub zu entfliehen; denn er tritt mit einem „Milliardenheer" von winzigen Angreifern auf: Eine einzige Roggenähre zum Beispiel setzt rund vier Millionen Pollen frei, aber schon 20 von ihnen pro Kubikmeter Luft genügen für eine massive allergische Reaktion.

Eigentlich wollen die männlichen Pollenkörnchen ihrer ureigensten Bestimmung wegen die weiblichen Narben der artgleichen Blüten treffen. „Die Nase ist doch kein weibliches Sexualorgan", meinte schon der berühmte schwedische Naturforscher Linné, wenn sich bei ihm die männlichen Pollen auf der Nasenschleimhaut festsetzten und wieder mal seinen „Heuschnupfen" auslösten.

Um dem geballten Angriff der Pollen und einem Heuschnupfen zu entgehen, ist vielen der Betroffenen kein Weg zu weit. Sie reisen auf ferne Inseln, wenn Helgoland nicht mehr ausreicht; sie fahren ins Hochgebirge, um an diesen Orten in der fast pollenfreien Luft wieder aufatmen zu können. Aber nicht für jeden ist eine solche Reise möglich oder erschwinglich. Er ist voll und ganz auf den Arzt angewiesen, der heute in den dafür geeigneten Fällen die vorbeugende Immunbehandlung, die sogenannte Hyposensibilisierung, anwendet.

Kaum ein Mensch gleicht dem anderen; was dieser verkraftet, macht jenen krank: Die körpereigenen Abwehrkräfte sind nicht gleichmäßig verteilt. Daher kommt es, dass sich Blütenpollen so unterschiedlich auswirken. Sie rufen als sogenanntes Allergen oder Antigen im Organismus eine Überempfindlichkeit (Sensibilisierung) mit anschließender Antikörperbildung hervor. Diese krankhafte Immun- oder Überempfindlichkeitsreaktion bezeichnet man als Allergie. Der Heuschnupfen ist eine Pollenallergie. Heilen kann man den Heuschnupfen zwar nicht, aber doch erträglicher machen. Bereits vor Beginn der Blütezeit spritzt man dem Patienten Pollenallergene ein, um seine Überempfindlichkeit herabzusetzen. Bei einigen hilft diese Methode.

Es gibt auch eine ganze Reihe von Medikamenten, die den Heuschnupfen zumindest lindern. Vielfach besteht noch immer die Meinung, Heuschnupfen sei eine zwar lästige, aber doch harmlose Störung des Wohlbefindens. Das ist er jedoch nicht. Die Erfahrung lehrt, dass etwa ein Drittel der Pollenallergiker ohne Behandlung eines Tages mit einem allergischen Bronchialasthma rechnen muss.

So unerträglich Pollen auch sind, wenn sie mit dem Wind „fremdgehen" – unter dem Mikroskop offenbart sich eine Wunderwelt an magischen Formen und Mustern, doch mit Haken und Ösen versehen. Damit klammern sie sich an den Blütennarben fest – oder eben in der empfindlichen Schleimhaut der Nase.

136. Weideauftrieb an Pfingsten

Wo ein Schaf hingeht, gehen sie alle hin

Pfingsten war in vielen Landschaften die Zeit des ersten Weideganges. Vor dem ersten großen Auftrieb auf die Sommerweiden trafen sich Hirten und Viehbesitzer in Kirchen und Kapellen zum gemeinsamen Gebet. Hirten und Herden wurden unter göttlichen Schutz gestellt. Zum ersten Weidegang wurden die Tiere mit Blumen, Zweigen und bunten Bändern geschmückt – besonders reich war der Kopfschmuck der jeweiligen Leittiere einer Herde – und in festlichem Zug durch das Dorf geführt. Unsere nicht unbedingt schmeichelhafte Redensart, jemand sei „aufgeputzt wie ein Pfingstochse" erinnert an dieses Fest.

In Norddeutschland war es so, dass Rindvieh, Schafe, Schweine und Gänse, jede Gattung für sich, von den Hirten, die in dem Gemeindehirtenhaus wohnten, gehütet. Der Schafhirt hatte seine Weide auf allen begrasten Flächen. Von Mai bis November weidete der Schäfer seine Tiere. Die Stoppelfelder nach der Ernte wurden der Reihe nach beweidet, zuerst durch den Kuhhirten. Dann kamen der Schweinehirt und der Gänsehirt, und als letzter kam dem Schafhirten der in den Stoppeln vorhandene Graswuchs noch vor Winter zugute.

Auf den größeren Höfen waren durchschnittlich 15 Mutterschafe, acht bis zwölf Jährlinge sowie zwei Hammel. Im Mai, noch vor dem Austrieb, hatte der Schäfer die Lämmer, nachdem diese einige Wochen alt waren, zu behandeln. Die männlichen wurden kastriert, und den Mutterlämmern wurde der Schwanz zehn Zentimeter vom Ansatz mit einem scharfen Messer abgenommen. Den Hammellämmern wurde derselbe heil gelassen. Der Schäfer hatte dabei auch die Schafe eines jeden Besitzers durch ein Ohrenmal zu zeichnen.

Beim Hinaustreiben der Schafe am frühen Morgen gab der Schäfer durch Flöten auf dem Finger ein besonderes Signal. Die Tiere wurden dann vom Hofe getrieben. Abends vor Dunkelheit kam er mit der Schar wieder heim. Vor jedem Gehöft hielt er an und teilte die entsprechenden Schafe wieder zu. Bei diesem Auseinanderschieren gab es immer einen Höllenlärm. Das Geplärre der Mutterschafe nach ihren Lämmern, das Gebell des Hundes und das Fluchen des Schäfers, was demselben eigen war, mit den grässlichsten Ausdrücken, kehrten jeden Abend wieder.

In einem Bauernbericht aus dem Jahre 1847 heißt es: „Das Schaf ist von allen Tieren wohl das dümmste Geschöpf. So eilen doch das Pferd, die Kühe, die Schweine, die Ziegen beim Heraustreiben jedes nach seinem Gehöft und Stall. Selbst die dumme Gans weiß ihr Heim zu finden. Dagegen sind die Schafe fast nicht von der Stelle zu bewegen. Will man sie aus dem Stalle haben, muss man eines ergreifen und wegschleppen. Erst dann folgen alle anderen eiligst nach." Daher auch das Sprichwort: „Wo ein Schaf hingeht, gehen sie alle hin."

Ab Ende Mai blieben dann die Schafe samt Lämmern draußen. Es wurden Hürden aufgestellt und eine fahrbare Schäferhütte. Spät abends zog der Schäfer mit seiner Herde für die Nacht ein. Zu diesem Hürdenschlag gehörte noch die Schäferkarre, in der der Schäfer für die Nacht schlief. Auf einem alten Wagenteil war ein Häuschen gebaut mit spitzem Bretterdach. Das Dach war mit Zinkblech belegt. Dieses Karrenhaus hatte eine Deichsel, die einen Meter lang unter der Hütte hervorragte. Zum Transportieren zog der Schäfer seine Hütte mit einem Seil, das er über die Schultern geschlagen hatte, und erfasste die Deichsel. Für seinen Hund schob er einen Korb, aus Reisern geflochten und mit Stroheinlage, unter die Hütte. Für die Nacht kroch der Schäfer im Krebsgang in die Hütte. Bei Tagesanbruch kam der Schäfer dann mit seinem Hunde nach Haus. Morgens um zehn Uhr zog der Schäfer wieder aus den Hürden zur Weide, nachdem er die Hürden für den nächsten Abend geschlagen hatte.

137. „Herrgott" mit Regen bringt keinen Segen

Seit 1246 wird in katholischen Gegenden am zweiten Donnerstag nach Pfingsten das Fronleichnamsfest mit feierlichen Prozessionen zur Huldigung des in der Monstranz mitgetragenen eucharistischen Gottes begangen. Im Volksmund heißt der Fronleichnamstag auch „Herrgottstag". Und wer an diesem Tag ein „Herrgottstierchen" (Marienkäfer) findet, hat das ganze Jahr über Glück. An diesem Tag wurden auch die Fluren gesegnet: „Fronleichnamstag – Gott die Fluren segnen mag."

Zu Fronleichnam schmückt man Straßen und Häuser mit Birkenzweigen. In der Pfingstzeit galt der Birkenschmuck als sicheres Mittel, um böse Mächte abzulenken. Es hieß, eine Hexe musste, bevor sie ins Haus gelangen konnte, erst jedes einzelne Blättchen am „Maien" zählen. Diese langwierige Zählerei aber dauere so lange, dass der böse Geist die ganze Nacht dazu brauchen würde; vom Tag überrascht, sei der Hexe Zauber unwirksam.

Wie an allen beweglichen Festen stellte man auch für Fronleichnam langfristige Wetterregeln auf, die mehr Aberglaube als meteorologische Weisheit beinhalten:

„Fronleichnam schön und klar sagt ein gutes Jahr."

„Es folgt für uns ein gutes Jahr, wenn es an Corpus Christi klar."

„Corpus Christi schön und klar - guter Wein in diesem Jahr."

„Schönes Wetter am Herrgottstag ein gutes Jahr bedeuten mag."

„Das Wetter, das der Herrgott hat, auch in der Lese findet statt."

„Fällt auf die Fronleichnamsprozession Regen, so regnet's vierzig Tage allerwegen."

„Regnet's am Fronleichnamstag, regnet's noch vier Wochen nach."

„Wenn's am Herrgottstag regnet, ist der Sommer selten gesegnet."

„Wenn es an Fronleichnam regnet, braucht es dreißig Tage, um die alten Kleider zu trocknen."

„Wenn es an Fronleichnam regnet, so muss der Bauer das dritte Garbenband wegtun."

„Herrgott keinen Regen trag, es regnet sonst wohl vierzig Tag, und mehr, wer's glauben mag."

„Wenn's am Herrgottstag regnet, gibt's schlechtes Heu."

138. Der Marienkäfer, das „Herrgottstierchen" der Kinder

Maria im Schlaraffenland

Maria, das schwarzpunktierte Marienkäferweibchen, fühlte sich wie im Schlaraffenland. Sie leckte und schleckte, schmatzte und schmeckte ihre Lieblingsspeise, die Blattläuse, die diesmal besonders dick waren: „Da sitze ich auf einem Apfelbaumblatt und weiß noch nicht einmal, wer mir den Tisch so reichlich gedeckt hat."

Rechts von ihr ließ sich ihr Freund Mario, ein Marienkäfermännchen, das feine Mittagessen so richtig schmecken. Er legte noch kräftiger zu als Maria:
„Wenn wir beide knüppelsatt sind, fliegen wir dort auf den Balkon. Da ist ein sonniges Plätzchen für uns, um unseren Mittagsschlaf zu halten."
„Maria, wie viele Blattläuse hast du denn gefressen?", fragte Mario.
„Ich habe sie wahrlich nicht gezählt, Mario, doch mein Bauch ist gerammelt voll", schnaufte Maria völlig außer Atem.
„Und ich platze bald vor lauter Blattläusen", prustete Mario.

Sie breiteten ihre roten Flügeldecken aus und landeten auf einer Geranie auf dem Balkon. Dort zupfte die siebenjährige Miriam gerade die welken Blätter ab. „Mama", rief sie, „hier krabbeln zwei Marienkäfer!"
„Dann zähle einmal ihre schwarzen Punkte, ob sie dir Glück bringen!" Mutter Marianne nahm beide Käfer sachte in die Hand und zählte die schwarzen Punkte auf dem roten Festtagskleid: „Eins, zwei, drei, vier, fünf, sechs, sieben."
Mama sagte: „Das ist ein Siebenpunkt, ein Glückskäfer."

Da bemerkt Miriam zwei braune Tupfer Brühe auf ihrer Hand: „Mama, ich glaube, die Marienkäfer haben gepisst. Und was jetzt? Sie bewegen sich nicht mehr. Ich glaube, sie sind tot."

Marianne klärt Miriam auf: „Wenn sich Marienkäfer bedroht fühlen, scheiden sie einen braunen, übelriechenden Saft aus. Manchmal stellen sie sich auch tot." Behutsam legte Marianne die beiden Siebenpunkt-Marienkäfer wieder auf die Geranien.

„Endlich wieder frei!" rief Mario, „jetzt fliegen wir schnell zurück in den Garten." Dort landeten Maria und Mario diesmal auf Bohnen, wo ganz schwarze Blattläuse als lockende Speise warteten.

„He, du, Mario, die schmecken viel zarter als die grünen Blattläuse auf dem Apfelbaum."

„Dann nichts wie ran!" schrie Mario. Und schon hörte man ganz deutlich, dass es den beiden wieder schmeckte: Ein lautes Geknatsche zwischen ihren Kiefern.

Inzwischen hatte sich ein ganzes Heer von Marienkäfern auf den Bohnen niedergelassen. Gärtnermeister Markus kam mit einer Spritze in den Garten, um die gefräßigen Blattläuse mit Gift zu bespritzen. Da sah er die vielen Marienkäfer und freute sich: „Gespritzt wird nicht, die Marienkäfer fressen alle Blattläuse auf."

Miriam aber hatte wirklich Glück. Am Abend kam Tante Marion zu Besuch und schenkte ihr ein Märchenbuch über Tiere. Und sie wollte es nicht glauben: Da drin stand auch eine hübsche Geschichte über das „Herrgottstierchen", wie der Siebenpunkt auch genannt wird.

139. Prozessionen an Fronleichnam

Die Fronleichnamsprozession bildet den Höhepunkt des Festtages. Prozessionen sollen zu Andacht und Mitfeier anregen und bringen die Einheit im Glauben zum Ausdruck, die die Teilnehmer miteinander verbindet. Neben den Ordensgemeinschaften waren auch hier Zünfte, Gilden und Vereine die ursprünglichen Träger der Veranstaltung.

Prozessionsordnungen – von größeren Städten gibt es schriftliche Zeugnisse, die bis ins 14. Jahrhundert zurückreichen – werden auch heute noch genau eingehalten. Ursprünglich waren es Szenen biblischer Themen, die im Prozessionszug bildhaft dargestellt wurden. In den Alpenregionen gehen neben dem langen Zug der „Betenden Schützengilden" in Tracht, Frauen in ihren kostbaren alten Gewändern und junge Mädchen und Burschen, die Fahnen, bekränzte Bilder und Statuen mittragen.

Aus dem späten Mittelalter sind Fronleichnamsspiele bekannt, als deren größtes in Deutschland das Künzelsauer Fronleichnamsspiel genannt wird. Große Prozessionen zu den vier Stationsaltären für die vier Evangelien mit prächtigen Blumenteppichen, mitgetragenen Heiligenfiguren und begleitenden Musikgruppen werden heute nur noch an wenigen Orten durchgeführt.

Viele geschickte Hände und eifriger Einsatz sind nötig, wenn die prachtvolle Auszier der Altäre, die Blumenteppiche und der Schmuck an Häusern und Straßen rechtzeitig fertig werden soll. Da heißt es früh aufstehen und zusammenhelfen. Die ganze Familie und ihre Nachbarschaft übernimmt die Ausschmückung eines der Altäre.

In den Kirchenfarben Gelb und Weiß säumen Fahnen im Wechsel mit Birkengrün und Blumen den Weg, den der Priester mit dem Allerheiligsten geht. Über ihn wird ein Baldachin, der „Himmel", gehalten. Alle Häuserfronten, entlang derer sich die Prozession bewegt, tragen Festtagsschmuck und manches Fenster wirkt mit seinen darin aufgestellten Heiligenfiguren und -bildern, Kerzen und Blumen selbst wie ein kleiner Altar.

Segen für Mensch, Vieh und Felder erbitten die Gläubigen in den Prozessionen und vor den Altären. Früher wollten die Menschen ein äußeres Zeichen des göttlichen Segens in Händen halten. So kam es zu dem Brauch, dass an den Altären Körbe mit Kräutern aufgestellt wurden, aus denen die Gläubigen Büschel mit nach Hause nahmen.

Wenn die Ernte begann, steckten sie sie zu Sträußchen gebunden an die erste Garbe. Auch die Zweige des gesegneten Birkengrüns wurden daheim in Haus und Stall aufgesteckt, zum Schutz vor allem Bösen. In Bayern lagen um die Altarkerzen kleine Blumenkränzchen, die ebenfalls nach der Prozession gern mit nach Hause genommen wurden.

140. Der heilige Urban bringt guten Wein

Der Heilige Urban, der Patron der Winzer und des Weinbaus, wurde früher an seinem Namenstag (25. Mai) mit ausgelassenen Bacchusfesten geehrt. Dabei musste Urban schon jetzt für gutes Wetter sorgen, sonst ging es seiner Bildsäule, einer Bildstatue mit der Abbildung des heiligen Urban, schlecht: die Winzer warfen sie in den Brunnen oder umwickelten sie mit Stroh, wenn es am Urbanstag regnete. In vielen Gegenden gab es eine Prozession mit dem Heiligenbild, und wenn der Tag auf einen Sonntag fiel, zog man mit Picknickkorb hinaus ins Grüne, um das schöne Maiwetter zu genießen. Oft wurden in den kleinen Gemeinden an Mosel und Lahn auf dem Marktplatz Brettertische aufgeschlagen; es gab gekochte Fleischwurst, Brot und Wein oder Traubensaft.

Heute sagen die Dörfer ihre Weinkirmes an, so dass man sie bei gutem Wetter als Ziel eines Wochenendausfluges wählen kann. Die Gasthäuser bieten dann gern Spezialitäten der Gegend, zum Beispiel die verschiedenen Speck-, Zwiebel- und Schmandkuchen. Und wenn man daran interessiert ist, findet man sicher einen oder mehrere Winzer, bei denen man sich einen Wein bestellen kann – nach einer in aller Ruhe vorgenommenen Weinprobe, versteht sich…

„Weinbeerenbrocken" ist ein Spiel, das die Kinder in der Steiermark am Urbanstag spielen. Alle Kinder stellen sich mit dem Gesicht nach innen in einem Kreis auf und sind die Weinstöcke. Außerhalb des Kreises stehen der Herr und der Knecht, und dann schleicht sich der Dieb herbei und tut so, als ob er die Weinbeeren von den Stocken „brockte", das heißt pflückte. Es entwickelt sich ein Frage- und Antwortspiel. Der Knecht erhebt ein Geschrei und warnt den Herrn: „Herr, Herr, der Weinbeerendieb ist da!"
Der Herr fragt den Dieb: „Was tust du in meinem Weingarten?"
Der Dieb antwortet: „Weinbeeren brocken."
Darauf der Herr: „Wer hat's dir erlaubt?"
Der Dieb: „Mein Vater!"
Da stellt der Herr die letzte Frage: „Bist du wie dein Vater?" und der Dieb ruft, schon im Davonlaufen: „Genau wie er, nur tausendmal schlimmer."

Der Herr muss nun versuchen, den Dieb zu fangen; gelingt es ihm nicht, so ist der Dieb in der nächsten Runde Herr, und der Herr muss Knecht sein.

Vor allem in Weinbergen genießt Urban große Verehrung. Vielerorts steht sein Bild in den Weinbergen, in Prozessionen wurde sein Bild früher durch die Rebberge getragen. Sein Gedenktag liegt in der Zeit, in der die Weinbauern die Bestellung der Weinberge beenden.

Im bäuerlichen Kalender hat der Urbanstag daher eine wichtige Bedeutung; ein Losspruch lautet: „Hat der Urbanstag schon Sonnenschein, verspricht er viel und guten Wein." Auch viele andere Bauernregeln ranken sich um den Wein:

„St. Urban hell und rein - gibt's viel Korn und Wein."
„Urban, lass die Sonne scheinen, damit wir nicht beim Weine weinen!"
„St. Urban hell und rein, segnet uns die Fässer ein."
„Das Wetter, das St. Urban hat, auch in der Lese findet statt."
„Hat St. Urban Sonnenschein, bringt er viel und guten Wein; hat er Regenschauer, wird er sauer."
„Am Urbanstag das Wetter schon - so wird man volle Weinstock sehn."
„Weder guten Wein noch weißes Brot, wenn es nach St. Urban gefriert."
„Solange St. Urban nicht vorbei ist, ist der Weinbauer nicht sicher."
„Wenn St. Urban weint, gibt's der Trauben nur ganz klein."
„Wenn St. Urban lacht, so tun die Trauben weinen."
„Danket St. Urban, dem Herrn, er bringt den Trauben den Kern."

141. Papst Urban I.

Über das Leben und Wirken von Papst Urban I. ist kaum etwas bekannt. Zahlreiche Überlieferungen sind unglaubwürdig. Nicht gesichert ist auch ein angebliches Martyrium Urbans.

Beigesetzt wurde Urban l. nach seinem Tod entweder im Coemeterium des Calixus oder in St. Prätextat in Rom. Nach einer der verschiedenen Legenden soll Urban Valerian, den Bräutigam von Cäcilia, bekehrt und getauft haben.

Die Ursache dafür, dass Urban zum Patron der Winzer, der Weinberge und des Weines wurde: Sein Gedenktag liegt in der Zeit, in der die Weinbauern die Bestellung der Weinberge beenden.

Im bäuerlichen Kalender hat deshalb der Urbanstag eine wichtige Bedeutung. So verheißen alle Lossprüche am Urbanstag, dass Sonnenschein viel und guten Wein bringt. Ein Fresko in der Calixtuskatakombe in Rom, wahrscheinlich aus dem 9. Jahrhundert, zeigt den Papst mit Jesus und Cäcilia.

142. Sitten, Feste und Bräuche am Urbanstag

Am Tag des heiligen Urban waren früher im alten Rom die Bacchusfeste zu Ehren des römischen Weingottes Bacchus. Da diese oft zu Trinkgelagen ausarteten, wurden sie im Mittelalter von der Kirche verboten.

Urban musste schon für gutes Wetter sorgen, sonst ging es seiner Bildsäule schlecht: Die Winzer warfen sie in den Brunnen oder umwickelten sie mit Stroh, wenn es regnete. War heller Sonnenschein, dann wurde die Statue des Heiligen mit Wein übergossen. Das war ein Zeichen für ein gutes Weinjahr. In vielen Gegenden gab es eine Prozession mit dem Heiligenbild und wenn der Tag auf einen Sonntag fiel, zog man mit Picknickkorb hinaus ins Grüne, um das schöne Maiwetter zu genießen.

Im Moseltal wurde früher in den Dörfern Stroh gesammelt und auf den steilen Abhängen aufgeschichtet. Bei Einbruch der Dunkelheit begaben sich die Männer auf die Spitzen der Berge, während die Frauen und Mädchen bei einer Quelle auf halbem Wege warten mussten. Ein mit Stroh umwickeltes Rad wurde angezündet und von zwei kräftigen, schnellfüßigen Burschen mit Hilfe eines Stockes, der als Achse diente, den Hang hinunter gerollt. Ziel war es, das Rad brennend in die Mosel zu stürzen, was aber nur selten gelang. Wenn es noch brennend in den Fluss rollte, so war dies ein Zeichen für eine gute Weinernte, und die Bewohner der Dörfer hatten dann Anrecht auf eine Wagenladung Weißwein aus den Rebbergen der Umgebung.

In England wurde früher am Urbanstag das Fest der Schafschur gefeiert. Im klassischen Land der Schafe und der Wolle, in Schottland und in England, gab es Schafschurwettbewerbe. Es gab einen vorzüglichen Kuchen, den die Familie an diesem Tag den jungen Burschen auf die Schafweide brachte.

In den USA war der 25. Mai der Wurzel- und Unkrauttag. Der Garten wurde zum erstenmal gejätet. Feinschmecker zogen hinaus aufs Feld und in die Wiesen, sammelten vor allem jungen Löwenzahn, Sauerampfer und Brennnesselblätter und bereiteten daraus einen schmackhaften und vitaminreichen Frühlingssalat.

143. Bauernregeln an Sankt Urban

„Die Witterung an Sankt Urban zeigt des Herbstes Wetter an."
„Urban gibt den Rest, wenn Servaz noch was über lässt."
„Lein gesät am Urbanstag, am allerbesten wachsen mag."
„Danket St. Urban, dem Herrn, er bringt dem Getreide den Kern."
„So wie Urban sich verhält, ist das Heuwetter auch bestellt."
„Wie sich's an St. Urban verhält, so ist's noch zwanzig Tage bestellt."
„Wenn um Urban gut Wetter und um Vitus Regen, so bringt's auf dem Felde sicher viel Segen."
„Urban, o du Grobian, nimm doch bloß Verstand noch an."
„Die Sonne heut' so prächtig scheint, St. Urban hat es gut gemeint."
„St. Urban Regen – wird sich das Getreide legen."
„Auf St. Urban kommt es an, wenn die Ernte soll bestahn."
„Wer auf St. Urban baut, der kriegt viel Flachs und Kraut."
„Wie Urbanus sich verhält, so ist auch das Heuwetter bestellt."
„Wer den Hafer nicht klotzt vor St. Urban, der will wahrlich keinen Hafer han."
„St. Urban säe Flachs und Hanf."
„An Urban die Hirse gut geraten kann."
„Auf Urban muss man dicke Bohnen legen, so gedeihen sie zum Segen."
„St. Urbanus gibt der Kälte den Rest, wenn Servatius noch was übrig lässt."
„Sternenmenge an Urbans Morgen, befreit den Landmann von vielen Sorgen."
„Urban ohne Regen bringt großen Erntesegen."

144. St. Urban, Schutzpatron der Winzer – Bauernregeln

Der Tag des heiligen Urban war bei unseren Vorfahren nicht nur geeignet zur Prognose der Weinernte, sondern auch zur Prognose des Wetters. Ein schöner Urbanstag bringt meist nicht nur guten Wein, sondern auch einen schönen Sommer. Eine gelungene Weinblüte und ein warmer Sommer sind ja die Voraussetzung für den guten Wein.

Wenn die Weinblüte besonders früh fällt, dann beginnt sie am Urban-Tag. Deshalb schadet ein Regen an diesem Tag; Sonnenschein aber zur Weinblüte lässt nicht nur den Wein, sondern auch das ganze Jahr gut geraten:

„Scheint am Urbantag die Sonne, so gerät der Wein zur Wonne."

„St. Urban ohne Regen bringt reichen Rebensegen."

„Solange St. Urban nicht vorbei, ist der Weinbauer nicht sicher."

„Das Wetter, das St. Urban hat, auch in der Lese findet statt."

„Weder guten Wein noch weißes Brot, wenn es nach St. Urban gefriert."

„Wenn St. Urban lacht, so tun die Trauben weinen; weint St. Urban, so gibt's der Trauben nur ganz kleinen."

„Ist am Urbanstag das Wetter schön, so wird man volle Weinstöck seh'n".

„St. Urban hell und rein segnet die Fässer ein."

„Wie's an St. Urban wittert, also wittert's in der Weinlese."

„Scheint am Urbanstag die Sonne, so gerät der Wein zur Wonne; regnet's aber, so nimmt er Schaden und wird selten wohlgeraten."

145. Bauernregeln rund um den Wein

„Den Bohnen, dem Weinstock und Mais wird es niemals zu heiß."

„Ist nur der Weinmonat gut gewesen, dann mag kommen des Winters Besen."

„Der Mond reift keine Trauben."

„Sind die Trauben an Sankt Georg (23. April) noch blind, so sollen sich freuen Mann, Weib und Kind."

„Nur in der Juliglut wird Obst und Wein dir gut."

„Zu Sankt Vinzenz (22. Januar) Sonnenschein, bringt viel Korn und Wein."

„Ein Obstjahr ist kein Weinjahr."

„Wenn's regnet im August – regnet's Honig und guten Most."

„Frühes Klauben, große Trauben."

„Maria (25. März) bindet die Reben auf, nimmt auch ein' leichten Frost in Kauf."

„Auf Martini (11. November) schlachtet man feiste Schwein und wird der Most zu Wein."

„Soll der nächste Wein gedeih'n, muss St. Stefan (26. Dezember) ruhig sein."

„Maria Himmelfahrt mit klarem Sonnenschein bringt meistens viel und guten Wein."

„Sebastian (20. Januar) je kälter und heller, Scheuer und Pass werden desto voller."

„Ist Laurentius (10. August) ohne Feuer, gibt's ein kaltes Weini heuer."

„Wenn an Michael (29. September) die Schlehen blauen, muss man nach den Trauben schauen."

„Oktobersonne kocht den Wein und füllt auch große Körbe ein."

„Wenn die Hundstage gießen, muss die Traube büßen."

„Kehrt St. Martin ein, ist jeder Most schon Wein."

„Wenn Matthäus (21. September) weint statt lacht, Essig aus dem Wein er macht."

„Sind im Januar die Flüsse klein, gibt's im Herbst einen guten Wein."

„Hat St. Urban (25. Mai) Sonnenschein, bringt er viel und guten Wein; hat er Regenschauer, wird er sauer."

„Wenn der Herbst nässt, stinkt der Wein."

„Wenn Felix (30. August) nicht glückhaft, der Michel (29. September) kein' Wein schafft, hat Gallus (16. Oktober) nur Sauren aufs Feld für die Bauern."

Weinregeln in der übrigen Jahreszeit:

„Blüht der Weinstock im vollen Licht, große Beeren er verspricht."
„Ein Weinjahr ist kein Haferjahr."
„Dem Weinstock, den Bohnen und dem Reis wird es niemals zu heiß."
„Gutes Weinjahr ist auch gut Tabakjahr."
„Reift das Weinrebenholz gut und wird schon braun, so hofft man auf ein gutes Weinjahr."
„Verblüht der Weinstock im Vollmondlicht, er vollen, feisten Traub verspricht."
„Matthies macht die Trauben süß."
„Matthäiwetter hell und klar, bringt guten Wein im andern Jahr."
„Weinhändler auf Matthäus achten und den Sankt Michael auch betrachten."
„Wenn der Christtag schön und klar, hoffet man ein gut Weinjahr."
„Weht der Wind auf Stephanus Tag, zeigt's an, dass der Wein nit wohl gerat."
„Ist Dreikönig hell und klar, gibt's viel Wein in diesem Jahr."
„Kann man am Dreikönigsabend um Mitternacht drei Stern' durch den Rauchfang sehen, so muss ein frischer Trunk gezapft werden, denn es gibt ein gutes Weinjahr."
„Lichtmess: Das Spinnen vergess! Das Rad hinter die Tür, das Rebmesser herfür."
„Maria zieht die liegenden Reben auf und nimmt den leichten Frost in Kauf."
„Metardus gibt den Wein, so wie ist sein Wetterlein."
„Metardus bringt kein Frost mehr her, der dem Weinstock gefährlich wär'."
„Hat der Wein abgeblüht auf St. Vit, so bringt er ein schon Weinjahr mit."
„Sankt Annens Sonnenschein segnet das Korn und auch den Wein."
„St. Lorenz mit heißem Hauch, füllt dem Winzer Fass und Schlauch."
„St. Burkhardi Sonnenschein schüttet Zucker in den Wein."
„Der Sankt Michaeliswein wird en Herren willkommen sein."
„Großer Rhein, saurer Wein; kleiner Rhein, guter Wein."
„Stürmt es im August, so gibt es weder Wein noch Most."
„Die Augusthitze gibt guten Traubensaft."
„Je mehr Regen im August, je weniger Rebenlust."
„Wenn die Hundstage (16. Juli bis 28. August) gießen, muss die Traube büßen."
„Nur in der Juliglut wird Obst und Wein dir gut."

146. Sympathetische Heilungen rund um den Wein

Aus dem „Handbüchlein der Sympathie" von 1858

„Damit Wein nicht berausche und den Trinker leicht und kräftig mache, koche man ihn vorher mit einem goldenen Ring."

„Wenn man durch Wein trunken wurde und um wieder nüchtern zu werden: Mannspersonen hängen ihre Gemächte in Wasser, Frauenzimmer legen nasse Tücher auf die Brüste."

„Um beim Weintrinken nicht trunken zu werden, trage man einen Kranz von Efeu um das Haupt oder einen Amethistring am Finger."

„Wenn ein Frauenzimmer aus einem Becher Wein trinke, lege man Basilienkraut unter den Becher."

„Dass die Leute beim Weintrinken über Tisch nicht einschlafen, tue man pulverisierte Hasengalle in den Wein. Um sie wieder aufzuwecken, flöße man ihnen Essig in den Mund."

„Die Gesellschaft ohne Schaden mit Wein leicht trunken zu machen: Man tue Paradiesholz oder Alraunwurzel oder Rübsamen oder etwas Holunderwasser in den Wein, oder zünde ein Körnchen von den Stephanskörnern in der Stube aus."

„Zu erfahren, welche Personen, die am Tische Wein trinken, es gut oder böse mit einem meint: Man habe die Zunge eines Geiers unter die linke Fußsohle auf die bloße Haut gebunden, und in der rechten Hand halte man die Wurzel von Eisenkraut, so müssen die Bösmeinenden aufstehen und hinweggehen."

147. Sympathetische Nützlichkeiten rund um den Wein

Aus dem „Handbüchlein der Sympathie" von 1858

„Weißen Wein in roten – und roten in weißen zu verwandeln: In ersterem Falle tue man Asche von roten - im anderen Asche von weißen Reben in das Fass."

„Jungen Wein unschädlich zu machen, tue man etwas Erde von dem Berge, auf welchem der Wein gewachsen, in das Fass."

„Dass der Wein sich immer halte, lege man eine Rebenwurzel aus dem Berge, auf welchem der Wein gewachsen, in das Fass."

„Trüben Wein zu klären: Man schütte eine Schüssel reinen Sand und Kiesel nebst etwas gestoßenem Weinstein in das Fass, rühre es gut um und fülle es voll. Nach drei Tagen ist der Wie klar."

„Dass sich der Wein, wenn er gerührt worden, bald setze, tue man reinen Kieselstein aus klarem Fließwasser in das Fass."

„Wenn der Wein verderben will, rühre man Weinrebenasche in das Fass."

„Verdorbene Weine wieder gut zu machen: Mache man Weinstein in einem neuen Tiegel heiß, tue ihn in das Fass und rühre gut um."

„Weinprobe: Man lege ein Ei in den Wein, schwimmt es, so ist er gut, sinkt es, so ist er verfälscht."

148. Sprichwörtliche Redewendungen rund um den Wein

„Der Wein ist für die Leute, das Wasser für die Gänse."

„Guter Wein bedarf keines Kranzes."

„Guter Wein verkauft sich selbst."

„Der Wein ist gut, wenn er auch den Mann die Treppe hinunterwirft."

„Wer nicht liebt Wein, Weib und Gesang, der bleibt ein Narr sein Leben lang."

„Alle Freude steckt in der Weinkarte."

„Wein ist der Poeten heiliger Geist."§

„Nahe beim Wein und weit vom Schuß."

„Trink Wein und erwirb, Trink Wasser und stirb; besser Wein getrunken und erworben, als Wasser getrunken und gestorben."

„Der Wein ist ein Wahrsager." „Wein sagt die Wahrheit."

„Wein hat keinen Schrein."

„Das Herz im Wein, die Gestalt im Spiegel."

„Der Wein nimmt kein Blatt vor den Mund."

„Wenn der Wein eingeht, dann geht der Mund auf."

„Beim Weine geht die Zunge auf Stelzen."

„Wenn der Wein niedersitzt, schwimmen die Worte empor."

„Guter Wein lehrt gut Latein."

„Wer redet gut Latein, der trinke guten Wein."

„Wein hilft dem Alten aufs Bein."

„Der Wein macht die Alten beritten."

„Guter Wein ist der Alten Milch."

„Der Wein ist kein Narr, aber macht Narren."

„Wein und Weiber machen alle Welt zu Narren."

„Was hinterm Weine geredet wird, gilt nicht."

„Je süßer der Wein, je saurer der Essig."

„Der Wein ersöffe im Wasser, hätt' er nicht schwimmen gelernt."

„In Wein und Bier ertrinken mehr als im Wasser."

„Viele fallen durch das Schwert, mehr noch vom Wein."

„Es gibt mehr alte Weintrinker als alte Ärzte."

„Wo Wein eingeht, da geht der Witz; aus."

„Guter Wein macht böse Köpfe."

„Wein, Weiber und Würden ändern den ganzen Menschen."

„Zu Bacherach am Rheine, zu Klingenberg am Maine, zu Würzburg an dem Steine, da wachsen gute Weine."

„Frankenwein, Krankenwein; Neckarwein, Schleckerwein; Rheinwein, Feinwein."

„Der Wein gärt, wenn die Trauben blühen."

„Man gießt den Wein nicht in die Schuhe."

„Wein und Brot gibt auch eine Suppe."

„Beim Wein wird mancher Freund gemacht, beim Weinen auf die Prob' gebracht."

149. Pflanzen der Bibel: Die Weinrebe

Zahllose Anspielungen, Gleichnisse und Bildworte in der Bibel zeugen davon, welchen Rang die Pflanzen im Alltag des Volkes Israel einnahmen und wie eng der Mensch mit der Natur verbunden war. Besonders ausdrucksvoll ist das Weinberglied in Jesaja 5, 1-2: „Singen will ich von meinem Freunde, das Lied meines Freundes von seinem Weinberg! Mein Freund hatte einen Weinberg auf fetter Bergeshöhe. Den grub er um und säuberte ihn von Steinen und bepflanzte ihn mit edlen Reben. Er baute einen Turm in seiner Mine, auch eine Kelter hieb er darin aus. Und er hoffte, dass er edle Trauben brächte, doch er brachte herbe Frucht."

„Denn der Herr, dein Gott, bringt dich in ein schönes Land, ein Land mit Wasserbächen, Quellen, Fluten, die in den Tälern und an den Bergen hervorströmen, ein Land mit Weizen, Gerste, Reben, mit Feigen- und Granatbäumen, ein Land mit Ölbäumen und Honig"(5. Mose 8, 7-8).

„Siehe, es kommen Tage, spricht der Herr, da rückt der Pflüger an den Schnitter und der Traubenkelterer an den Sämann; da triefen die Berge von Wein, und alle Hügel fließen" (Amos 9, 13).

„Ich bin der wahre Weinstock; und mein Vater ist der Weingärtner. Jedes Schoß an mir, das nicht Frucht trägt, das nimmt er weg, und jedes, das Frucht trägt, das reinigt er, damit es mehr Frucht trage" (Johannes 15, 1-2).

Von Anbeginn an wurden in der Geschichte der Menschheit in der Welt des Alten Testaments Reben angebaut und die Früchte verwertet: „Noah aber, der Landmann, war der erste, der Weinreben pflanzte" (1. Mose, 9, 20).

Der hohe Wissensstand des Weinbaus in Kanaan vor der Eroberung durch die Israeliten wird in der Geschichte deutlich, in der Mose Spione ausschickt, die das Land erkunden sollten. Sie kamen mit „einer Weintraube zurück und trugen sie zu zweit an einer Stange" (4. Mose, 13,24).

In jenen frühen Tagen wurde Wein, das Kostbarste aller Getränke, vornehmen Gästen angeboten: „Melchizedek, der König von Salem, ging Abraham entgegen und brachte Brot und Wein" (1. Mose, 14, 1,8).

Die Bedeutung des Weinbaus zu jener Zeit in Israel wird in der Weinlese deutlich, einem alljährlichen Fest der Freude und Dankbarkeit. Die jungen Menschen gingen in die Weingarten, wie es Brauch war, und die Mädchen suchten sich dort ihre zukünftigen Männer. Dies alles war mit Musik und, Tanz verbunden.

Darüber hinaus ist die Fruchtbarkeit des Landes Symbol für den Segen, der auf Juda liegt: „Er bindet seinen Esel an den Weinstock und an die Rebe das Füllen seiner Eselin, er wäscht sein Gewand in Wein und in Traubenblut seinen Mantel" (1. Mose 49, 11).

So wurde die Rebe zum Abbild der künftigen Verheißung und der Gnade Gottes (Amos 9,13). Auf der anderen Seite konnte die Verheißung von Überfluss ins Gegenteil, in Zerstörung und Strafe gekehrt werden, wie Jesaja prophezeite: „Und weggeerntet ist Freude und Frohlocken aus dem Fruchtgefilde, und in den Weinbergen jubelt und jauchzt man nicht; kein Kelterer tritt Wein in den Keltern, das Jauchzen der Winzer ist verstummt" (Jesaja 16,10).

Die Rebe, eine der „ sieben Arten", mit denen das Land gesegnet war, wurde zum nationalen Symbol Sie war auf Mosaikboden zu finden, an den Toren der Synagogen, auf Töpfereien; Möbeln, Gräbern und Münzen. Selbst im Exil verehrten die Israeliten die Weintraube und meißelten ihre Form in fremdem Land auf Grabsteine.

Zahllose Wörter in der Bibel beziehen sich auf den Weinbau, den Schnitt der Reben, die Weinlese und Weinherstellung, und verschiedene Ausdrücke bezeichnen die einzelnen Teile der Pflanze und ihre Fruchtsorten.

Während der Weinbau in Israel, Syrien und Ägypten seine Anfange in der frühen Bronzezeit nahm, wurden Samen von Weintrauben in Nordgriechenland bereits aus der Zeit um 4500 v. Chr. gefunden.

150. Namenstage an St. Urban (25. Mai)

Herkunft und Bedeutung der Vornamen: Urban, Gregor, Beda, Aldhelm, Egilhard, Heinrich und Heribert

<u>Urban</u>: Aus dem Lateinischen übernommener Vorname, eigentlich „Stadtbewohner". Durch die Verehrung des heiligen Urban, Patron der Winzer, war der Name im Mittelalter vor allem in Weinbaugebieten stark verbreitet. Andere Formen: Urbanus und Urbain (französisch).

<u>Gregor</u>: Aus dem Griechischen übernommener Vorname, eigentlich „der Wachsame". Andere Formen: Grischa und Grigorij (russisch), Gregoire (französisch), Gregorio (italienisch), Gregory (englisch).

<u>Beda</u>: Aus dem Englischen übernommener Vorname, der auf den angelsächsischen Kirchenlehrer Beda (7./8. Jh.) zurückgeht.

<u>Aldhelm</u>: Aus althochdeutsch „adal" (edel, vornehm) und „heim" (Schutz).

<u>Egilhard</u>: Aus althochdeutsch „ecka" (Speerspitze) und „harti" (hart).

<u>Heinrich</u>: Aus dem Althochdeutschen „hagan" (Hof) und „rihhi" (reich, mächtig). Andere Formen: Hinrich, Hinz, Heinz, Heino, Heini, Harry und Henry (englisch), Enzio und Enrico (italienisch), Jendrik (slawisch), Heintje, Henner, Henke, Henning und Heinke (friesisch), Henri (französisch), Genrich (russisch).

<u>Heribert</u>: Nebenform zu Herbert. Aus dem Althochdeutschen „heri" (Heer) und „beraht" (glänzend). Andere Formen: Herbort, Aribert (französisch).

151. Maria durch den Dornwald ging ...

„Da sprach Gideon: Wohlan, wenn der Herr den Sebach und den Zalmunna in meine Hand gibt, so dresche ich euer Fleisch mit Wüstendorn und Stacheldisteln" (Richter 8,7). „Und er ließ die Ältesten der Stadt greifen, nahm Wüstendorn und Stacheldisteln und zerdrosch damit die Männer von Sukkoth" (Richter 8,16). So steht es in der Bibel über die Stacheldisteln, dornige Vertreter der Familie der Korbblütler. Dazu gehörten die Mariendistel und die Kugeldistel. Diese schlanken, dornigen Pflanzen wurden vermutlich als Peitschen verwendet.

In Gärten als Zierpflanze, in Kräuterfarmen feldmäßig in großen Kulturen, wird die Mariendistel (Silybum marianum) bei uns angebaut. Diese wunderschöne, große Distelart ist eigentlich in den Mittelmeerländern und im Orient zu Hause, fühlt sich aber auch in unseren Gärten recht wohl, wenn man ihr einen warmen, sonnigen Platz reserviert. Die Vermehrung erfolgt durch Aussaat des Samens im April, nachdem man den Boden mit reifem Kompost vorbereitet hat. Nach vier bis sechs Wochen ist eine Auslichtung notwendig, da die Samen im Sommer schnell wachsen und mit einer Wuchshöhe von etwa 1,50 m viel Raum beanspruchen.

Nach der Sage hat die Mariendistel ihren Namen von den auffälligen weißen Streifen auf den Blättern. Die sollen von der Milch der Muttergottes herrühren, die sie verlor, als sie Jesus vor den Verfolgern des Herodes retten wollte.

In ihrer Jugend wirkt die Mariendistel besonders dekorativ mit ihren großen, stark gewellten, dornig gezahnten, grün-weiß marmorierten Blättern, im Hochsommer mit ihren purpurroten Blüten oder amethystfarbenen Blütenköpfen, die einzeln an den Stängelspitzen sitzen und von einem derben Stachelkranz umgeben sind. Aus dem befruchteten Körbchenblütenstand entwickeln sich viele hartschalige schwarze Früchte, die eine seidige Haarkrone tragen. Bei der Samenreife im August und September wird die Haarkrone meist völlig abgeworfen. Während der Blütezeit fliegen Hunderte von Schmetterlingen die Distelblüten an.

Seit alten Zeiten ist die Mariendistel auch als nützliche Nahrungspflanze bekannt. Die jungen Blätter ergeben einen Salat, wobei die Wurzeln und Köpfchen in Wasser gekocht werden. Daher hat sie in manchen Ländern die Bezeichnung Wilde Artischocke erhalten. Die zerkleinerte Pflanze dient als Viehfutter, die Samen werden gern vom Geflügel gefressen.

Die Mariendistel, im Volksmund auch „Leberkraut", „Steckkraut", „Fieberdistel", „Dornenkrone", „Milchdistel", „Frauendistel", „Mariendorn" und „Christkrone" genannt, ist als Heilpflanze in der Teeheilkunde und in der Schulmedizin von überragender Bedeutung in der Leberschutztherapie.

Die Mariendistelfrüchte enthalten als wichtigsten Wirkstoff Silymarin, das für die Leberschutzwirkung verantwortlich ist. Vergiftungen durch den Genuss des grünen und weißen Knollenblätterpilzes werden heute erfolgreich mit Silymarin behandelt. Der Mariendistelwirkstoff vermag offensichtlich die Membran der Leberzellen vor dem Angriff der tödlichen Gifte des Knollenblätterpilzes und einer Reihe anderer Lebergifte zu schützen. Wie die Erfolge bei Vergiftungsfällen gezeigt haben, kann Silymarin auch bereits an der Zellmembran fixierte Gifte von ihr verdrängen. So erstreckt sich das Anwendungsgebiet der Früchte (Fructus cardui Mariae) auch besonders auf die Erkrankungen des Leber-Galle-Bereichs. Sie haben eine entgiftende, die Leber entlastende und schützende Wirkung.

Tee kann auch zur Vorbeugung insbesondere gegen Alkohol- und Fettleber empfohlen werden. Ein- bis zweimal jährlich sollte möglichst über sechs Wochen hinweg eine Teekur durchgeführt werden. Während der Teekur sollte kein Alkohol getrunken werden. Auch eine überstandene akute Hepatitis wird erfolgreich mit Mariendistel-Tee nachbehandelt. Der Tee wird als Aufguss von einem Teelöffel grob geschroteten Mariendistelfrüchten mit ¼ Liter siedendem Wasser übergossen und zehn bis fünfzehn Minuten ziehen gelassen. Zwei bis drei Tassen täglich vor dem Essen helfen der Leber zur Regenerierung. Silymarin-Arzneimittel sind in Apotheken in Form von Tinkturen und Dragees erhältlich.

In der Homöopathie wird das Homöopathikum „Carduus marinanus" ebenfalls gegen Leberleiden verordnet. Auch gegen Gallenblasenentzündung, Stirnkopfschmerzen, Muskelrheuma, Seitenstechen, Blutungen der Gebärmutter, Erbrechen, Unterschenkelgeschwüre und Druck im Oberbauch setzt man das Homöopathikum in den Potenzen bis D 3 mit Erfolg ein.

152. Riechkräuter im Bauerngarten

Der Duft von Pflanzen hat im Bauerngarten und in der Volksheilkunde stets eine große Rolle gespielt. Ein Sträußchen gepresster Duftminze im Gebetbuch sollte mit seinem Aroma während der Sonntagspredigt die Bäuerin wach halten, die ja beim Kirchgang schon ein Arbeitspensum hinter sich hatte, wie es mancher Städter den ganzen Tag nicht zuwege bringt.

Die Rolle eines „Schmeckablaadls" übernahm oft auch eine der beiden Rauten, die Eberraute oder die Weinraute. Sie riechen beide sehr intensiv, oder, um es altbayerisch auszudrücken, sie „schmecken" recht kräftig, haben aber botanisch betrachtet keinerlei Verwandtschaft aufzuweisen.

Auch zur Ungezieferbekämpfung wurden Pflanzendüfte verwendet, gegen Flöhe half beispielsweise die Polei-Minze. Läuse, Flöhe, Wanzen, Würmer und andere widerwärtige Schmarotzer vergällten den Menschen jahrtausendelang das Leben. Gegen Wurmkrankheiten bei Mensch und Vieh wurden der Krausblättrige Rainfarn verwendet. Um Stechmücken aus der Wohnung zu vertreiben, wurde ein Sträußchen Lavendel in einer Vase auf den Küchentisch gestellt.

Moderne Öko-Gärtner greifen gerne wieder auf die alten pflanzlichen Mittel zurück und verarbeiten solche Kräuter zu Brühen und Jauchen oder mulchen mit diesen die Beete. Ein feiner ökologischer Trick ist es, die verschiedenen Duftpflanzen in Form einer Mischkultur im Gemüseland und an die Ränder der Beete zu pflanzen. Im Bauerngarten hat sich diese Art gemischter Bestellung eigentlich immer ganz von selbst ergeben. Die Bäuerin setzte diese, von ihren Platz- und Bodenansprüchen her betrachtet, eher bescheidenen Pflanzen da und dort zwischen die Gemüsekulturen, wo eben ein freies Plätzchen zur Verfügung stand. Ganz von allein ergab und ergibt sich aus dieser rein praktischen Erwägung ein Gefüge von großem ökologischen Wert.

Sechs verschiedene Minzen gehören nach Karl dem Großen in den Bauerngarten, wobei man im Mittelalter geneigt war, alle würzig riechenden Pflanzen mit einfachen Blättern „Minze" zu nennen, auch wenn sie botanisch betrachtet zu unterschiedlichen Familien gehören. Deshalb ist die Deutung der verschiedenen Minzen im „Capitulare de Villis" von Karl dem Großen bis heute nicht ganz geklärt.

Zur Gattung Mentha (Minze) gehören die Polei-Minze, die Wasserminze, die Krauseminze und die Waldminze. Diese Arten sind recht nah mit der bekannten Pfefferminze verwandt. Die Katzenminze ist immerhin noch ein Lippenblütler, aber die melissenähnlich duftende Frauenminze ist ein Korbblütler und ist, wie das ebenfalls im „Capitulare" aufgeführte Mutterkraut, mit den Chrysanthemen und Margeriten verwandt.

153. Sommerkonzert in der Wiese – Wenn Heuschrecken musizieren

Für viele Naturfreunde ist der Sommer erst perfekt, wenn die Grillen und Grashüpfer ihr Konzert beginnen. Die alten Griechen sahen das wohl ähnlich. In der Antike war die Heuschrecke des zirpenden Gesangs wegen dem Gott Apollo geweiht – und Apollo galt als Erfinder der Musik.

Singen im menschlichen Sinne können Heuschrecken zwar nicht, aber die meisten Arten geben doch deutliche Laute von sich, die sich mal ratternd, mal schwirrend und wie beim Weinhähnchen sogar recht melodisch anhören.

Die Laute werden nicht über Stimmbänder erzeugt, sondern im wesentlichen durch Reiben der Flügel oder der Beine. Das Instrument der Heuschrecken ist sozusagen ein körpereigenes Waschbrett, auf dem sie mit teils enormer Frequenz herumschrummen.

Langfühlerheuschrecken nutzen wie das Heupferd hierzu ihre beiden Vorderflügel, die leicht angehoben und dann aneinander gerieben werden. Das Geräusch entsteht durch eine mit Querrippen versehene, sogenannte Schrill-Leiste an der Unterseite des oben liegenden Flügels, die beim unteren Flügel auf eine Schrillkante trifft.

Bei den Kurzfühlerheuschrecken gibt es verschiedene Techniken. Grashüpfer zum Beispiel streichen mit einem der beiden Hinterschenkel über die Flügel. Einen anderen Weg hat die Sumpfschrecke eingeschlagen. Sie schleudert ihre Hinterbeine nach hinten und erzeugt so einen Klick, der wie Fingerschnippen klingt.

Fast jede Heuschrecke hat ihren eigenen Rhythmus und ihren eigenen Klang, so dass man sie daran identifizieren kann. Und da es in Deutschland nur etwas mehr als 80 Heuschreckenarten gibt, lassen sich diese Arten sehr schnell einüben.

Heuschrecken kann man am besten in hochgrasigen Wiesen beobachten. Im Prinzip gilt: Einfach dem Heuschreckengesang nach. Doch aufgepasst, die Schrecken sind schreckhaft! Die Sänger verstummen und lassen sich bei weiterer Annäherung etwas einfallen, sie springen oder fliegen schnell weg.

Die meisten Heuschreckenarten singen nur tagsüber, meist nur bei Sonnenschein und damit bei großer Hitze. Einige Arten wie Feldgrille, Weinhähnchen, Maulwurfsgrille und Heupferd machen jedoch auch bis tief in die Nacht Musik. An hochgrasigen Wiesen, sogar in Getreidefeldern, ist der laute Schwirrsang des Heupferds gut 50 Meter weit zu hören.

Heuschrecken waren eine der legendären biblischen Plagen, die über Ägypten hereinbrachen, weil der Pharao das Volk Israel nicht ziehen lassen wollte. Auch bei uns sind aus der Wärmeperiode des Hochmittelalters Einfälle von Wanderheuschrecken von Ungarn bis nach Süddeutschland hinein überliefert. Lokale Massenvermehrungen vor allem der Schönschrecke gab es in Deutschland zuletzt Anfang der 1930er Jahre.

Bekämpft werden Heuschrecken mancherorts immer noch. Vor allem die unterirdisch lebende Maulwurfsgrille – die zugegebenermaßen keine Schönheit ist – gilt vielen Gartenbesitzern als wurzelfressender Schädling. Tatsächlich aber ernähren sich Maulwurfsgrillen auch fleischlich, was sie zu nützlichen Mitbewohnern macht. In vielen Regionen ist die Maulwurfsgrille heute fast ausgestorben. Es gibt auch Heuschrecken, die Allesfresser sind. Manche ernähren sich ausschließlich von Insekten, wobei Blattläuse ihre Lieblingsspeise sind.

154. Schnecken lieben einen Dämmerschoppen

Gerade im Mai tun sich die gefräßigen Bauchfüßler an den noch jungen und zarten Salat- und Gemüsepflänzchen gütlich. Wahrlich, sie zeigen einen ungezügelten Appetit auf alles, was jung und saftig ist. Feinschmecker sind es, ausgesprochene Genusstypen. Sie sortieren, wählen aus.

Großvater wusste noch manche Tipps und Tricks, um die Schnecken von den Gartenbeeten zu vertreiben. Für Kleie kriechen sie meilenweit, besonders Roggenkleie zieht sie geradezu magisch an. Daher lege man Kleie in kleinen Häufchen als Lockspeise rings um gefährdete Beete aus. Abends kriechen sie aus allen Löchern, um ihre Lieblingsspeise zu fressen. An den ausgelegten Ködern kann man sie dann bequem einsammeln.

Besonders gefräßig sind die Nacktschnecken, die braune Gartenschnecke und die genetzte Ackerschnecke. Die größeren Verwandten, die Rote und Schwarze Wegschnecke, scheinen ihre Leibspeisen eher im Wald zu finden.

Als Köder- und Lockpflanzen haben sich Tagetes bewährt. Bis auf das „Gerippe" werden sie oft abgefressen, wodurch andere Kulturen verschont bleiben. Zu den Lockstoffen gehören auch Pilze. Gerade Waldpilze werden von Schnecken gerne befallen. Man lege um die Kulturen einen Gürtel von Pilzabfällen. Hier kann man dann die Schnecken leicht absammeln und vernichten. Andere Lockmittel sind Salat-, Senf-, Gartenkerbel-, Erbsen-, Bohnensaaten und Astern, die um die zu schützenden Beete mit der Raspelzunge der Schnecke „ratzekahl" abgeweidet werden.

Die großen Blätter des Rhabarbers sind beliebte „Versammlungsorte" für Schnecken. Das können wir uns zunutze machen, indem wir Rhabarberblätter im Garten auslegen. Man kann auf diese Weise nach einiger Zeit viele Schnecken zugleich recht bequem tagsüber einsammeln, weil man ja weiß, wo sie sind.

„Mit Speck fängt man Mäuse", mit Bier aber Schnecken. Hier ist es wohl der Geruch der Hefe, des Hopfens und des Malzes, der Schnecken anlockt. So gräbt man Bierfallen fast ebenerdig um die Beete ein. Am Abend werden die Joghurt- oder Quarkbecher mit Bier gefüllt. Beim „Dämmerschoppen" ertrinken die Tiere in den glattwandigen Fallen. Im Handel gibt es Bierfallen mit Regendächern zu kaufen.

Alles was bitter und streng schmeckt, wird von den Schnecken verschont: Salbei, Weinraute, Eberraute, Wermut, Thymian, aber auch Farnkraut und Tomatenblätter. Seltsam, dass sie auch den „Ekel" vor Borretsch haben. Wahrscheinlich hängt die abwehrende Wirkung dieser Kräuter mit der Ausstrahlung ihrer ätherischen Öle und Duftstoffe zusammen. Sät man die bitteren Kräuter um gefährdete Kulturen, wirken diese auf Schnecken wie ein Grenzstreifen: Bis hierher und nicht weiter.

Eine andere Schneckenbarriere bildet ein Wall von Gerstenstreu um die gefährdeten Pflanzen. Die spitzen, widerborstigen Grannen hindern die Schnecken am Überwinden der Barriere. Auch dieses Rezept stammt noch aus Urgroßvaters Zeiten, der wusste, dass sich die Schnecken auch noch in anderen Unterschlüpfen verstecken: Unter nassem Stroh, in hohlen Brettern und unter nassen Säcken. Dort kann man die Tiere in großen Mengen einsammeln. Bitterstoffe oder Bittersalze, mit Gesteinsmehl verrieben oder in Wasser gelöst, halten als Sperrgürtel die gefräßigen Tiere von den Nutzbeeten ab. Bewahrt haben sich hier Alaun, Glaubersalz, Gerbsäurelösungen und konzentrierte Wermut- und Farnkrautbrühe.

Die nützlichsten Schneckenvertilger im Garten sind die Igel. Es folgen Spitzmäuse, Kröten, Blindschleichen, Eidechsen und Laufkäfer. Die besten Schneckenfänger aber sind zahme Enten. Indische Laufenten fressen die Tiere in großen Mengen und können so einen ganzen Garten sauber halten. Auf Jungpflanzen und Salatbeete darf man allerdings diese „Trampeltiere" nicht loslassen.

155. Kaffeesatz wirkt manchmal Wunder

Haben Pflanzen eine Seele und können sie weinen? Darüber streiten sich die Pflanzenkundigen. Grund dazu hätten die Pflanzen wahrlich genug, vor allem die, die sich der Mensch in sein trautes Heim holt: Was da auf Fensterbänken, auf Regalen und in dunklen Ecken vor sich hin kümmert, fristet nur allzu oft ein Dasein, das von den natürlichen Umweltbedingungen der grünen Gewächse weit entfernt ist.

Über 18 Zimmerpflanzen gibt es im bundesdeutschen Durchschnittshaushalt. Darunter befinden sich immer häufiger Exoten, die kurzfristig „Mode" sind und in Massen von Unkundigen gekauft werden, obwohl sie weder sonnige Sommer noch kühle Winter oder gar trockene Heizungsluft vertragen. Ungeziefer, Pilze, bakterielle und viröse Krankheiten breiten sich auf den geschwächten Pflanzen aus. Die Folge ist, dass der „Zimmergärtner" zur chemischen Keule greift.

Groß ist die Palette der sogenannten Pflanzenschutzmittel, die Abhilfe bei kranken Zimmerpflanzen versprechen: Vom Spezialblattglanz über den Superdünger bis zu Schädlingsbekämpfung aller Art reicht das Angebot. Wer nicht über den „grünen Daumen" verfügt, wählt erschlagen von dieser Vielfalt aus Unkenntnis oft schwere Geschütze, um die Lieblinge auf der Fensterbank zu kurieren.

Zwar sind – und das Gott sei Dank – die Wunderwaffen gegen Milben, weiße Fliegen, Blatt- und Schildlaus, gegen Rost und Mehltau, Fäulnis und Blattfall seit einer Gesetzesänderung im Laden unter Verschluss: Gifte sind nicht mehr frei zugänglich; die meisten dürfen nur nach sachkundiger Beratung verkauft werden. Doch mit der sachkundigen Beratung, die auch auf alternative Bekämpfungsmöglichkeiten aufmerksam machen soll, ist es gerade in den Supermärkten nicht weit her.

Auch wenn die meisten „Zimmergifte" niedrig dosiert sind und im allgemeinen weniger Schaden anrichten als solche im Garten: Gift bleibt Gift. Anders als im Freiland verteilen sich die Schadstoffe nicht, sie bleiben in der Wohnung. Viele tarnen sich auch: Der Dünger mit dem „Langzeitschutz" ist ebenso mit Insektengiften versetzt wie die „Gießhilfe".

Aber es geht auch gänzlich ohne Gift. Die meisten Zimmerpflanzen sind einfach zu halten, wenn ihre Bedürfnisse erfüllt werden. Blatt- und Blütenpflanzen brauchen Dünger – aber keineswegs soviel wie die Werbung propagiert. Frische Blumenerde genügt für die ersten Monate. Die meisten biologischen Dünger mit Schutzwirkung vor Schädlingen, wie selbstgemachte Brennnesseljauche, sind für die Wohnung wegen der Geruchsbelästigung weniger geeignet. Auf Torf und Guanodünger sollte man wegen der mit dem Abbau verbundenen Naturzerstörung verzichten.

Wenn es einen grünen Liebling trotz aller Vorsorge „erwischt", tritt die Lupe in Aktion: Heller Belag auf Blättern? Pilze haben sich ausgebreitet. Abhilfe: Umtopfen in neue Erde und neuen Topf, kranke Pflanzenteile entfernen.Mitesser wie Schildläuse, Spinnmilbe oder Blattlaus schaden der Pflanze. Abhilfe: Regelmäßig duschen (Achtung: Staunässe vermeiden!), absammeln oder mit einem Pinsel abfegen. Zudem auf standortgerechte Ansprüche achten.

Großvater und Großmutter wussten eine Reihe von einfachen Hausmitteln, mit denen man auf ganz natürliche Weise Zimmerpflanzen pflegen und vor Krankheiten schützen kann. So wird das Faulen von Wurzeln verhindert, wenn man größere Holzkohlebrocken unter die Erde mischt. Blumenerde schimmelt nicht, wenn man die oberste Schicht im Topf mit feingewaschenem Sand oder Zierkieseln besetzt.

Der Regenwurm liest nicht im Kaffeesatz, aber er liebt ihn und ernährt sich als Kompostbewohner ausgesprochen gern davon. Dass sich das so verhält, hat sich vermutlich allgemein herumgesprochen. Wir lieben den Wurm vielleicht nicht gerade, wissen seine Anwesenheit im Garten jedoch sehr zu schätzen. Deswegen darf er auch unseren Kaffeegenuss teilen. Wer seine Gartenhelfer richtig mästen will, sollte in seinem Kaffeegeschäft, wo auch Kaffeeausschank besteht, danach fragen, ob man den Kaffeesatz regelmäßig abholen kann. Außer als exzellentes Kompostmaterial lässt sich Kaffeesatz auch als Bodenzusatz für Pflanzen verwenden (einharken), die es leicht „sauer" mögen, wie zum Beispiel Rhododendron. In Wasser gelöster Kaffeesatz ergibt einen guten Efeudünger. Auch zum Düngen der Zimmerpflanzen wird Kaffeesatz locker unter die Blumenerde gemischt. Er ist auch hier besonders gut für Pflanzen, die saure Erde vertragen, zum Beispiel Azaleen. Also: Kaffeesatz wirkt manchmal wahre Wunder! Seine Zimmerfarne kann man auch einmal wöchentlich mit schwachem, schwarzem Tee düngen. Das stärkt ihre Widerstandskraft.

Bei Mehltau setzt man getrockneten Schachtelhalm mit warmem Wasser an. Auf zehn Liter Wasser holt man etwa 200 Gramm Schachtelhalm. Damit gießt man die erkrankten Pflanzen, die zusehends wieder widerstandsfähiger werden. Die im Schachtelhalm enthaltene Kieselsäure stärkt das „Immunsystem" der Zimmerpflanzen. Bananenschalen werden zerkleinert und leicht eingegraben. Sie verrotten schnell und liefern reichlich Kalk, Magnesium, Schwefel, Natrium und Kieselsäure. Diese Nährsalze und Spurenelemente sind in einem ausgewogenen Verhältnis für alle Topfpflanzen geeignet.

Blattläuse bekämpft man mit Knoblauch. Zwei bis drei große gehackte Zehen in zehn Litern Wasser zwölf Stunden ziehen lassen. Mit der Brühe besprüht man Pflanzen. Sind in der Blumenerde Wurzelschädlinge, gibt man eine Mischung von zwei Esslöffeln getrocknete Brennnesseln und Kaffeesatz in fünf Liter Gießwasser. Das lässt man über Nacht ziehen und gießt damit die Pflanzen.

156. Thymian – der Liebesgöttin Aphrodite geweiht

Neben dem Lavendel war in der griechischen Antike auch der Thymian wegen seines Wohlgeruchs in erster Linie eine erotische Pflanze und der Liebesgöttin Aphrodite geweiht. Daneben stand der aromatische Lippenblütler auch in dem Ruf, empfängnisverhütend und abtreibend zu wirken. Und der griechisch-römische Arzt Dioscorides glaubte, mit einem Absud von Thymian könne man Menstruation, Geburt und Nachgeburt fördern.

Auch galt der Thymian als Hexenkraut, der mit seinem starken Duft Hexen vertreiben und vor deren Verzauberungen schützen könne. So ist auch zu verstehen, dass die Mädchen in Bayern und Österreich früher Thymiankränze flochten, damit nicht der Teufel in Gestalt eines schönen Jünglings zu ihnen komme und sie verführe.

Altehrwürdig ist auch die Geschichte des Feldthymians (Quendel). Den Musen heilig, deckte er in seinem unbezähmbaren Wuchsdrang den Berg Hymettos bei Athen völlig ein, der im Altertum seines sagenhaften aromatischen Duftes wegen berühmt war. Den Honigspender nannten die Griechen „Konile", den Betäuber, woraus sich wohl der Name Quendel ableitet. Die Ärzte setzten das Kraut, das nach einer alten Sage Jesus geschickt haben soll, um den Menschen zu helfen, bei einer Vielzahl von Leiden ein.

Der Thymian spielte bei allen Ereignissen eine Rolle. Starb der Hausvater, so musste „angeklopft" werden, wie man es bezeichnete, damit er nicht auch verwelken müsse. Legt man ein Thymiansträußchen in die Milch, so wird sie nicht sauer und vor dem Verhexen bewahrt. In Belgien gilt der Thymian als Symbol des Lebens. Hier bringt nicht der Storch die kleinen Kinder zur Welt, sondern sie werden aus einem Thymiansträußlein geholt. Auch in Zukunftsfragen konnte man sich an den Thymian wenden. In Böhmen stellten sich die Burschen an fließendes Wasser und warfen Thymianbüschel hinein; etwas tiefer am Bach standen die Mädchen. Wer nun mit viel Geschick ein Büschlein auffing, wurde die künftige Braut.

Der Thymian wird auch als Abtreibemittel erwähnt. Plinius hielt die abortive Wirkung des Thymians für so stark, dass man ihn nicht einmal auf das Bett einer Schwangeren legen durfte, weil dadurch der Abort sofort eingeleitet würde. Abtreibungen waren bei den Germanen erlaubte Mittel der Geburtenregelung. Der Kindsvater und die Sippe mussten allerdings dafür die Genehmigung geben, die Mutter hatte das Vetorecht.

Die Abtreibung mit rituellen Zauberkräutern stand nur dann unter Strafe, wenn sie von Fremden und gegen den Willen der Schwangeren vorgenommen wurde. Karl der Große hat schon angeordnet, dass jeder Kloster- oder Schlossgarten Thymian anzupflanzen habe, da dieses aromatische Kraut die „Speisen zum Singen bringt". So ist Thymian bis heute eine beliebte Würzpflanze geblieben.

157. Blumengedicht: Thymian

Verführerischer Thymian

Wer ist ein rechter Gärtnersmann,
pflanzt Thymian im Garten an.
Er hört noch auf der Mönche Wort,
die ihn in ihrem Klosterhort
als Quendel priesen,
um Aphrodite heimlich zu genießen.

Der liebestolle Thymian
lockt Immenmännchen magisch an.
Auch Jungfer Ännchen weiß davon,
hat sich schon einen Kranz gesponn'n.

Erotisch wie die Nymphe Minthe,
macht sie sich auf den Weg zur Sünde.
Sie holt den schönen Jüngling ein,
bläst ihm den Odem tüchtig ein.

Der wird von ihrem Duft berauscht,
hält neckisch spielend an und lauscht:
Die Lippenblüte zieht ihn an,
voll Honigduft und Thymian.
Und Jungfer Ännchen ist die Braut,
gefangen von dem Liebeskraut.

Dieter Kremp

158. Vom Liebeszauber der Pflanzen

Die Liebesmittel unter den Pflanzen leiten ihren Namen von Aphrodite ab, der griechischen Göttin der Liebe. Man nennt sie deshalb „Aphrodisiaka", „Aphrodisiakum" in der Einzahl. Diese Zaubermittel, die in der Lage sind, den Geschlechtstrieb zu steigern, haben also eine lange Tradition. Noch heute sind diese Aphrodisiaka unverzichtbare Mittel, Sexus und Eros zu beflügeln. In unserem Kulturkreis übernahmen Druiden und Priester die Erfahrungen der Ägypter, Griechen und Römer, die „Hexen" gaben dann diese Traditionen weiter, sie setzten vor allem eine Unzahl von Pflanzen ein, um vornehmlich „ein deutsches Mannsbild bei Kräften zu halten".

Wir lächeln heute darüber, dass einige Pflanzenteile, nur weil sie den menschlichen Geschlechtsteilen ähneln, Hilfe in Liebesnöten bringen sollen: Äpfel standen für Brüste; der Stinkmorchel war Symbol für den Penis; zwei Kirschen bezeichneten die Hoden; Pfirsich und Pflaume wurden verglichen mit der Vulva.

Große Bedeutung in der volkstümlichen Erotik hatte die Haselnuss, sie wurde als Symbol für das weibliche Geschlechtsteil aufgefasst. „Die Frau, die nur schwache Wolllustgefühle entwickelt, nimmt eine Nuss, pisst auf den Kern und sagt: ‚Höre, volle Nuss, so wie dein Kern voll ist, so soll auch meine Vulva sein.' Der Mann, der nicht mehr koitieren kann, geht zu einem Nussbaum, der zum erstenmal blüht, schlägt mit dem Penis auf ihn und sagt: ‚Höre, du Nussbaum, so wie du voll Blüten bist, mögen auch mein Zumpt sein.' Dann schlägt er ihn mit den Hoden und geht fort. Die unfruchtbare Frau beutelt den Haselstrauch, bepisst ihn und sagt: ‚So wie du geraten bist, so möge auch ich ein Kind gebären.' Wer aus Altersgründen impotent wurde, bohrt mit dem Bohrer die Eiche bis zum Herzen an (Eichel = Glied), steckt seinen Penis hinein und sagt: ‚O Eiche, so wie dein Herz gesund ist, so möge auch mein Penis gesund sein.'"

Der Apfel war das Mittel des Liebeszaubers schlechthin. Mit seiner Hilfe konnte man noch am ehesten die Liebe des Partners gewinnen. Das ging so: Das Mädchen trägt einen Apfel unter der Achsel auf der bloßen Haut, bis er ganz von Schweiß durchzogen ist, und gibt ihn dann dem ahnungslosen Burschen der Wahl zu essen. Mit dem Schweiß geht dann die Liebe auf den Partner über. Oder das Mädchen erringt die Liebe des Jungen, wenn sie sich während der Nacht einen Apfel zwischen die Beine auf die Scham legt, ihn durchschwitzen lässt und ihn dann dem Geliebten zu essen gibt.

Festgestellt wurde bei einigen Pflanzen, dass deren Inhaltsstoffe die Blutzufuhr zur Lendengegend fördern und damit auch eine bessere Durchblutung der Genitalien bewirken; andere steigern die Harnabsonderung und können somit ein Stimulans für Erektionen sein.

So setzte und setzt der Mensch seine Hoffnung in diese Hilfsmittel der Potenzsteigerung. Heutige Erkenntnisse sagen wohl aus, dass Aphrodisiaka sicherlich dort nichts stützen und fördern können, wo es nichts zu stützen und fördern gibt. Sie können schon gar nicht Gefühle wecken, wenn nicht die Bereitschaft und die Fähigkeit dazu vorhanden sind. Wichtige Voraussetzung für die körperliche Liebe ist die Gesundheit, und wenn diese durch die aphrodischen Kräuter gefördert werden sollte, sind sie im weitesten Sinne echte Liebeskräuter.

Die Aphrodisiaka waren ganz auf die Liebesnöte der Männer zugeschnitten. Das hat seinen Grund auch in einer Männergesellschaft, in der die „Eroberung" möglichst vieler Frauen bei ausgiebiger Betätigung des Penis schon immer eine Art Leistungssport war.

Zu den berühmtesten Liebespflanzen gehörten Petersilie, Liebstöckel, Sellerie, Zwiebel, Knoblauch, Haselnuss, Spargel, Anis, Pfeffer, Angelica, Brennnessel, Rettich, Bohne, Tollkirsche, Stechapfel, Alraune, Gurke, Schnittlauch, Eisenkraut, Bohnenkraut, Aronstab, Rosmarin, Pastinak, Gartenkresse, Mannstreu und Rosskastanie.

159. Blumengedicht: Minze

Wenn Minzen flirten

Aromatisch wie die Nymphe Minthe
duften Minzen erotisch durch die Luft,
wenn beim Tanz unter der blühenden Linde,
Die Liebesgöttin Aphrodite heimlich ruft.

Dem neckischen Liebesspiel nicht abgeneigt,
steht sie zum tollen Flirt bereit.
Ihr Wohlgeruch betört die Immen,
die Bienenmännchen sind von Sinnen
und trunken voll von süßem Trank,
berauscht und selig vom Honigschank.

Die Minze Minthe erregt das Gemüt
und weckt den Appetit auf Fleisch.
Wohl dem, der sie im Garten gut behüt',
der ist im Sommer übersinnlich reich.

Dieter Kremp

160. Verbena, ein Amulett für die Liebe

Verbena, das klingt so liebevoll weiblich wie ein hübscher Vorname. Es ist das Eisenkraut (Verbena officinalis), das Liebeskraut unserer Vorfahren.

Wollte man Venus, die Göttin der Liebe, ins Brautgemach laden, dann musste der Fußboden zunächst mit Binsen ausgelegt werden, über den man dann süßduftende Kräuter verstreute: Majoran und Thymian, Basilikum und Minze, Melisse und Waldmeister, Diptam und Honigklee, Eisenkraut und Baldrian – und im Frühling natürlich das berauschende Veilchen.

Die Bettlaken, so schreiben die alten Kräuterbücher vor, sollten zu Ehren der Venus mit Majoran parfümiert werden und die Kissen mit Eisenkraut gefüllt – allerdings ist dessen Duft so stark und durchdringend, dass heutzutage ein Zweiglein des „starken Krautes" ausreichend wäre, wolle man die Wirkung in einem modernen Schlafzimmer ausprobieren.

Das Eisenkraut steht in Beziehung zum Planeten Venus. Verbena gibt große Liebeskraft. So wurden dem Liebes- und Hexenkraut schon im Mittelalter wahre Zauberkünste zugeschrieben. Als Amulett um den Hals getragen, macht es den Träger bei allen Leuten beliebt. Die Kinder sollen durch den Genuss des Eisenkrautes einen „guten Verstand" und die Lust zum Lernen bekommen. Legt man es Wöchnerinnen ins Bett, so wird weder ihnen noch den Kindern ein Schaden geschehen. In den Acker gestellt, verschafft es reiche Ernte und bewacht das Kornfeld von Unwetterschaden. Wer Eisenkraut bei sich trägt, der wird auf dem Weg niemals müde oder irre.

Das Eisenkraut war eine heilige Pflanze der Kelten und wurde von den Druiden für Heilzwecke und zur Bereitung von Zaubereien gebraucht. Wenn man sich damit salbt, so erlangt man alles, was man will: Das Kraut vertreibe Fieber, heile alle Krankheiten und stifte Freundschaft und Liebe. Als Aphrodisiakum trank man die Wurzel in Wein und wurde dadurch zum Beischlaf tüchtig. Mit Eisen müsse man den Kreis um die Pflanze ziehen und sie alsdann mit der linken Hand ausgraben.

Der Gebrauch des Eisenkrautes war auch mit den magischen Praktiken der Schmiede verbunden. Das Eisenkraut sollte unbändige Kraft verleihen („hart wie Eisen und Stahl") und als Liebesmittel wirken. Verbena sollte noch im Mittelalter brennende Liebe erwecken („wie glühendes Eisen").

Martin Luther klagte, dass es üblich geworden sei, Eisenkraut an den Körper des Täuflings zu binden und somit Kräuterzauber und Christentum zu verquicken. Schon beim Ausgraben der Eisenkrautwurzel gebrauche der Kräutersammler allerlei Zeichen und rufe gleichzeitig den Namen Gottes und seiner Heiligen an.

Bei den Römern war das Eisenkraut ausersehen, den Altar Jupiters zu reinigen oder die Häuser mit dem Blut der Opfertiere zu besprengen und die Menschen vor allerlei Unbill zu bewahren. Eisenkraut schützte auch vor Schlangenbissen. Es wird berichtet, dass im Mittelalter die Mädchen Eisenkrautkränze flochten, damit nicht der Teufel in Gestalt eines schönen Jünglings zu ihnen komme und sie verführe. Legte man ein Sträußchen Eisenkraut in die Milch, so wurde sie nicht so leicht sauer. Um die teuflischen Einflusse im Viehstall auszuschalten, hängte man Eisenkrautbüschel dort auf.

Seinen Namen hat das Eisenkraut daher, dass mit seinem Saft das Eisen gehärtet wurde. Im Volksmund heißt es auch Verbenenkraut, Keltenkraut, Druidenblume, Venuskraut, Eisenhart, Sagenkraut, Stahlkraut, Wundkraut und Liebesbrenner.

Das Eisenkraut ist eine buschige Pflanze mit vierkantigen, sehr harten und harten Stängeln, an denen graugrüne Blätter und in langen, schlanken Ähren winzige, fliederfarbene Blüten sitzen. Es blüht von Mai bis September als ausdauernde Pflanze an sonnigen Standorten wie an trockenen Wegrainen, Wiesenrainen, Mauern und auf Ödland. Gesammelt wird das Kraut zur Blütezeit. Inhaltsstoffe sind Bitterstoffe, Gerbstoffe, Glykoside, Schleimstoffe, Kieselsäure, Verbenalin und Adenosin, ein ätherisches Öl, das aus den drüsig-behaarten Blütenkelchen aus seiner Achse ausgeschieden wird.

Als gerbstoffhaltige Bitterstoffdroge kann man Verbena bei leichten Magenbeschwerden, Durchfällen und Appetitlosigkeit anwenden. In der Volksmedizin unserer Vorfahren nutzte man dieses alte „Wundkraut". an erster Stelle für die Wundbehandlung.

Bei der Teeabkochung nimmt man zwei gehäufte Teelöffel der Droge auf ¼ Liter kochendes Wasser, wobei man die Droge fünf Minuten ziehen lässt. Der Verbenatee kann innerlich und äußerlich gebraucht werden. In der Homöopathie verwendet man Verbena officinalis in der Potenz bis D 10 bei Epilepsie, Schlaflosigkeit und Nervenleiden. Wegen seiner Seltenheit darf das wilde Verbenakraut nicht gesammelt werden.

161. Wenn Bienenmännchen lieben

„Seht mal her, Kinder", sagt der Biologielehrer bei einer botanischen Exkursion durch die Wälder und Auen zu seinen Schülern. „Das hier ist eine Bienen-Orchis. Ihre Blüten sehen genau wie kleine Bienen aus." Die Schüler nicken, denn die Ähnlichkeit ist in der Tat nicht zu leugnen.

Was das menschliche Auge nicht ohne weiteres zu erkennen vermag, ist das Geschlecht der Bienen. Darum kommen uns die drallen pelzigen Blüten weder als besonders männlich noch als besonders weiblich vor. Für ein Bienenmännchen dagegen wirkt jede Blüte wie ein höchst verführerisches Bienenweibchen, das sich ihm in einer Weise anbietet, die auszudrücken scheint: „Komm und nimm mich!" Ein unwiderstehlicher Zwang treibt das Männchen. Dafür wurde es geboren. Es schwirrt auf die Blüte zu, besteigt sie, drängt sich in ihre warme, braune, pelzige Weichheit und versucht sich mit ihr zu paaren, indem es eine Reihe kurzer ruckartiger Bewegungen macht – und nach einer Verschnaufpause seine Bemühungen fortsetzt.

Aber irgend etwas stimmt nicht. Wie sehr es sich auch anstrengt, es gelangt nicht zu einem sexuellen Höhepunkt. Enttäuscht zieht es sich aus der Blüte zurück und fliegt davon. Während seiner vergeblichen Liebesmüh aber hat das Bienenmännchen, ohne es zu merken, die Pollenmasse von dem männlichen Organ der Blüte abgestreift, und diese gelbe glänzende Masse klebt nun an einer Haftscheibe, Viscidium genannt, an seinem Leib. Das Viscidium ist speziell zu diesem Zweck eingerichtet. Der Bienenmann ist noch immer in höchster Erregung und möchte seine Frustration loswerden. Also fliegt er die nächste Blüte an. Sein Verlangen ist ja keineswegs monogam - alles, was er erstrebt, ist sexuelle Befriedigung.

Bei der neuen Blüte wiederholt der Bienenmann sein heftiges, zuckendes Werben, und dabei gerät die Pollenmasse in Kontakt mit dem feucht-klebrigen, konkaven weiblichen Organ der Blüte, dem Stigma. Da das Stigma stärker klebrig ist als die Scheibe, die den Pollen am Bienenkörper festhält, werden diese abgezogen. Und so entsteht die Kreuzbefruchtung. Schon bald schwellen die weiblichen Keimzellen der zweiten Blüte an, sie bekommt sozusagen einen „dicken Bauch". Ein Großteil des „Embryo-Nachwuchses", viele Tausende von Zellen, sterben in diesem „Bauch" im pränatalen Stadium ab; einige werden durch Bewegungen abgetrieben; doch einige entwickeln sich weiter, wachsen und bilden die nächste Generation der Pflanze.

Der Bienenmann fliegt weiter von Blüte zu Blüte, versucht sich mit jeder zu paaren, gelangt aber nie zu einem Orgasmus. Einem menschlichen Betrachter mag der ganze Prozess als seelisch grausam erscheinen. Schließlich hätte die Blume dem Gast ja wenigstens zur sexuellen Befriedigung verhelfen können. Doch leider ist das nicht möglich, und zwar deshalb, weil der Blüte ein Organ ähnlich der Scheide einer weiblichen Biene fehlt. Also gelingt es ihr nicht, das Geschlechtsteil des Bienenmännchens bis zum Samenerguss zu stimulieren.

Viele Naturbeobachter haben Bienenmännchen nach zahlreichen Begatungsversuchen erschöpft davontaumeln sehen und ihnen voll Mitgefühl nachgeblickt. Wir empfinden es als unbarmherzig und gefühllos, wenn ein Partner den anderen so „zappeln" lässt, doch einer Blume ist es vollkommen gleichgültig, ob ein Bienenmann eine Befriedigung findet oder nicht.

162. Von Pflanzen, die Liebeslust hemmen

Der freizügige Umgang mit magischen Liebesmitteln musste natürlich unter der Herrschaft einer Religion, deren wichtigste Repräsentanten Ehelosigkeit und Enthaltsamkeit geloben mussten, eingeschränkt werden.

Diesen Mitteln musste etwas entgegengesetzt werden, eben die Anaphrodisiaka, die die Geschlechtslust dämmten. Zur Abtötung der Fleischeslust empfahlen sich viele Kräuter, die in den Klostergarten sogar kultiviert wurden. Auch diese Kräuter wurden natürlich von den „Hexen" missbraucht, sie setzten sie nicht ein, um Keuschheit zu erzwingen, sondern um den Ehepaaren das eheliche Werken zu vermiesen. Zu damaliger Zeit war Sexualität vornehmlich in der Ehe denkbar, die von der Kirche abgesegnet und damit vor Gott wohlgefällig war. Diese Art von Liebesvollzug war aber dem Teufel ein Gräuel, und der schickte seine Hexen aus, um diese fromme Idylle zu stören. In den Akten der Hexenprozesse kann man anhand der erpressten Aussagen der Hexen nachlesen, was sie auf diesem Gebiet zuwege brachten; sie verhinderten nicht nur das Zustandekommen des Beischlafes, sie sorgten auch dafür, dass den Eheleuten die Liebe abhanden kam oder sie brachten es, noch schlimmer, sogar fertig, dem Ehemann das Zeugungsorgan wegzuzaubern.

Die weißen Blüten der Seerose, auch Seejungfer genannt, standen symbolisch für Reinheit und Keuschheit, und eben diese Eigenschaft machte sie als Anaphrodisiaka verwendbar. Vor allem den Mönchen und Nonnen wurde der regelmäßige Verzehr der Samen und der Wurzel der Seerose zur Dämpfung des Geschlechtstriebes anempfohlen, da sie in der Lage sind „die sexuellen Gelüste, die in jedem Menschen lebendig sind, völlig auszulöschen." Schon von den alten Griechen ist bekannt, dass sie Kraut und Samen des Schierlings als Umschlag auf die männlichen Geschlechtsteile legten, um sie „untüchtig" zu machen. Auch die zu starke Entwicklung der weiblichen Brüste wollte man durch solche Umschläge verhindern. Im Mittelalter pflanzten die keuschen Nonnen und Mönche den Keuschlamm in ihre Klostergärten, weil sie der Überzeugung waren, dass die Kräfte dieses Strauches ihr Streben nach Enthaltsamkeit unterstützen könnte. Ein Absud aus dem Samen dieser Pflanze oder ein Bettlager aus ihren Blättern sollte die sexuellen Begierden unterdrücken. Die Hexen empfahlen den Frauen, das Laub des Strauches zu kochen und mit dem Absud die „heimlichen Orte" zu waschen oder sich ein Dampfbad aus den Blättern zu bereiten und sich darüber zu setzen.

Die Männer mussten die zerstoßenen Samen mit einem Glas Wein trinken. So heißt es über den Keuschlamm: „Er nimmt die Begierde zum Venushandel und solches tut nicht allein der Samen, sondern auch die Blätter und Blumen, nicht so man sie isset, sondern auch wenn man sie im Bett unterstreut."

Auch das Nesselknüpfen stand im Zusammenhang mit dem Impotenzzauber der Hexen. Die Nesseln mussten zu Knoten geknüpft werden, wobei Zaubersprüche aufgesagt wurden. Dieser Zauber hatte den Zweck, den Bräutigam impotent zu machen, und das wurde bei überreizten, nervösen Männern dann auch oft genug erreicht. Letztendlich ging es durch den „Nesselknoten" darum, notwendige „Eröffnungen des Leibes" beim Gegner zu verhindern – also um neben der Impotenz auch Sterilität zu bewirken oder die Empfängnis und Geburt zu verhindern.

163. Alte Liebe rostet nicht

Liebe ist ein Allerweltswort. Überall begegnet es uns. Deshalb reden die Menschen auch manchmal aneinander vorbei, obwohl sie den gleichen Ausdruck benutzen. Mutterliebe und die erste Liebe, platonische Liebe und die alte Liebe – was haben sie miteinander gemein, was unterscheidet sie voneinander?

Es gibt sprachlich ganz feine Unterschiede, bei denen man genau hinhören muss, um die Nuancen des Wortes Liebe zu spüren: Verliebte und Liebende, lieb haben und Liebhaberei, liebenswert und liebenswürdig. Andere Wörter enthalten einen verborgenen Sinn, der nur dem Eingeweihten offenbar wird: Eine Liebschaft ist ein nicht sehr ernstes Liebesverhältnis, eine Liebesgeschichte nicht nur eine Erzählung, sondern in der Nebenbedeutung ein Liebesabenteuer.

Allerlei Redensarten ranken sich um die Liebe: Danach macht Liebe blind, sie kann einen auf den ersten Blick treffen und alte Liebe rostet nicht. So viele Namen und Sinnrichtungen für einen einzigen Begriff – zeigt das nicht, dass die Liebe die Menschen stets beschäftigt hat, vielleicht ohne dass jemand sie jemals ganz begriffen hätte?

„Alte Liebe rostet nicht" - diese Spruchweisheit kommt nicht von ungefähr. Zwei Menschen, die durch wechselvolle Jahre und über viele Schicksalsschläge, Freuden und Hoffnungen miteinander alt geworden sind, haben ihre Liebe mit einem sicheren Schutz gegen äußere Angriffe und kurzfristige Gefahren umgeben. Sicherheit und Beständigkeit der alten Liebe rühren daher, dass jeder gefestigt in sich selbst ruht und gleichzeitig sowohl die Schwächen als auch die Stärken des anderen kennt. Man spricht vom „Gleichklang der Herzen". Es scheint, als ob er sich erst einstellen kann, wenn Herz und Verstand, Gefühl und Vernunft, die eigene Person und die des anderen eine Einheit bilden. Jeder ist ein Teil des Ganzen. Er kann seine eigene Individualität einbringen ohne die ruhige und gelassene Übereinstimmung in der Gemeinsamkeit zu zerstören. So gesehen ist eine „alte" Liebe keine gealterte, sondern eine reife Form der Liebe. Sie erscheint auch in jüngeren Jahren möglich, wenn es beide Partner immer wieder ernsthaft versuchen, den Ausgleich von Geben und Nehmen zu wagen. Selbst manche Egoismen haben hier noch so lange ihren Platz, als sie zwar Ausdruck der eigenen und unverwechselbaren Persönlichkeit bleiben, nicht aber zur Unterdrückung des anderen führen.

Den Außenstehenden, vor allem jüngeren Menschen, mag die Liebesbeziehung älterer Menschen abgeklärt, ruhig, weise, auch ohne Spannung und Dynamik, ohne Reiz und Neuheit, Gefährdung und Wechselhaftigkeit vorkommen. Aber das stimmt wohl nur bedingt, ist nur der äußerlich sichtbare Teil. Sicherlich wandelt und verändert sich im Laufe der Jahre in einer reifenden Liebe manches. Die körperliche Begierde, die Neigung zum Vorzeigen der inneren Harmonie vor aller Welt, das Verlangen nach der sichtbaren und greifbaren Nähe des anderen mögen abnehmen. Aber deshalb bleibt die Liebe noch immer lebendig, warm, herzlich, voll neuer Erfahrungen und Entdeckungen.

Im Vergleich gesprochen: Der Mensch entwickelt sich durch die verschiedenen Stufen und Phasen seines Lebens vom Säugling bis ins hohe Alter hinein. Trotzdem bleibt er bei aller äußerlichen und inneren Verschiedenheit des Aussehens und seiner Gefühle stets Mensch, Individuum, Person. Ebenso ist es mit der Liebe: Ihr Erscheinungsbild, ihre Formen und Ausdrucksweisen mögen sich und müssen sich wohl im Laufe der Jahre wandeln. Aber im Kern bleibt sie, was sie von Anfang an war: Liebe.

In der Bibel heißt es: „Glaube, Hoffnung, Liebe; doch die Liebe ist die größte unter den dreien" (Math, 13,13). Oder auch: „Liebe ist stark wie der Tod" (Hohelied 8,6).
In Schillers „Lied von der Glocke" wird die Liebe verherrlicht: „O zarte Sehnsucht, süßes Hoffen, der ersten Liebe goldne Zeit. Das Auge sieht den Himmel offen, es schwelgt das Herz in Seligkeit. O dass sie ewig grünen bliebe, die schöne Zeit der ersten Liebe."

Zahlreiche sprichwörtliche Redensarten ranken sich um die Liebe:

„Liebe macht blind": Wer einen anderen liebt, der sieht dessen Fehler und Schwächen nicht.
„Liebe geht durch den Magen": Wer gut kochen kann, gewinnt leicht die Zuneigung anderer.
„Nicht die wahre Liebe sein". Nicht so sein, wie man es gern haben möchte.
„Muss Liebe schön sein": Kommentar bei auffällig verliebtem Verhalten eines Paares.

Es gibt auch zahlreiche Sprichwörter, die von der Liebe scherzhaft reden:

„Der Liebe Lust währt so lang als ein Löffel Brot."
„Wer die Liebe verbietet, gürtet ihr Sporen an."
„Was sich liebt, das neckt sich."
„Wider die Liebe ist kein Kraut gewachsen."
„Wo die Liebe hinfällt, da bleibt sie liegen und wäre es ein Misthaufen."
„Die Liebe ist wie der Tau, sie fällt auf Rosen und Kuhfladen."
„Wenn dir die Liebe ihre Brille aufsetzt, so siehst du in dem Mohren einen Engel."
„Wasser geht durch Stiefel, Liebe durch Handschuhe."
„Glück im Spiel, Pech in der Liebe."
„Die Liebe und der Suff, die reiben die Liebe uff."
„Die Liebe neigt sich auf die Seite, da der Geldbeutel hängt."

164. Blumengedicht: Melisse

Ein Flirt mit der Melisse

Melissa lockt Immen in ihre Lippen,
wo sie gierig den süßen Nektar nippen.
Die Bienenweide betört die hungrigen Männchen,
ladet ein zum erotischen Tänzchen.
Doch vergeblich ist ihre Liebesmüh,
ihr zuckendes Werben in aller Früh.

Das Immenblatt duftet nach mediterranem Flair,
haucht den Duft von Zitronen aus wie eine Mär.
Legenden ranken sich um die erotische Bienenbraut,
Mönche und Nonnen wurden becirct von dem Kraut,
vom Herzenstrost und Frauentau,
das stiehlt der Braut die Hochzeitsschau.

Dieter Kremp

165. Honigbier – der Nektar unter den Liebestränken

Der Gebrauch von Honig, sowohl als Medizin wie auch als Nahrung, stammt aus der Antike. Honig wird in der Bibel und in den alten religiösen Schriften Chinas, Indiens, Ägyptens und Persiens oft erwähnt.

In alten Zeiten trank die Braut an den dreißig auf ihre Hochzeit folgenden Tagen Honigbier, um ihre Fruchtbarkeit zu sichern und sich vor Gefühlskälte zu schützen. Von dieser Sitte kommt der englische Ausdruck „honeymoon" (Honigmond) für die Flitterwochen.

Das antike Liebeselixier wurde ursprünglich aus gegorenem Malz und Honig gebraut. Je nach Geschmack wurde es mit verschiedenen aromatischen und bitteren Kräutern gewürzt. Später wurde das Honiggetränk mehr mit Hopfen zubereitet als mit Malz.

Dieser frühe Glaube an die wohltätige Wirkung des Gebräus auf die weiblichen Geschlechtsdrüsen lasst uns sofort an die Asparaginsäure und das Vitamin E im Honig denken. Und die Wissenschaft sagt uns, dass im Honig auch Spuren von Östrogen vorhanden sind, ein Hormon aus der Gruppe weiblicher Eierstockhormone, die die weibliche Sexualität bestimmen. Auch Hopfen enthält beträchtliche Mengen von Östrogen.

Heute gilt Honigbier als moderner Liebestrank. Honigbier nach den alten Rezepten herzustellen, ist ziemlich schwierig. Deshalb empfehlen Kräuterkenner einen einfachen Tee aus Hopfen und Honig. Man gibt etwa 30 g Hopfen in eine Porzellanglaskanne und schüttet ½ Liter kochendes Wasser darüber, bedeckt die Kanne und lässt den Tee 15 Minuten ziehen, bevor man ihn durch ein Sieb schüttet. Man sollte eine Viertelstunde vor den Mahlzeiten ein Weinglas davon trinken, nachdem man einen Löffel voll reinen Honig hinzugefügt hat. Der kalte Aufguss kann nach Belieben wieder aufgewärmt werden.

166. Die Panflöte und der Flieder

Der römische Dichter Ovid schrieb um das Jahr der Geburt Christi sein Liebesbrevier in Poesie um, in dem er alle griechischen und römischen Legenden über wundersame Verwandlungen von Göttern, Nymphen und Pflanzen sammelte.

Da lesen wir von der Nymphe Daphne, in die sich der griechische Sonnengott Apollon verliebte. Apollon wurde von ihrer Schönheit so entflammt, dass „sein ganzes Herz in ihm brannte". Die hungrigen Blicke und die wohl ebenso begehrlichen Einflüsterungen des Gottes verschreckten Daphne derart, dass sie davonlief, „wie das Lamm vor dem Wolfe, wie das Reh vor dem Löwen oder wie die Tauben vor dem Adler fliehen". Apollon war natürlich hinter ihr her. Sie spürte, wie sein heißer Atem ihren Nacken berührte. Voll Entsetzen rief das jungfräuliche Wesen den Flussgott Peneios, ihren Vater, um Hilfe an: „Vernichte meine Schönheit, die mich so verführerisch macht!" Also verwandelte Peneios die Nymphe Daphne in einen Lorbeerstrauch und schützte so ihre Jungfräulichkeit für immer.

Der Gott Pan, ein ewig unbefriedigter Lüstling, hatte ein Auge, oder beide, auf die Wassernymphe Syrinx geworfen, und da er ein ziemlich rauer Bursche war und nichts von der Kunst der Verführung und des Vorspiels hielt, versuchte er sie zu vergewaltigen. Sie flehte die Himmelsgötter an, sie zu beschützen, und gerade rechtzeitig wurde sie in einen Fliederstrauch (Syringe, Syringa) verwandelt. Da Pan seine Lust nun nicht direkt befriedigen konnte, schnitt er sich aus dem Flieder Pfeifen und spielte fortan auf seiner „Panflöte" sehnsüchtige Klagen nach der verlorenen Nymphe.

Dann gab es auch noch den schönen Jüngling Narkissos (Narzissus), der aus Gründen körperlicher oder seelischer Impotenz die schmachtenden Annäherungsversuche der Quellennymphe Echo zurückwies. Da Narzissus die angebotene Liebe der Nymphe verschmähte, wurde er von Aphrodite als Liebesverächter hart bestraft. Er wurde dazu verdammt, nur sich selbst zu lieben. Worauf der Ärmste sich in unstillbarer Sehnsucht nach sich selbst verzehrte, sich in sein Spiegelbild in einer klaren Quelle verliebte. An dieser Liebe ging er dann zugrunde und nahm sich das Leben. Aus seinem Blut sprossen jene Blumen auf, die wir heute Narzissen nennen. Die Griechen sehen in dieser Pflanze ein Symbol der Vergänglichkeit und weihten sie den Göttern der Unterwelt.

Auch die Nymphe Minthe war dem Flirt und dem neckischen Liebesspiel nicht abgeneigt. Sie wurde in eine wohlriechende Pflanze verwandelt, die durch ihren besonderen Duft die „Neigung zum Flirt" nicht verlor. Im Gegenteil: Die ausgeprägte Weiblichkeit des appetitlichen Naturkindes Minthe übertrug sich auf die Minze.

Hyakinthos wiederum war ein bildschöner Knabe, der das Verlangen Apollons erregte. Doch Zephyros, der Gott des Westwindes, war ebenfalls in den Jungen verliebt und hatte bei sich beschlossen, dass, wenn er ihn nicht haben könnte, Apollon ihn auch nicht kriegen sollte. Und als dann Apollon bei einem Wettkampf seinen Diskus warf, blies Zephyros aus vollen Backen und lenkte die Scheibe so ab, dass sie Hyakinthos am Kopf traf und ihn tötete. Apollon war über das, was er für seine eigene Ungeschicklichkeit hielt, dermaßen traurig, dass er das verströmte Blut des Jünglings in jene schöne, süß duftende Blume verwandelte, die bis heute nach ihm genannt wird: die Hyazinthe.

167. Die „Perle" Margarite, das Liebesorakel unserer Vorfahren

Unsere bäuerlichen Vorfahren hatten viele Blumen, die sie als Liebesorakel nutzten. Eine dieser Orakelblumen war die Margerite. Der Blumenname ist aus dem französischen „marguerite" für „Gänseblümchen" und „Maßliebchen" entlehnt. Ihren Namen hat Blume von dem Vergleich der Blütenköpfe von Gänseblümchen, den „kleinen Margeriten", mit Perlen.

Margarete, auch Margarethe, Margarite und Margareta genannt, ist ein weiblicher Vorname, der aus dem Lateinischen übernommen wurde und eigentlich „Perle" heißt. Der Vorname wird mit dem Blumennamen Margerite (Marguerite; Margarete) gleichgesetzt. Der Blumenname ist aus dem Französischen „marguerite" für „Gänseblümchen" und „Maßliebchen" entlehnt.

Margarete fand im Mittelalter in der christlichen Welt als Name der heiligen Margareta von Antiochien Verbreitung. Ihr Namenstag ist der 20. Juli, wenn die gleichnamige Blume Margerite ihre Hochblüte hat. Nach der Legende soll die heilige Margareta den Teufel in Gestalt eines Drachens im Kampf mit dem Kreuzeszeichen besiegt haben. Sie ist die Schutzheilige der Bauern, des Feldes, der Gebärenden und Wöchnerinnen. Die volle Namensform und die Kurzform Grete waren schon im Mittelalter in Deutschland sehr beliebt.

Die Margerite oder Margarete, auch Perlenblume und Liebesblume genannt, hat im Volksmund noch eine Vielzahl anderer Namen: „Großes Gänseblümchen", „Weiße Wucherblume", „Große Kamille", „Jesusauge", „Herrgottsnagel", „Fegefeuer", „Kaiser-" oder „Talerblume", „Käseblume" und „Hungerblume".

Die Margerite ist eine uralte Orakelblume. Sie galt schon in früherer Zeit als „Blume der Unentschiedenheit". „Er liebt mich, er liebt mich nicht" war der früher am häufigsten beim Abrupfen der Strahlenblütenblätter gesprochene Spruch. Heute wird der Spruch vielfach umgewandelt: „Er liebt mich, von Herzen, mit Schmerzen, ein wenig oder gar nicht".

Aber auch andere Fragen musste die Orakelblume früher beantworten. Sie entschied auch über den Beruf des Zukünftigen mit dem Spruch: „Edelmann, Bettelmann oder Bauer". Ein anderer Spruch schloss die ewige Seligkeit ein: „Himmel, Fegefeuer, Hölle". Wie der Name Margerite andeutet, wurde die Wucherblume mit Perlen und damit zugleich mit Tränen, aber auch mit vergossenen Blutstropfen verglichen.

Wucherblume heißt die Margerite, weil sie gerne auf mageren Böden wuchert. Die Bauern schätzten die Margerite nicht, weil ihre Stängel zäh und holzig sind und ein schlechtes Heu abgeben. Mit der allgemein starken Düngung unserer Wiesen ist die einst dort heimische Pflanze erheblich zurückgegangen und hat sich auf landwirtschaftlich nicht genutzten Boden zurückgezogen, zum Beispiel auf Bahndämme, Ödland und Halbtrockenrasen.

Die Wiesenmargerite, ein Korbblütler, gehört zu den ersten Pflanzen, die sich ansiedeln, wenn man eine Naturwiesenmischung sät. Die Margeriten blühen von Mitte Mai bis in den Spätsommer und können solchen Wiesen ein schneeweißes Kleid geben. Einem uralten Volksglauben nach bestand zwischen Margeriten und Unwettern ein Zusammenhang. Deshalb hängte man Margeritensträuße über die Tore der Scheunen, um diese vor Blitzschlag zu schützen. Wurzeln und Blätter nahm man zum Würzen von Suppen. Die Blätter wurden im Mai auch für Salate verwendet.

168. Namenstage – Patronatstage im Mai

Die Feier des Namenstages ist ein katholischer Brauch. Ohne jede kirchliche Vorschrift wird er von den Gläubigen heute noch praktiziert, insbesondere im süddeutschen und österreichischen Raum. Gefeiert wird der Namenstag an dem Kalendertag des Namensheiligen. Dabei wird der Heiligen nicht an ihrem Geburtstag, sondern im allgemeinen an ihrem Sterbetag gedacht. Er gilt als wirkliche „Natalis", also als Geburtstag für den Himmel. Die Namenstagsfeier ist also ihrem tieferen Sinn nach nicht ein Gedenkfest weltlicher Prägung wie der Geburtstag, sondern eine Feier aus dem Glauben heraus. Durch sie wird letztlich der Glaube an das Jenseits, an das ewige Leben und die Auferstehung nach dem Tode zum Ausdruck gebracht.

1. Mai: Augustin, Markulf, Evermar, Arnold, Sigismund, Pius V., Josef der Arbeiter
2. Mai: Athanasius, Sigismund, Wiborada, Zoe, Liuthard, Boris, Konrad, Mafalda, Geva
3. Mai: Jakobus, Philippus, Alexander, Everword, Phillip von Zeil
4. Mai: Florian, Guido, Jean-Martin, Valeria, Briktius, Cäcilia
5. Mai: Godehard, Sigrid, Angelus, Jutta, Franz, Waldrada
6. Mai: Britto, Domitian, Antonia, Gundula, Markward
7. Mai: Notker, Gisela, Heilika, Boris, Stanislaus, Balbulus
8. Mai: Evoda, Desideratus, Wigger, Freidrich, Wolfhild, Ulrich, Klara, Ulrike
9. Mai: Beatus, Adalgar, Ottokar, Volkmar, Theresia
10. Mai: Gordianus, Epimachus
11. Mai: Gangolf, Mamertus, Udiskalk, Joachim
12. Mai: Pankratius, Nereus, Achilleus, Modoald, Imelda
13. Mai: Servatius, Ellinger
14. Mai: Christian, Pachomius, Paschalis, Iso, Bonifatius
15. Mai: Rupert, Sophia, Gerebern, Isidor, Friedrich
16. Mai: Johannes, Nepumuk, Adelphus, Ubald
17. Mai: Walter, Paschalis
18. Mai: Johannes I., Erich, Burkhard, Dioscorus, Dietmar, Felix, Blandina

19. Mai: Alkuin, Dunstan, Kuno, Ivo, Bernarda
20. Mai: Bernhardin, Saturnina, Valeria, Elfriede, Bartholomäus, Johann, Michael
21. Mai: Hermann, Joseph, Konstantin, Erenfried, Wiltrud
22. Mai: Julia, Ämilius, Helswind, Rita, Renate, Rosmuald, Konstantin.
23. Mai: Guibert, Desiderius, Wipert, Bartholomäus
24. Mai: Magdalena, Sophie, Esther, Auxilia, Dagmar, Franz
25. Mai: Urban, Beda, Gregor, Maria Magdalena, Egilhard, Heinrich, Heribert
26. Mai: Philipp, Regintrud, Alwin, Maria Anna, Augustin, Beda.
27. Mai: Augustin, Brun.
28. Mai: Germanus, Wilhelm, Thietland, Rudhard.
29. Mai: Maximin, Walram, Irmtrud, Bona.
30. Mai: Johanna, Reinhild, Ferdinand, Hubert.
31. Mai: Petronilla, Helmtrud, Sigewin, Aldo, Fulko, Mechthild.

Glossar

Anemonin Protoanemonin: anemo (aus griech. Ánemos = Wind). Anemochorie = die Verbreitung von Samen durch Wind. Anemone nemorosa = Buschwindröschen, es verbreitet die Samen durch den Wind. Anemonen enthalten in den Blätttern die Wirkstoffe Anemonin und Protoanemonin, die Haut und Schleimhäute reizen und bakterientötend wirken. Verwendung in der Volksmedizin und in der Homöopathie bei Erkältungskrankheiten.

Arum maculatum: Latainischer Name des Aronstabs (Waldpflanze). Griechisch „aron" und lateinisch „arum" sind im Altertum die Namen für Aronstabgewächse. „Aronstab" wurde daraus wegen der Klangähnlichkeit mit Aaron, dem Hohepriester. Lateinisch „maculatus" = „gefleckt", wegen der dunklen Zeichnung der Blätter.

Asparaginsäure: Asparagus ist eine Pflanzengattung (Spargel). Asparaginsäure (Asparagin) (von griechisch aspàragos (= Spargel) ist eine nichtessentielle Aminosäure, die besonders in Spargel, in Keimlingen von Schmetterlingsblütlern sowie in Kartoffeln enthalten ist.

Emodine: Wirkstoffe, die in Form von Glykosiden in abführenden Drogen z. B. Aloe, Rhabarber und Faulbaumrinde als wirksame Bestandteile vorkommen.

Glykoside: Gruppe von Naturstoffen und synthetischen Verbindungen, die aus einem Kohlenhydratanteil und einem Nichtkohlenhydratanteil bestehen. Nach dem im Glykosid vorliegenden Zucker unterscheidet man Glucoside, Fructoside, Salaktoside und Ribosside. Die meisten in der Natur vorkommenden Glykoside sind Saponine (Seifenstoffe) z.B. im Seifenkraut (Saponaria). Viele Glykoside haben eine pharmakologische Wirkung, wie z. B. die Digitalisglykoside im Fingerhut.

Hygroskopisch: Botanik: Krümmungsbewegungen von Pflanzenteilen infolge abwechselnder Quellung (bei Feuchtigkeit) und Entquellung (Trokkenheit). Hygroskopisch wirken manche Pflanzen, wenn sie ihre Blüten bei Feuchtigkeit schließen und bei Trockenheit öffnen. Chemie: Hygroskop = Nach dem Messprinzip der Haarhygrometen arbeitendes Gerät zu Ermittlung der Luftfeuchtigkeit. Hygrometer = Feuchtigkeitsmesser; Gerät zur Messung der relativen Feuchtigkeit der Luft.

Östrogene: Weibliche Geschlechtshormone, die in den reifenden Eizellen gebildet werden, sich aber auch in Organen bestimmter Pflanzen finden.

Oxalsäure: Oxalsäure kommt in Sauerklee, Rhabarber und Sauerampfer vor. Es ist ein scharfer, saurer Saft. (von griech. „oxys" = scharf, sauer.)

Senföle: Ätherische Öle mit scharfem, senfähnlichem Geschmack, die in vielen Kreuzblütlern z.B. in allen Senfarten, Kohl und Raps enthalten sind.

Silymarin: Wirkstoff der Mariendistel (Silybum marianum), der eine Leberschutzwirkung hat. Silymarin entgiftet die Leber.

Spartein und Scoparin: Spartein ist ein Wirkstoff (Alkaloid), der besonders in Besenginster und Lupinen vorkommt. Spartein ist giftig und schmeckt leicht bitter. Es bewirkt in kleinen Dosen eine Erregung des Atemzentrums und eignet sich zur Behebung von Herzrhythmusstörungen. Scoparin ist ein Wirkstoff z. B. im Stechapfel und in Tollkirschen, woraus ein Alkaloid gewonnen wird mit beruhigender, krampflösender, in hohen Dosen lähmender Wirkung. Es wird in der Medizin zur Dämpfung von Erregungszuständen benutzt.

Potenzen: Homöopathische Arzneien werden in sogenannten Potenzen angewendet. Die Heilpflanzenstoffe werden mit Verdünnungsstoffen (z. B. Alkohol) vermischt und auf jeder Verdünnungsstufe kräftig geschüttelt. Diesen Vorgang nennt man Potenzierung. Es gibt z. B. Dezimalpotenzen von D 1 bis D 12 usw. Die Potenz D 1 ergibt sich, wenn man z. B. 1 Tropfen Arnika mit neun Tropfen Weingeist vermischt. Potenz D 1: Arzneigehalt ein Zehntel, Potenz D 2: Arzneigehalt ein Hundertstel, Potenz D3: Arzneigehalt ein Tausendstel etc.

Zentifolien (Centifolien): Zentifolien sind stark duftende Zuchtformen von Edelrosen, denen ein herrlicher Duft entströmt.

Literaturverzeichnis

Alighieri, Dante: Verwunschen ist der alte Garten. Zug/Schweiz: Ars edition, 1989.

Bonaventura, P. und Jos. Schweizer, S.D.S.: Minuten der Stille. 22. Auflage. Augsburg: Pattloch Verlag, 1989.

Bianchini, F./Corbetta, F./Pistoia, M.: Der große Heilpflanzenatlas. Unipart-Verlag, 1986.

Cunow, M.: Handbüchlein der Sympathie. Aurum Verlag, 1978.

Deutsche Bibelgesellschaft Stuttgart (Hrsg.): Die Bibel in heutigem Deutsch, die gute Nachricht. 1982.

Echtermeyer: Deutsche Gedichte. Von den Anfängen bis zur Gegenwart. Ausgabe für die Schulen. Düsseldorf: August Babel Verlag, 1956.

Franke, Brigitte und Peter Franke: Hausbuch für die Familie. Auer-Verlag, 1988.

Haddenbach, Georg: Bauernregeln, Bauernweisheiten, Bauernsprüche. Falken-Verlag, 1986.

Haerkötter, Gerd und Marlene Haerkötter: Hexenfurz und Teufelsdreck. Eichborn Verlag, 1986.

Heyd, Werner (Hrsg.): Bauern-Weistümer, Wetterpropheten in der Natur. Memmingen: Maximilian Dietrich–Verlag, 1973.

Hosslin, Lilo und Kreativküche Weidmann: Kochen mit Blumen. Albert Müller Verlag, 1986.

Hutter, Claus-Peter und Fritz- Gerhard Link: Wunderland am Waldesrand. Thienemann Naturwegweiser. 1990.

Karrer, Iso: Tierkreis und Jahreslauf. Astrologie im Mythos und Volksbrauch. Sphinx Verlag, 1985.

Kremp, Dieter: Damals auf dem Dorfe. Dreieich bei Frankfurt/M.: MEDU Verlag, 2006.

Kremp, Dieter: Im Märchenland der Tiere und Blumen. Zwiebelzwerg Verlag, 2005.

Kremp, Dieter: Schöner, bunter Jahreskreis. Augsburg: Pattloch Verlag, 1996.

Koschtschejew, A. K. : Wildwachsende Pflanzen in unserer Ernährung. VEB Fachbuchverlag, 1990.

Märchenbuch „Struwwelpeter". Würzburg: Arena Verlag, 1995.

Nordische Erzähler. Frankfurt: Insel Verlag, 1946.

Petersen, Klaus-Dietrich: Zitaten-Lexikon. Merit-Verlag GmbH, 1934.

Schaube, Werner (Hrsg.): Einfach mal danke sagen. Donauwörth: Ludwig Auer Verlag, 1984.

Schauber, Vera und Hanns Michael Schindler: Heilige und Namenspatrone im Jahreslauf. Augsburg: Pattloch Verlag, 1992.

Schönfeldt, Sybil Gräfin: Feste und Bräuche. Ravensburger Verlag, 1980.

Schöpf, Hans: Zauberkräuter, VMA-Verlag, 1986.

Schrödter, Willy: Pflanzengeheimnisse. G. E. Schroeder-Verlag, 1978.

Skupy-Pesek, Jitka (Hrsg.): Das Blühen will nicht enden. Freiburg: Taschenbuch Verlag Herder, 1988.

Venarburg, Bruno: Das Kräuterjahr. Gräfe und Unzer, 1983.

Woll, Johanna: Alte Festbräuche im Jahreslauf. Ulmer Verlag, 1991.